Landmarken, Seezeichen
Texte der Meersburger Autorenrunde

Landmarken, Seezeichen

Texte der Meersburger Autorenrunde

Herausgegeben
von
Josef Hoben und Walter Neumann

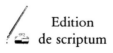
Edition
de scriptum

bei

demand.

© 2001, Edition de scriptum im demand Verlag, Waldburg
Alle Rechte vorbehalten.

Die Rechte der einzelnen Beiträge liegen bei den Autoren,
die Fotos stammen aus dem Privatbesitz der Autoren.
Die Beiträge sind, soweit nicht anders vermerkt,
Erstveröffentlichungen.

Satz, Entwurf und Gestaltung: Christoph Weis, Friedrichshafen
Druck und Herstellung: Digital PS Druck GmbH, Frensdorf
Umschlagmotiv: Bild von André Ficus

Printed in Germany
ISBN 3-935093-14-4

„Am Anfang war es nur eine Idee"
Die Meersburger Autorenrunde

Am Anfang war es nur eine Idee. Hervorgegangen aus dem einfachen Wunsch, Isolation zu durchbrechen, Gemeinsamkeit zu finden.

Vor meinem Umzug in das am Bodensee gelegene Dorf Ludwigshafen hatte ich im westfälischen Bielefeld einer äußerst aktiven Bezirksgruppe des Verbandes deutscher Schriftsteller (VS) angehört. Was dort an kollegialem Miteinander möglich sei, müsse sich auch hier verwirklichen lassen, dachte ich und erhielt unversehens Unterstützung von der Schriftstellerin Zsuzsanna Gahse, die ebenfalls an den See gekommen war und in Überlingen wohnte.

Eigentlich, meinten wir, hätte es hier eine solche Gruppe geben müssen. Wir fragten beim VS-Vorstand in Stuttgart nach. Er antwortete, es gebe „einige aktive Kollegen am Bodensee." Mehr darüber wisse der Kollege Hermann Kinder in Konstanz. Der schickte nicht nur eine Anschriftenliste, sondern auch Kopien seiner bis 1989 reichenden Autorenkorrespondenz. Ihr war zu entnehmen, daß hier in der Tat einmal eine VS-Gruppe existiert hatte, die aber eingegangen war.

Peter Salomon notierte dazu 1999 in der „Allmende": „In der zweiten Hälfte der 70er Jahre entwickelten sich in Konstanz und in der westlichen Bodenseeregion zahlreiche Kontakte und Aktivitäten der jüngeren Schriftstellergeneration, die ab Anfang der 80er Jahre zu einer losen Gruppenbildung führten, die manchmal als „VS-Regionalgruppe westlicher Bodensee" firmierte ... Die Mitglieder dieser Gruppe und ein Freundeskreis trafen sich regelmäßig an wechselnden Orten in Konstanz, Meersburg, Möggingen und manchmal auch an abgelegenen Orten wie Pfullendorf, Owingen oder Frickingen".

Warum hatte diese lebendige und aktive Gruppe, in der, wie Peter Renz einmal im „Südkurier" schrieb, „Gespräche über Literatur, Gewerkschaft, Schriftstellerverband, Deutschland und uns selbst" stattfanden, ihren Geist aufgegeben? Im selben Artikel gab Renz die Erklärung: „Irgendwann ist uns das wohl zuviel und zuwenig geworden. Organisatorische Nestwärme unter Leidensgenossen allein bringt einen ja noch nicht weiter in der eigenen Arbeit."

Wir wußten damals von all dem nichts und formulierten, unangefochten von Zweifeln, unsere Einladung zu einem Treffen. Die Resonanz in zustimmenden, ja enthusiastischen Briefen zeigte uns, daß unsere Initiative offenbar in eine Bedarfslücke gestoßen war. Am 22. Februar 1992 versammelten sich zehn Kolleginnen und Kollegen in Ludwigshafen, und der Grundstein zu einer neuen „Autorenrunde" wurde gelegt, die aber mit Meersburg noch gar nichts zu tun hatte.

Mein Versuch, den Anwesenden das Bielefelder Modell schmackhaft zu machen, insbesondere mit der Gewerkschaft, der „IG Medien", zu locken, die uns technische und finanzielle Probleme abnehmen könne, erfuhr entschiedenen Widerspruch.

Die Einbindung in die Gewerkschaft sei es ja gerade gewesen, was die hiesige Gruppe zum Erliegen gebracht habe. Man wolle keine Bezirksgruppe des VS sein, überhaupt keine Organisation, sondern nur ein privater Kreis. Die Öffentlichkeit, in welcher Form auch immer, solle ausgeschlossen bleiben. Frei wolle man sich unterhalten und auch Proben aus entstehenden Werken vorlesen können, ohne daß etwaige Kritik nach außen dringe.

So formten sich gleich beim ersten Mal die ungeschriebenen „Statuten".

Schwerer tat man sich mit der Frage, wer denn nun zur Runde gehören könne, als deren Absicht eine Zeitschrift später einmal den „gelehrten Gedankenaustausch" definierte. Die Mitgliedschaft im VS oder im PEN waren anfangs die Zugangskriterien. Der danach eingeführte Grundsatz, wenn ein Mitglied jemanden mitbringe, gehöre dieser oder diese automatisch dazu, befriedigte nicht. Kollegen forderten, „Mitgebrachte" müßten sich schon als Autoren ausgewiesen haben. Zur Zeit gilt, daß, wenn jemand neu hinzukommen soll oder will, der Runde zuvor Texte von ihm vorgelegt werden.

*

Man beschloß, die Treffen umschichtig in der Wohnung eines Kollegen oder einer Kollegin zu veranstalten. Bei Zsuzsanna Gahse, der nächsten Gastgeberin, wurden Texte vorgetragen, diskutiert und kommentiert, die Fragen, was Lyrik von Prosa unterscheide und was ein Gedicht wirklich sei, intensiv erörtert. Das Wichtige dieses Nachmittags war, daß sich hier Ablauf, Form und Inhalte unserer Zusammenkünfte herausbildeten, wie sie bis auf den heutigen Tag bestehen.

Weitere Stationen waren Meckenbeuren – dorthin kamen nur drei Autoren –, dann wieder Ludwigshafen. Da waren wir wieder sechzehn, und die Runde schien gerettet.

Seit dem ersten Treffen war es üblich geworden, daß der Einladende die Bewirtung übernahm. Bis heute ist es dabei geblieben, daß ein Kollege oder eine Kollegin den „Proviant" mitbringt. Dieses Für-einander-Sorgen gibt der Gruppe so etwas wie einen familiären Charakter, der auch in anderen Aktionen, etwa im Feiern runder Geburtstage mit oder ohne Würdigung des Jubilars, durch Anthologie-Unikate zum Ausdruck kommt. Nur erwähnen darf man ihn nicht; dann wird er sofort abgestritten.

*

Novemberkälte verbot beim nächsten Treffen in Ludwigshafen das Ausweichen der Raucher in den Garten – von achtzehn Gästen rauchten vierzehn! –, so daß die Diskussion über Hermann Kinders Dokumentation der „Gruppe 47" von heftigem Augentränen begleitet und das Haus in eine Räucherkammer verwandelt wurde. Der Ort erwies sich als für winterliche Treffen unbrauchbar. Was tun? Hilfe kam aus Meersburg.

Der anläßlich einer Freundschaftslesung für Josef W. Janker zu seinem Siebzigsten im Café des Alten Schlosses entstandenen Überlegung, auch unsere Treffen in diesem imposanten Saal abzuhalten, stimmte der Besitzer des Alten Schlosses, der Burgherr Vinzenz Naeßl-Doms, überraschender- und dankenswerterweise sofort zu. Das Problem war gelöst.

Als wir uns dann im Januar 1993 zum ersten Mal auf der Burg trafen, war nicht das Café, sondern das sogenannte große Atelierzimmer in der Privat-Etage für uns geöffnet. Da versammeln wir uns bis auf den heutigen Tag. Aus den Fenstern geht der Blick weit über den See bis zum Schweizer Ufer und zu den Alpen. Von nebenan, aus einem Zimmer, in dem Annette von Droste-Hülshoff gewohnt hat, weht Literaturgeschichte in den Raum.

Es ist ein einzigartiges Domizil, das uns Schriftstellern hier geboten wird, und die Freundlichkeit des Schloßherren und seiner Familie kennt keine Grenzen. Mit Sommerfesten, an warmen Abenden im Burggarten, bei Regen in der rauchdurchwölkten Brunnenstube, überraschte er uns. Nie fehlt es an reichlich gespendeten Getränken. Und während alles im Schloß längst schläft, dehnen sich unserer Versammlungen oft bis tief in die Nacht aus.

*

Seit wir auf dem Schloß zusammenkommen, nennen wir uns – oder nennt man uns – die „Meersburger Autorenrunde". An jenem ersten Abend im Atelierzimmer machte Martin Walser einen Vorschlag, der die bei der Gründung bekundete Absicht, konsequent unter uns zu bleiben, modifizierte. Einmal im Jahr sollten wir vor Publikum in einer „Gesprochenen Anthologie" Autoren vorstellen, die wir als zu wenig beachtet, verkannt oder gar vergessen ansehen. Auch für dieses Unternehmen gab der Schloßherr nicht nur seine Räume her, sondern übernahm auch die Herstellung und den Vertrieb der Werbematerialien.

In sieben Veranstaltungen wurden seither 47 Autoren mit biographischen Fakten und Texten vorgestellt. Einen Schwerpunkt der Präsentationen bildet die Bodenseeliteratur. Von Mal zu Mal wächst das Staunen darüber, wie viel es an vergessener, gar untergegangener Literatur hier gegeben hat. Heinrich Hansjakob, Fritz Mühlenweg, Jacob Picard, Norbert Jacques, Klaus Nonnenmann, das waren – um nur einige zu nennen – Namen, welche die Literatur der Bodenseeregion belebten und nun wieder in Erinnerung gebracht wurden. Manfred Boschs grandioses Opus „Bohème am

Bodensee", in dem alles, was in der ersten Hälfte des 20. Jahrhunderts rund um den See literarisch tätig war, versammelt ist, erfuhr noch vor dem Erscheinen hier seine Würdigung. Eine Broschüren-Reihe des Uhldinger de scriptum-Verlages dokumentiert die Veranstaltungen in Text und Bild.

War die Runde bis dahin eine Art Geheimtip unter Autoren gewesen, dessen Ausstrahlung allerdings schon bis nach Österreich und in die Schweiz reichte, so wurde nun die sogenannte Öffentlichkeit aufmerksam. Doch auch das führte, neben einigen Abstrusitäten, zu einer Sternstunde, wie Horst Brandstätter die Einladung der über 90jährigen „Löwen"-Wirtin Emma Ganter aus Frickingen, in ihrem alten Dorfgasthaus zu lesen, bezeichnete. Die Gruppenlesung eigener Texte vor einer aufmerksamen Zuhörerschaft durchbrach abermals die selbstverordnete Klausur.

*

Inzwischen war die Runde im siebten Jahr ihres Bestehens angelangt, und es wurde hohe Zeit, den Organisator auszuwechseln. Denn auch in diesem kollegialen Miteinander bestätigte sich die offenbar einem Naturgesetz gleichende Tatsache, daß, je länger jemand eine solche Funktion ausübt, sich desto mehr Mechanismen auf seiner wie auf der Seite der Gruppe entwickeln, die den anfänglichen gemeinsamen Elan durch wechselseitige Verantwortungszuweisungen zu bremsen drohen. Nach mehreren vergeblichen Ansätzen und nicht ohne Turbulenzen gelang es mir, das „angenehme Amt" meinem Freund und Mitherausgeber Josef Hoben zu übergeben.

*

Soweit die kurzgefaßte Chronologie der äußeren Ereignisse, die den Rahmen für das Leben der Gruppe bilden. Dieses ist trotz aller positiven Elemente und Tendenzen natürlich nicht immer problemfrei. Seit Jahren ein „Dauerbrenner" ist die Sorge um das Niveau der Zusammenkünfte. In den immer wieder darum aufflammenden Diskussionen geht es wesentlich um das Selbstverständnis der Runde. Gelegentlich kommt auch die Frage auf, in welchen historischen Rahmen sich eine solche literarische Gruppierung ohne Programm und Statuten gestellt sehen kann. In ihrer prinzipiellen Abkehr von der Öffentlichkeit ist sie sicherlich keine Fortsetzung etwelcher literarischen Salons.

Wenn es überhaupt einer Definition bedarf, böte sich meines Erachtens am ehesten ein Vergleich mit „Dichtergesellschaften" an, etwa mit dem 1827 gegründeten und über Jahrzehnte hinweg existierenden Berliner „Tunnel über der Spree", dem u. a. Fontane und Storm angehörten. Denn pragmatische Erwägungen mögen jene Gesellschaften in ähnlicher Weise zusammengehalten haben wie die „Meersburger Runde". Im Grunde aber bleibt es problematisch, Parallelen zu ziehen, da wir von Vergangenem nur das überlieferte Abbild kennen, seine Wirklichkeit aber niemals erfahrbar oder nachvollziehbar ist. So mag unsere Runde ihre eigene Geschichte schreiben, auf Grund derer ihr eines Tages möglicherweise rückblickend ein Ort im Reigen solcher Gesellschaften zugeordnet werden wird.

Gewiß sind, wie auch immer geartete, Selbstfindungs- und Selbsteinschätzungsbemühungen Ausdruck der Ansprüche, welche die Mitglieder an sich selbst, an ihre eigene und an die Arbeit der anderen stellen. Einfach und gar zu irgend einem absehbaren Schluß führend sind solche Prozesse nicht, zumal die Autoren altersmäßig wie auch von ihrem Umfeld, ihrem literarischen Werdegang her ganz unterschiedlich geprägt sind. Die in dieser Anthologie nachzulesenden Lebensläufe und Texte zeigen markante Verschiedenartigkeiten. Gerade dadurch aber wird die Gruppe zu einem literarischen Kosmos, der facettenartig die Vielfalt dichterischer Weltsicht unserer Gegenwart widerspiegelt.

*

Was geschieht auf unseren Treffen? Textlesungen bilden einen Schwerpunkt, kritische Debatten folgen, die sich oft zu Erörterungen grundsätzlicher Probleme literarischer Arbeit ausweiten, den

Strukturwandel der Literatur und ihre Position in der heutigen Gesellschaft zu erkunden suchen. Ebenso geht es um die Stellung des Autors in der Gegenwart, um die Frage, welche Themen in der heutigen Zeit literarisch umsetzbar seien. Da wir uns in einer stark von der Mundart geprägten Region befinden und auch Mundart-Autoren der Runde angehören, wird diese literarische Kategorie ebenfalls thematisiert. Es werden aber auch gesellschaftspolitische Aspekte diskutiert und aktuelle Vorgänge aufgegriffen.

Wenn auch die Textkritik zumeist möglichst schonend vorgetragen wird, so fühlt sich doch niemand geschont. Oft werden die Zeilen wie mit einem Gesteinshammer abgeklopft. Das Klischeewort „Seziermesser" zu gebrauchen wäre in diesem Zusammenhang auch nicht falsch. Doch nehmen noch so intensive kritische Operationen den meisten Kolleginnen und Kollegen nicht den Mut, ihre Arbeiten vorzustellen. Und Gelungenes erfährt ja auch neidlose Zustimmung. Daß allerdings gelegentlich sehr offen gesprochen wird, mag jemanden dennoch zu der Beurteilung veranlaßt haben, man wage sich in die „Höhle des Löwen", wenn man einen Beitrag zum Besten gebe.

Doch es muß ja nicht jedem bei uns gefallen. Manche sind wieder weggeblieben, sei es, weil ihnen die Kritik zu scharf ist, sei es vielleicht auch, weil ihre Erwartungen keine Entsprechung fanden. So hatte auch jene Berliner Gesellschaft ihre „Storms" und „Fontanes" wieder verloren, was jedoch ihren Wert nicht minderte.

*

Für brisante, Ansprüche in pointierter Weise hervorhebende Diskussionen sorgte der von Werner Dürrson zuerst eingebrachte Plan dieser Anthologie. Jurys sollten gebildet werden, die über die Qualität der Texte wachten. Schon gab es Auseinandersetzungen über die Zusammensetzung solcher Gremien, schon glaubten einige ihre Chancen für eine Beteiligung schwinden zu sehen. Einen – später ausgeräumten – Konfliktpunkt sahen einige auch darin, daß ihrer Ansicht nach ein solches Projekt den Grundsätzen des auf Privatheit und Abgrenzung bedachten Kreises zuwiderlaufe. Doch gerade hier zeigte sich, wie viel die Runde den Teilnehmern bedeutet. Beim nächsten Treffen wurde das Vorhaben zunächst auf Eis gelegt.

In der Tat – und das kann man schon als außergewöhnlich bezeichnen – hat sich von Anfang an über alle Divergenzen hinweg in der Gruppe ein Konsens erhalten, der die Achtung der Person eines jeden zum Grundsatz macht und dadurch auch die kritischste Äußerung akzeptabel werden läßt. Dieser Konsens hat es ermöglicht, daß die Runde nun ins zehnte Jahr ihres Bestehens geht. Er war auch die Grundlage dafür, das Anthologieprojekt wieder aufzugreifen und Werner Dürrsons Idee in einer, wie wir hoffen, für alle einsehbaren Weise zu verwirklichen.

Diese besagt, daß wir mit der Verantwortung betrauten Herausgeber davon ausgingen, die Zugehörigkeit zur Runde stelle bereits die Qualifikation dar. Somit entfiel eine Jurierung. Unsere Aufgabe war es, das Material den räumlichen Möglichkeiten des Buches entsprechend anzuordnen. Bei der Vielfalt der Themen schien die alphabetische Reihenfolge nach den Namen der Autoren die sinnvollste. Im übrigen ist dieses Buch ein Gemeinschaftswerk der gesamten Runde, in dem die Herausgeber lediglich die Ordnungsfunktion übernommen und daher ihre Texte und Daten in gleicher Weise wie alle anderen eingebracht haben.

Als ein aus der Region hervorgegangenes Werk bestimmt die Regionalität es jedoch nur insoweit, als sich hier Autoren zusammenfanden, die in ein und derselben Gegend leben. Die in ihrer sprachlichen wie thematischen Ausformung substantiell einen weiten literarischen Horizont absteckenden Texte zeigen deutlich, daß Regionalität keineswegs mit Heimattümelei gleichzusetzen ist. Gerade letzterer bietet die „Meersburger Autorenrunde" keinen Raum. Es zählt allein das literarische Niveau, eben jenes, um das immer wieder gerungen wird. Es ist Grundlage und Ziel jedes der hier veröffentlichten Beiträge.

Da verträgt sich altbewährte poetische Solidität nachbarlich mit avantgardistischer Progressivität, Humor und Ironie mit Ernst und Nachdenklichkeit, die zeitlose Schönheit der Naturschilderung mit pointierter Zeitkritik. Da stehen malerische Impressionen neben Varianten der klassischen „short story", die nie veraltende Kalendergeschichte neben kritischen Betrachtungen. Aktuelle Fragen von Politik und Historie werden gestreift, Integrationsprobleme fremder Nationalitäten reflektiert. Ein Panorama an Vielseitigkeit führt dem Leser die ungebrochene Lebendigkeit und Frische heutiger Literatur vor Augen.

Die Gestaltung der bio-bibliographischen Daten wie der Texte lag im Ermessen jedes Einzelnen. So entstanden auch in der äußeren Form reizvolle Unterschiede. Zum überwiegenden Teil sind es neue, unveröffentlichte Texte, wie sie bei unseren Zusammenkünften vorgetragen werden. Dadurch erhält die Sammlung einen Werkstattcharakter, wird zur Fortsetzung und zum Spiegelbild unserer Treffen, zu einem „Hausbuch", geeignet, weiterführende Diskussionen über Fragen des Metiers, über Textgestaltung, Form und Inhalt auszulösen.

Für die Öffentlichkeit aber gewinnt sie ihre Bedeutung nicht nur als „Visitenkarte" eines Freundeskreises, der Literaturgeschichte der Bodenseeregion geschrieben hat und weiter schreibt. Sondern vielmehr auch als beispielhafte Präsentation der in ihr zum Ausdruck kommenden Fortführung einer literarischen Tradition, die seit über einem Jahrtausend die Kultur dieser Gegend in herausragender Weise prägt.

Walter Neumann

Felicitas Andresen

Geboren in Hemmenhofen am Bodensee, 2 Kinder, Schauspielerin, Sozialpädagogin, Soziologin, berufstätig als Sozialpädagogin in einer Heimsonderschule.

Veröffentlichungen:
- „Liebe, Tod und Drogen". Texte der Preisträger der Romanfabrik Frankfurt a. Main (Brandes und Apsel), 1990.
- „Beate auf den Knien" (dtv), 1993.
- „Kinder sind nicht wasserlöslich, sagte die Prinzessin" (tabu), 1995.

Kürzere Texte in: Kürbiskern, neue Volkskunst, Flugasche, Frankfurter Allgemeine Sonntagszeitung, Schnittmuster (Wiener Frauenbuchverlag).

1990/91: Preis der Romanfabrik Frankfurt a. M.
2000: 3. Preis Irseer Pegasus

Stadtrundgang

(Auszug aus dem gleichnamigen, unveröffentlichten Hörspiel)

(Der Herr von der Friedhofsverwaltung Minden/Lübbecke, der beim Betriebsausflug der Stadtwerke teilnimmt, weil er beim Betriebsausflug der Kreisverwaltung eine leichte Salmonellenvergiftung hatte, fragt:)

Herr v.d.FV.: Sagen Sie, das dort oben, ist das ein Friedhof?

Stadtführerin, im folgenden „SF": Das dort oben? Ja, das ist unser Friedhof.

Herr v.d.FV.: Das interessiert mich. Können Sie da genauere Angaben machen? Haben Sie exakte Daten?

SF.: Durchaus. Ich kann Ihnen Daten nennen. Warten Sie ... ganz allgemein gilt: Der Trend geht weg vom Familiengrab – hin zum Einzelgrab. Etwa analog zum Trend weg von der Großfamilie – hin zur Kleinfamilie. So pi-mal-Daumen befinden sich dort oben 5000 Gräber. 60.000 qm geschlossene Bewaldung. Die Benutzungsgebühren für Erwachsene bei zwanzig Jahren Ruhezeit betragen derzeit 480.– DM. Bei Kinderleichen die Hälfte. Möchten Sie auch noch Näheres wissen über die Gebühren für die Benutzung der Leichenzellen und der Kühlzelle? Und der Kapelle? Öffnen und Verfüllen des Grabes? Aushebung von Leichen? Umbettung von Urnen? Ausschmücken, Ausgrünen undsoweiter? Glockenleuten kostet zum Beispiel 23.– DM.

Herr v.d.FV.:   Ja, sagen Sie mir Näheres über die Benutzung der Kühlzellen. Wieviele haben Sie? Rechnen Sie tageweise ab?

SF (anderer Sprachraum):   Sie haben ja wirklich ein sehr ausgeprägtes Interesse. Ist das einfach eine Schwäche für Friedhöfe? Verbringen Sie dort Ihren freien Samstag? Wie andere im Schwimmbad? Und helfen den alten Frauen die grüne Gießkanne tragen? Und füllen das wunderbar angereicherte Wasser in die Kelchvasen mit dem lüsternen Stengel und penetrieren die wunde Haut der frischen Gräber? Sie hätten am liebsten eine Urne für Ihre Waldmeisterbowle? Sie schliefen am liebsten in einem Sarg? Oder möchten Sie Leichen ficken? Da zeige ich Ihnen doch gerne den türkisfarben gekachelten Gang im Kreiskrankenhaus ... wie sagt der Leiter des Fremdenverkehrsamtes nimmermüde auf jeder Jahreshauptversammlung: Stadtführer müssen für alle Bedürfnisse eine Lösung ... nicht? Vielleicht wo die Blutspenden? Darf ich mal Ihren Paß sehen? Transsilvanien? Mach doch nichts, da müssen Sie nicht erbleichen. Also die Blutkonserven. Auch ein bißchen bequem geworden, nicht wahr, Graf? Hahaha. Was halten Sie davon, wenn ich Sie hinaufführe? Zu unserem schöngelegenen Friedhof? Die ganze Gruppe? Sehen Sie, hier bei den Kiefern ist der Eingang.

(Vogelgezwitscher)

So. Da sind wir. Oh, da haben wir aber Glück. Eine Beerdigung. Schauen Sie gut hin. Ein soziokulturelles Ereignis. Primum mobile der Sarg. Auch insofern, als er (ein letztes Mal) auf vier Rädern fährt. Dahinter links der Bruder

der Toten. Hohes Militär im Bereich der Flugsicherung. Höchster deutscher Orden. Lymphdrüsenkrebs. Gute Heilungsaussichten. Chemotherapie hat angeschlagen, Vollwertkost, Meditationskurse und Infusionen aus Mistelextrakt haben nicht geschadet.
Neben ihm, mittig, der Sohn der Toten. Chefeinkäufer Textil, Herrenmoden, Frankfurt, Zeil. Drei Etagen. Und ein weiterer Bruder, Reizmagen, Leistenbruch, künstlerisch ambitioniert. Besucht Radierkurse in der VHS. Ehefrauen usw.
Ah, das Ritual. Die Predigt hat schon stattgefunden, in der Friedhofskapelle, die Kantorei der Martin-Luther-Kirche hat das Lieblingslied der Toten gesungen, reich mir die Hand mein Leben, nein, Quatsch, so nimm denn meine Hände, und jetzt Erde zu Erde, klopf, klopf, klopf auf den Eichendeckel, letzte Chance, Toter, wenn du nur scheintot bist, und eine leise Rose von zarter Hand. Herzliches Beileid, danke. Die nächsten Angehörigen verweilen noch am Grab. Lassen Sie uns auch noch verweilen. Oh nein, da verletzen wir doch nicht die Intimsphäre, beziehungsweise und wenn schon. Solche Gespräche sind soziolinguistisch sehr bedeutsam. Der Hochdekorierte war z.B. gerade auf einer jüdischen Beerdigung.

Der Lymphdrüsenkrebs:
Der Leichnam wird nackt beerdigt. Wie er auf die Welt gekommen ist. Eindrucksvoll. In einer einfachen Holzkiste. Überhaupt die Juden. Ich schätze die Juden. Wie die Israelis den Radarschatten ausnützen und die syrischen Flugzeuge abknallen, schon clever. Diese Erfahrungen macht sich die ganze Welt zunutze.

Der Sohn (rheinischer Dialekt):
Der Sarg hat zweitausend gekostet. Nein, mehr. Wieviel hat er gekostet, Iris?
(Mulier tacet.)
Der Lymphdrüsenkrebs (schaut suchend):
Was ist eigentlich mit dem Grab der Eltern? Wie lange ist das noch gepachtet? Sollen wir das verlängern? Will da einer von euch bestattet werden? Und wenn nicht, was machen wir dann mit den Urnen?
Der Reizmagen:
Ja, ich weiß nicht. Vielleicht nimmt einer Papa und einer Mama?
Der Lymphdrüsenkrebs:
Die Asche ist ohnehin nicht authentisch.

SF.: Nicht? Spart man dort immer an? Und verbrennt die Leichen in rentablen Einheiten? Ich habe das noch nie gesehen. Ist das ein großer feuriger Herd, in den die Toten mit Brotschiebern gepreßt werden, leichenweise, wo sie aufglühen, aufflackern, aufflattern in atemzuglanger Levitation, durchsichtig werden und weiß und flockig zerfallen? Hören Sie, Freund Drakula ...

Der Reizmagen:
Doch, die Asche ist von den Eltern. Da bin ich mir ganz sicher. Sowas fühlt man doch.

SF.: Ich will am Bodensee begraben sein. In jenem Surplus an Landschaft. In Horn vielleicht, auf dem Horner Friedhof, mit Blick über den Untersee zur Reichenau. Gottes und Wahlafrieds Gärtchen, durchsichtige Heilige, die wie Schlangengeister wehen im schönfärberischen

| | Ostwind. Oder ich lasse mich in die Nordsee streuen.
Der Sohn: |
| | Das kostet viertausend Mark.
SF.: | So, jetzt werden wir handfest. Da kommt ein Bagger, zierliche Konfektionsgröße und füllt das Grab mit Erde. Nicht mehr löffelweise, einen für Pappi, einen für Mammi, der greift zu und es ist endgültig. Totengräber glätten mit Spaten den Hügel.

Der Sohn (schluchzt)

SF.: Die Kränze werden aufgebahrt. Muß alles die gleiche Firma sein. So wie die Blumengruppen sich geschmackvoll ballen, wie die gotischen Buchstaben von Teilnahme künden auf leichenblassen Bändern wie große Preisschilder. Nur der Kranz des Sohnes weicht ab. 50 erigierte Rosen und der Durchmesser von einem LKW-Reifen.

Der Sohn (weinend): Die Grabpflege habe ich gesichert. Ist alles besprochen. 300.- DM im Jahr. Im Frühling Stiefmütterchen. Im Sommer Begonien. Im Herbst Erika. Den Stein lasse ich ablaugen. Das Grab ist auf 15 Jahre gepachtet. 1300.- DM. Die viertausend Mark Sterbegeld sind schon weg. Nächstes Jahr gibt's noch weniger.

SF.: Jetzt wenden sich die Leidtragenden ab. Folgen wir ihnen noch ein paar Schritte, wir vollen doch auch hier raus. Oder möchten Sie bleiben, Graf?

Der Sohn:
Gestern waren wir noch essen, zu Ehren der Mama, im Alten Forsthaus. Da hat die Mama letztes Jahr Silvester ... im langen Kleid. Hatte ich ihr ausgesucht. Arme Mama. Zu ihrem Gedenken haben wir gespeist, mit Blick zum Ententeich, vom Aperitif bis zum Digestif. Alles sehr gut. 500.- DM habe ich hingelegt. Gutes Trinkgeld natürlich.

S.F.:
So, hier ist das Friedhofstor. Sie steigen ein in die blanken Autos, paarweise. Außer dem Reizmagen. Der ist allein. Sie fahren in die Wohnung der Verblichenen.

(Anfahrende Autos)
Ich stelle mir vor, da hängt noch ihr Morgenrock im Bad. Und ein Waschlappen über dem Wannenrand.
Ich stelle mir vor, ein Hund ist hinterblieben.

Der Sohn:
Will ihn einer nehmen, oder lassen wir ihn einschläfern?
Nein, ich habe keine Anzeige gemacht in der Heimatzeitung in Köln-Deutz. Was das kostet. Iris, ist der Kaffee fertig?

Der Lymphdrüsenkrebs:
Ah, da ist ja das Familienstammbuch. Ja, bei deiner Mama ist alles geordnet. Ah, Photos, gib mal her. Ach, und die Ernennungsurkunde zum Staatsanwalt. Mit Hakenkreuz. Ja, ja.

Und der Hund legt seinen Kopf dem Reizmagen auf das Knie. Der Reizmagen schaut zum Fenster raus.

Der Lymphdrüsenkrebs:
Guck, hier ist ein schönes Photo von der Mutter.

Sohn, LK. und RM. im Chor:
Sie wußte so gute Rezepte. Ihr Heringssalat, ihr Käsekuchen. Hat geraucht wie ein Schlot. Hat dezent gesoffen.

Der Sohn:
Aber sie hat ehrenamtlich Drogenabhängige betreut.

Reizmagen:
Und für dich hatte sie immer ein Extrafach im Kühlschrank. Da durfte keiner ran, wehe, wenn einer deine Teewurst ...

Und das Telephon hat eine Hülle mit Gobelin-Stickerei. Was meinen Sie, Graf Drakula, so etwa? Nein, ich spotte nicht. Der Tod ist ein Barbar. Kennen Sie das: Waffenlos fiel ich in Feindes Haus? Da ist man nicht geschmackvoll, Drakula.

Der Herr v.d.FV.:
Mein Name ist nicht Drakula. Mein Name ist Christoffelsmeier, ich bin stellvertretender Amtsleiter der Friedhofsverwaltung Minden-Lübbecke. Ich nehme gastweise an diesem Betriebsausflug teil, weil ich beim Betriebsausflug der Kreisverwaltung eine leichte Salmonellenverg ...

SF.:
Ja, ist ja gut. Auf jeden Fall, Graf Drakula, haben Sie uns das voraus, daß Sie das schon hinter sich haben.

Manfred Bosch

„Hiergeblieben" ist der Titel meines letzten Buches, das Arbeiten aus zwanzig Jahren versammelt – darunter Beiträge über südwestdeutsche Literatur (vor allem über vergessene und verdrängte Autoren), über Fragen der Regionalkultur sowie meine Lebenslandschaften (konkret: über die Baar, wo ich 1947 geboren wurde; über den Bodensee, wo ich aufgewachsen bin, und über den Hochrhein, an dem ich seit 1980 lebe). Und es sieht alles danach aus, daß ich auch künftig ans Alemannische gebunden, ihm verbunden bleibe, daß der Titel „Hiergeblieben" auch in Zukunft meine Arbeit umreißt – und zwar in jener doppelten Bedeutung, die der Titel meint: als bloße Feststellung und als Anruf an mich selber, als einläßliche Beschäftigung mit der Region aus Neigung wie aus Selbstverpflichtung, aber ohne zu vergessen, daß diese Region nicht die Welt ist. Dieser Tätigkeit als Sekretär einer literarischen Region, die sich in nunmehr zwanzig Jahrgängen der „Allmende", in Ausstellungen und in der „Bohème am Bodensee" niedergeschlagen hat, ist das eigene Schreiben seit langem untergeordnet.

Buchveröffentlichungen (Auswahl):
- Sepp Mahler, Ich der Lump, Philosoph der Straße. Das literarische Werk. Sigmaringen 1984.
- Als die Freiheit unterging. Eine Dokumentation über Verweigerung, Widerstand und Verfolgung im Dritten Reich in Südbaden. Konstanz 1985.
- Max Barth, Flucht in die Welt. Exilerinnerungen 1933-1950. Konstanz 1988.
- Der Neubeginn. Aus deutscher Nachkriegszeit. Südbaden 1945-1950. Konstanz 1988.
- Josef W. Janker, Werkausgabe in vier Bänden. Friedrichshafen 1988.
- Der Johann-Peter-Hebel-Preis 1936-1988. Eine Dokumentation. Waldkirch 1988.
- Max Picard, Wie der letzte Teller eines Akrobaten... Eine Auswahl aus dem Werk. Sigmaringen 1988.
- Der Bodensee. Fotos Karl-Heinz Raach. Hamburg 1989.
- Jacob Picard, Werke in zwei Bänden. Konstanz 1991.
- Kindheitsspuren. Literarische Zeugnisse aus dem Südwesten. Karlsruhe 1991.
- Will Schaber, Profile der Zeit. Begegnungen in sechs Jahrzehnten. Eggingen 1992.
- Otto Ehinger: Jurist, Schriftsteller, Bürgermeister – vor allem aber unabhängig. Ein Porträt. Mit Peter Salomon. Eggingen 1994 (Replik 4)

- „Ins Freie will ich". Harriet Straub/Hedwig Mauthner und das „Glaserhäusle" in Meersburg. Marbach 1996 (Spuren 33).
- Bohème am Bodensee. Literarisches Leben am See von 1900 bis 1950. Lengwil 1997.
- Hiergeblieben oder Heimat und andere Einbildungen. Essays, Porträts, Aufsätze und Reden aus 20 Jahren. Eggingen 1997.
- „Welches Verfallsdatum haben wir heute?" Ein Porträt des Dichters Peter Salomon als Fünfzigjähriger. Eggingen 1997.
- Käthe Vordtriede, „Mir ist es noch wie ein Traum, dass mir diese abenteuerliche Flucht gelang...". Briefe nach 1933 aus Freiburg im Br., Frauenfeld und New York an ihren Sohn Werner. Lengwil 1998.
- Moritz Lederer. Vom Bürgerschreck zum Theatervisionär. Mannheim: von Brandt 1999 (Kleine Schriften des Stadtarchivs Mannheim, 14).

Das Trotzdem
Für Bärbel

Ein Daß hat ein Begehr
das Aber wehrt es ihm
ein Dennoch hält dafür
das Weil vergaß den Grund

Das Niemals sagt, was seines Amtes
ein Hm spendiert Bedenken
ein Statt empfiehlt Ersatz
dem Gleichviel ist es schnurz

Das Wie hat keine Ahnung
ein Je-Desto tut sich wichtig
das Vielleicht wägt hin und her
das So gibt sich erfahren

Das Wann sieht alles schon gelaufen
Entweder – Oder scheut die Pflicht
Warum sieht's wieder mal nicht ein
und ein Vonwegen spricht: so nicht!

Das Vielmehr glänzt mit seiner Sicht
ein Oder weiß was Neues
Beziehungsweise mischt sich ein
Das Andrerseits besieht die Chose sich von hinten

Dann kommen Sondern und Als ob
ein Überhaupt erhebt Bedenken
Ein Weder sucht sein Noch
auch Ungeachtet Insofern Mitnichten melden sich
                                            zu Wort

Da wird's dem Daß zu blöde
„Ich glaub ich werd' nicht mehr!"
und nimmt das Trotzdem in die Pflicht:
„Nun aber dalli-dalli, Leinen los!"

Kunststücke

Manchmal kleb ich den Brief auf die Marke
und führ den Automaten in die Karte ein.
Mach eine Tasche in der Faust
und schlag zwei Klappen mit einer Fliege.

Auch schon mal die Garage ins Auto gefahrn,
mit dem Haus in die Tür gefallen?
Für wen das Feuer aus den Kastanien geholt
und das Denkmal vor dem Hut gelüpft?

Nimm jetzt die Nase aus dem Finger
und stell das Regal ins Buch!
Bitte bring das Zimmer in die Kanne.
Nein, bitte kein' Kaffee in mein' Zucker!

:Immer diese Vertauschung der Wörter,
Heilandzack! Gleich
geht mir der Sack im Messer auf!

Bitte Diskretion!

Halten Sie
Abstand!

Treten Sie
meinem Gedicht
nicht zu nahe!

Anläßlich meines 50.

1

Was ist bloß
aus mir geworden!

Manchmal
wird mir
richtig schlecht
von meinen Ansichten

2

Die Realität sieht
immer mehr
meinen Vorurteilen gleich

3

Hier stehe ich
und könnte
auch anders

will aber
immer weniger

4

Bald werde ich mir
wieder
das Sie anbieten

Identitätsproben anhand alter Klassenfotos

I

In der untersten Reihe
der zweite von rechts

dem man ansieht
er wär lieber
gar nicht drauf

der schaut
als ob es Henken gälte

der wie
abwesend wirkt

und dreinsieht
als sei ich's:

das bin ich

II

Wo bin ich nur
gleich wieder
mal sehn
ob ich mich finde

der zweite von links
in der oberen Reihe
sieht mir zu ähnlich

der in der Mitte
neben dem Lehrer
hat mein Gesicht

der in der untern Reihe
ganz rechts
schaut wie ich

auch den daneben
könnt ich glatt
mit mir verwechseln

lauter Ichs
wo nur
bin ich?

III

Der mit der Mütze
das bin ich

doch all die andern
bin ich auch

Horst Brandstätter

1950 in Stuttgart geboren. Zunächst Buchhändler, dann Diplom-Bibliothekar. Arbeit als Redakteur, Antiquar und Dramaturg (u.a. am Württembergischen Staatstheater Stuttgart). Lebt seit 1982 in Öhningen am Bodensee und beschäftigt sich in Essays, Funk-, Fernseh- und Theaterarbeiten vor allem mit vergessenen Autoren und verdrängten Traditionen.

Buchveröffentlichungen u.a.:
- „Asperg – Ein deutsches Gefängnis", 1978;
- „Schillers Verbrecher aus verlorener Ehre", 1984;
- „Die Zertrümmerung der Hirnschale mit einem Spitzhammer oder vom Leben der Bücher", 1986;
- „Mayer – Eine tatsächliche Kommödie", 1987;
- „Vom Dichten und Trachten", 1990;
- „Wagner. Lehrer, Dichter, Massenmörder" (zusammen mit Bernd Neuzner), 1996.

Als Herausgeber u.a.:
- J.C.F. Haug „Wahls ungeheure Nase", 1985;
- „Lenaus Winnenthaler Notizbuch", 1986;
- „Stuttgart – Dichter sehen eine Stadt" (zusammen mit Jürgen Holwein), 1989;
- „Justinus Kerners Klecksographien", 1998;
- „Emma Herweghs Tagebuch einer Hochverräterin", 1998;
- Theodor Lessing „Der Lärm. Eine Kampfschrift gegen die Geräusche unseres Lebens", 1999.

Literaturpreise und Stipendien u.a.:
Schubart-Preis der Stadt Aalen 1978; Förderpreis der Stadt Konstanz 1987; Stipendiat der Kunststiftung Baden-Württemberg 1992.

Die »Zertrümmerung der Hirnschale mit einem Spitzhammer« oder vom Leben der Bücher
(Auszug)

Wo Bücher in einer über das gewöhnliche Maß hinaus gehenden Menge auftauchen, kann man deren Besitzer in das grobe Raster zweier Kategorien einteilen, die einander fast dasselbe Maß an barem Unverständnis und leiser Verachtung entgegenbringen, wie sie beiden vom Normalverbraucher in Sachen Buch unterschiedslos entgegengebracht wird. Es sind dies die Bibliophilen und die Bibliomanen. Während die ersteren eher an schöner Typographie, an der Illustration und nicht zuletzt am Einband interessiert sind, ist der Bibliomane ausschließlich auf den Inhalt seiner Bücher – oder besser, den Inhalt, den er ihnen zuschreibt – fixiert. Für den Bibliomanen hat die Bibliothek eines Bibliophilen etwas von der Langweiligkeit gewisser zu schöner Frauen: sie springen ins Auge und beim zweiten Blick entlarvt sich ihre Äußerlichkeit. Umgekehrt gleicht die Bibliothek eines Bibliomanen oft genug einem Katzenberger'schen Abstrusitätenkabinett: einer merkwürdigen Ansammlung von Merkwürdigkeiten. (...)

Die angesichts einer größeren Privatbibliothek am häufigsten gestellte Frage ist die, ob man denn das alles auch gelesen habe. Wer diese scheinbar so berechtigte Frage stellt, hat vom Sinn des Sammelns nichts begriffen. Denn das wesentliche einer Sammlung besteht gerade darin, daß die in ihr enthaltenen Gegenstände von dem Zwang befreit sind, fortwährend ihre Nützlichkeit beweisen zu müssen. Was man dem Briefmarken- oder Münzsammler zubilligt, nämlich seinen Sammelgegenstand losgelöst von der ursprünglichen Funktion zu sehen, als Teil eines erst durch ihn – den Sammler – sinnvoll werdenden Ganzen, wird dem Büchersammler, dessen Gegenstände, sieht man von unaufgeschnittenen Exemplaren ab, ja durchaus ihren ursprünglichen Gebrauchswert behalten, nicht verziehen. Er allein soll unter den Sammlern der Sklavenhalter sein. Als ob Bücher, diese steifleinernen oder halbledernen Individuen kein störrisches Einzelleben hätten. Kein an Einband, Besitzereintrag oder Marginalien ablesbares Einzelschicksal, das, nur ihrem Sammler deutbar, weit über den beliebig reproduzierbaren schwarz-weißen Inhalt hinausweist.

Was da in meinen liebevoll gehüteten Regalen auf die Nachwelt wartet, sind sehr oft unansehliche, von ihren Vorsbesitzern wenig pietätvoll behandelte Exemplare. Oft genug in billigen Pappeinbänden. Vielfach fehlt das Rückenschild; ob aus Nachläßigkeit oder Geldmangel des Ersterwerbers sei dahingestellt. Daß solche Exemplare auffällig oft bei mir vorhanden sind, erklärt sich aus meiner Manie, bei Antiquariatsbesuchen gerade den Büchern meine Aufmerksamkeit zuzuwenden, die vernachläßigt erscheinen. Sicher hat das auch seinen Grund darin, daß unscheinbare Bücher vom Antiquar meist mit erschwinglichen Preisen ausgezeichnet sind, aber das ist nur die halbe Wahrheit. Es ist weit eher dieser jedem echten Sammler eigene missionarische Eifer, der sich einbildet, durch Erwerb zu retten und den Dingen sozusagen wieder ihren legitimen Platz zuzuweisen. Einmal in eine Sammlung eingereiht, scheint den Gegenständen ihre Würde – und damit ihre Schönheit – zurückgegeben. Der zerfleddertste Pappband verweist dann nur noch eindringlicher auf seinen bislang unzerstörbaren Inahlt, und jede Wurmspur wird zum sinnfälligen »memento mori«.

(...) Wer Bücher ordnen will, kommt früher oder später in Schwierigkeiten. Jedes Ordnungssystem nach Alphabeten, Sachgruppen oder Formaten führt zu widerwärtigen Vergewaltigungen, und so suchen sich dann viele Bücher wie von selber ihren Platz. Denn jedes Buch ist mehr oder weniger ein Einzelgänger und ein Zivilist, und wer seine Bücher wirklich liebt, wird sie nicht zur Armee degradieren, sich selber nicht als Feldherr fühlen. Wer es dennoch versucht, muß mit Widerborstigkeit, Ungehorsam und gut versteckten Deserteuren rechnen. Dem Fahnder grinst eine stumme Wand entgegen, eine auslieferungsunwillige Zusammenrottung von Rücken und nichts als Rücken. Gewährt man seinen Büchern aber eine gewisse Freiheit, so quittieren sie es mit freundlichem, wenn auch mitunter zeitraubend-geschwätzigem Entgegenkommen.

Längst vermißte alte Bekannte bringen sich im Vorübergehen in angenehme Erinnerung; nie Gelesenes, gewissermaßen als Vorrat eingelagert, meldet sich, manchmal sogar zur rechten Stunde. Bei solchen Gängen begegnen einem dann auch die Irrlichter und Windbeutel, die Absonderlichkeiten und Skurrilitäten, die Ergüsse der Schwärmer, Projektmacher, Sektierer und pathologischen Weltveränderer, die den Bodensatz wohl jeder mit Leidenschaft zusammengetragenen Bibliothek ausmachen und sich der Einordnung, psychiatrisiert man sie nicht in eine eigene geschlossene Abteilung – und davor hütet sich der Bibliomane als sozusagen kontemplativer Zwillingsbruder –, schon von vorneherein und prinzipiell widersetzen.

Von einer uferlosen Leidenschaft ließe sich uferlos berichten. Der Bibliomane sammelt, bis die Regale bersten. In meinen Alpträumen erscheint mir dann manchmal der Magister Tinius:

Von 1810 an ereignen sich auf der nach Leipzig führenden Postroute in der Umgebung von Weißenfels und Lützen wiederholt Raubüberfälle. Zu Reisenden, die allein im Postwagen sitzen und viel Geld mit sich führen, gesellt sich ein Unbekannter, der im Verlauf der Unterhaltung Schnupftabak aus seiner Dose offeriert. Wer eine Prise davon nimmt, wird plötzlich müde und schläft ein. Beim Erwachen fehlt der Unbekannte und das Geld der Reisenden. Personenbeschreibungen des Täters bleiben folgenlos. Jedesmal taucht er in anderer Haartracht und Kleidung auf. Am 28. Januar 1812 wird am hellichten Tag in Leipzig der Kaufmann Schmidt überfallen und – wie es wörtlich heißt – »durch Zertrümmerung der Hirnschale mit einem Spitzhammer« vom Leben zum Tode befördert. Mit dreitausend Talern entkommt der Mörder unerkannt. Ein Jahr später, am 8. Februar 1813, widerfährt der Witwe Kunhardt in Leipzig dasselbe Schicksal. Auch ihr wird mit einem Hammer der Schädel eingeschlagen. Doch diesmal macht der Täter nicht nur keine Beute, er hinterläßt auch Spuren.

Diese führen in das Pfarrhaus zu Poserna bei Weißenfels. Die Untersuchungsbehörden finden dort lange Verzeichnisse allein lebender reicher Personen, ferner eine Menge Perücken, falsche Bärte und allerhand Verkleidungen, sowie den Hammer, der, wie es wiederum wörtlich heißt, »in die Schädelverletzungen der Witwe Kunhardt paßte«. Und sie finden, unübersehbar alle Wände des Pfarrhauses und die dazugehörige Scheune einnehmend, das Tatmotiv: eine 60.000 Bände umfassende Bibliothek. Nachdem Johann Georg Tinius, so der Name des geistlichen Verbrechers aus Büchergier, den »sein unersättlicher Wissensdurst zur Anlegung und unausgesetzten Vergrößerung einer theologischen und linguistischen Bibliothek« getrieben hatte, und der sich im übrigen durch »Pflichttreue, Eifer, Geschick und Wandel das beste Lob« verdiente, nicht mehr mit den Einnahmen seiner recht einträglichen Pfarre zurechtkam, das Vermögen seiner verstorbenen Frau verbraucht und die Zinsen aus dem Vermögen der zweiten Frau ebenfalls zum Buchhändler gewandert waren, hatte er zunächst Kirchengelder unterschlagen, bevor er sich auf Raub und Mord verlegte.

Magister Tinius hat dann nicht, wie man sich denken könnte, den Kopf verloren. Standhaft leugnend, ließ sich nur der Mord an der Witwe im Indizienprozeß beweisen, und so trat er dann als nahezu 60jähriger eine zwölfjährige Gesamtstrafe an, die er, wie schon die Untersuchungshaft, wo er die »Biblische Prüfung von Brennecke's Beweis, daß Jesus nach seiner Auferstehung gegen 27 Jahre auf Erden gelebt« veröffentlichte, zu schriftstellerischen Arbeiten über die Apokalypse nutzte. Ob ihm sein umfangreiches Werk über »Die Offenbarung Johannis« oder die sogar ein Vierteljahrhundert später eine zweite Auflage erlebende Abhandlung über den »jüngsten Tag; ob, wie und wann er kommen wird« den Eintritt in die ehrenwerte »Allgemeine Deutsche Biographie« verschafft hat, oder ob es doch nur der außergewöhnliche Lebenslauf des Gelehrten war, bleibt ungewiß. Fest steht, daß der 71jährige Greis zum Schrecken des Landes das Zuchthaus, wie es heißt, »mit ungebeugtem Sinn, mit frischem Geist, aber mit weißem Haar« verlassen hat: »Unstät und flüchtig irrte der unheimliche Mann umher, und schlug bald da, bald dort in Sachsen und Thüringen für kurze Zeit seinen Wohnsitz auf; niemand mochte ihn länger beherbergen. Sein Gedächtnis war noch immer phänomenal, er hatte fast den ganzen Inhalt seiner ehemaligen riesigen Bibliothek noch im Kopfe und versetzte dadurch die Geistlichen der Umgegend oft in das größte Erstaunen.« Am 24. September 1846 starb er, von Angst und Qualen gefoltert, aber ohne sein Gewissen erleichtert zu haben, in Gräbendorf. Wie die Einwohner des Dorfes behaupteten, soll sich der ungeheuer Kräuterkundige vergiftet haben. Doch wurde keine Untersuchung angestellt und dem 82jährigen »ein ehrliches Begräbnis nicht versagt«.

Beat Brechbühl

Ich bin mein eigener Fremdling; also lassen Sie mich etwas über jenen B. aufschreiben, den ich manchmal gut kenne, manchmal nicht so gut. B. wurde kurz vor Beginn des Krieges 1939 in dem kleinen Berner Bauerndorf Oppligen geboren. Das Elternhaus schien aus einem Märchenbuch zu stammen: als Bauernhaus und Gärtnerei war es vollständig mit wilden Reben überwachsen, barg viele verwinkelte Wohnungen, Keller, Estriche, Treppenhäuser und Gänge. B.s Vater war damals Arbeiter, die Mutter arbeitete in der Gärtnerei. Daher stammt B.s «grüner Daumen», und er wurde immer praktiziert; Nomaden-Gärtner. In der Umgebung des Kindes lernte B., «daß Arbeiten das selbstverständlichste Spiel sein kann», und er wurde mit 11 Jahren ein gefürchteter Jeep-Fahrer. Nach dem Umzug der Familie nach Niederwichtrach, einem größeren Bauerndorf, geschah die Lehre als Schriftsetzer zufällig, aber sie war nützlich. B. bekam eine Ahnung von Sehen, Verhältnissen, Zusammenhängen, von Sokrates, Sartre, Rabelais, Fußball, Leichtathletik. Dabei entstanden heimlich Stapel von gereimten Gedichten und Naturschilderungen. Dann ging B. mit dem erlernten Beruf nach Genf, lernte Geschichte, Soziologie und Fotografieren. Dort schrieb er heimlich große Stapel Gedichte (gereimt), die er, zusammen mit zwei fortgeschrittenen Romanen, an einem kalten Wintertag verheizte. Mit 21 redigierte er in Egnach am Bodensee die damals wirklich alternative Zeitschrift «clou». In dieser Zeit kam auch der erste Gedichtband heraus: «Spiele um Pan», selber gesetzt und gedruckt; darum die vielen Druckfehler. Erkenntnis: Schriftsteller wäre eine feine Sache, wenn Bücher nicht geschrieben werden müßten. So ist Schreiben eine Krankheit, von der man nicht gesunden will. Nach 4 Jahren «Land und See» ging B. ins ummauerte Westberlin. Dann nach Zürich, wo er 7 Jahre Herstellungsleiter bei Diogenes war. Der Erfolg des Romans «Kneuss» ließ B. «Freier Schriftsteller und Bildermacher» werden. Das ging einige Jahre gut, bis er in einem Roman immer bei exakt Seite 100 stecken blieb; von Seite 101 an war jeweils Schreibstau radikal. Dies interpretierte der Schreiber als schlechtes Omen fürs Schreiben und nahm wieder eine anständige Arbeit auf: 7 Jahre Verlagsleiter beim Zytglogge Verlag in Bern. Aber das damals rein schweizerische Programm gefiel ihm auf Dauer nicht, also gründete er 1980 einen eigenen Verlag, Im Waldgut. Mit dem, und dem Schreiben, und einer zusammengesammelten Handsetzerei, und Handpressen zog B. 1987 nach Frauenfeld. Dort gibt es nun den Verlag Im Waldgut, das Druckatelier Bodoni und weitere interessante Sachen. 1999 ist bei Nagel & Kimche B.s neuestes Buch erschienen: «FUSSREISE mit Adolf Dietrich». Für dieses Buch und fürs Gesamtwerk gab's 1999 Preise: Anerkennungspreis der Stadt Zürich; Schweizerischer Schillerpreis; Internationaler Bodenseepreis für Literatur; Kulturpreis des Kantons Thurgau. Damit war B. Ende '99 zum erstenmal seit 30 Jahren und knapp zwei Monate lang zu einem Teil fast schuldenfrei. Voilà.

Vereinzelungen

Die Geschichte:
Ein Mann kaut an seinem Bleistift – Ideen sind ihm rar.
Dann steckt er sich den Bleistift
in den Arsch.
Bin ich nun eine Idee oder dein Zahltag,
fragt der Bleistift.
Zwei Vereinzelte haben sich aus kalter Schöne in die Gemeinsamkeit begeben,
sagt der Mann.
Aber ich will endlich an meinen Radiergummi,
sagt der Bleistift.

2

Leute stehn, gehn um dich herum, liegen, schlafen,
sie fordern banköses Gehabe,
im Wind steht die hohle
Kraft.

2A

*Du siehst dich, dich vielleicht auch nicht. Hörst nur
dein Nehmen, dein' Anspruch
auf Tinguelys Maschinen,
und wirst immer teurer, einsamer, in der Welt.*

3

Deine Freunde greifen zu nah.
Dein Geschlecht verkümmert,
 weil es Elektronik sein soll
 (meinst du, weil andre meinen).

Du glaubst an Zahlen, an Mengen,
an Zeit, vergangene, kommend vergangene.

Du glaubst dem Großen-Puuuh!-Schreck,
Dummling, naiver.

Du wagst nicht, deinen Körper
zu bewohnen, zu verteidigen.

Deine Kommunikanten
 räumen deine Därme aus,
 saugen das Restchen Freude ab,
 backen dein Hirn sich zum Frühstück.

Deinen Kot schmieren sie dir
 ins Gewissen, mit deinem Gewissen
 stopfen sie ihre Lebergäns.

Sie geben dir nichts mehr.
Haben dir nie was gegeben.

3A

Du versprichst zuviel.
Du gibst deine Einsamkeit billiger,
verraten.
Verpfändest deine Bescheidenheit,
viel zu hoch.

An deine Haut
lässt du die Händler!
An dein Fleisch lässt du die
Chemischen.
An deine Knochen lässt du die
Physikalischen.
An deine Innereien lässt du
das Große Fressen.

Deine Nerven sind Schnee im Sommer.

Deine Seele
ist raumlose Leere.

Du gibst nichts mehr von dir.
Du hast nie was gegeben.

4

Wenn Blumen schreien, sind
das Lieder. Ihr Blut ist
wilde Farbe. Oder ruhig
wie Stein.

Wenn Einzelnes schreit, wird
dies nur Telefon, aus der dunklen
Seite der Erde. – Hast du

was gesagt?
Wenn Tiere schreien, öffnen
Maschinen die Blachen am
Transporter während der Fahrt
zum Schlachthof. Im Winter,
früh morgens.
(Wenn Tiere röcheln.)

4A

*Wenn du singst, lässt du
niemanden zuhörn (muss auch
nicht sein, sagen die andern).*

*Wenn du still bist, dein Blut
fließen hörst, Haare wachsen
spürst, Liebe entstehen
siehst, dann*

*pack dich! Iss fallenden Schnee,
trink tiefrote Sonne, atme den
letzten Tropfen klaren
Wassers,*

immer wieder, immer.

5

Aus allen Ritzen deiner teuren
  Wohnung stechen Verpflichtungen,
    sie dringen durch Plastik und Fleisch,
    krümmen sich zu Widerhaken,
    reißen aus
    das Aug, den Darm, die Ader.

Aus allen Ritzen deiner Vereinzelung
baumeln Knoten, Geschwüre,
versiegte Stimmen. Dein schwaches
Gemüt ist Sägemehl, deine Hingabe
ist Sondermüll
    geworden.

Die Freude des Suchenden
ist dir Schadenfreude
    geworden.

Deine Enttäuschungen sind Täuschungen
anderer an dich
    geworden.

Die Atmosphäre des Nächsten
(und Fernen) ist dir zum Hautkrebs
    geworden.

und ätzt, und ätzt, und.

5A

Ja, du isst dein Frühstück allein.

Ja, du machst deine Liebe allein.

Ja, du fürchtest deinen Tod allein.

Bist ein breiter Zehntausendsassa, o!

Du zählst Zahlen,
  nimmst ein & aus,
    gibst zu & auf.

Machst mit zwei Fingern
  täg täg tig täg
auf die Tasten deines Plastik-
gehirns, tig,
  täg, täg, täg.

Täg tig. tigtigtigtig,

  täg täg
   tä ti ti
    t th
       h

6

Schlägst um dich, zuerst
  mächtig. Triffst niemanden,
  aber deine Backe.

Suchst Liebe, zuerst
  offen. Sie telefoniert, ununterbrochen.

Fragst Gott nach dem Sinn
  des Lebens; ER ist Psychiater, oder
  Beamter, dauerhaft überfordert.

Verlangst deine Geburt, deinen Tod.
  Beide machen Urlaub. Lang-
  weilen sich und spielen
    tig täg.

Du willst ein Kind. Oh
  Verzeihung.

Du existiertest gar nie? Doch,
schau deinen Abfall an.

6A

Ich bin ein Joghurt
 und schwimme ohne Becher
  im Schweröl.

Ich bin Nichts nichts nichts
– da rast ein Fliegen-
  täscher auf mich
   zu –

Ich bin ein Sturz, niemand
 weiss wie tief (jedoch von
  Bettkante zu Bettkante).

Ich bin Geld. Es scheppern
 meine Aluminium-
nuller, blutte.

Ich bin ein Automobil.
 (Ohne Räder, ohne Kufen.)
  Nur Auspuff.

Ich bin eine Steuernummer,
 ein auszuhorchendes Element.
Ich bin nicht mal
 ein Bumerang.

7

Schon lange bist du
  weggeflogen.
Von wo nach wo?

7A

Ich kann gar nicht fliegen.
Wäre da. Herum.
In dir. Im Aug, im Ohr,
wäre dein Gefühl, deine Stimme,
die Härchen aus deiner Haut, die
Sympathie deiner Hände,

merkst du nix?

Oswald Burger

Geboren 1949 in Meersburg, aufgewachsen in Bermatingen, Abitur 1968 in Konstanz, Studium in Konstanz und Marburg, Berufsschullehrer in Überlingen, Publikationen über Geschichte, Literatur und Politik, unter anderem:

– Adam Puntschart: Die Heimat ist weit ... Drumlin Verlag Weingarten 1983 (als Herausgeber)
– Heinrich Georg Dikreiter: Vom Waisenhaus zur Fabrik. Eine Autobiographie. Edition Isele Eggingen 1988 (als Mitherausgeber)
– Spielwiese für Dichter. Literarisches Forum Oberschwaben. Ein Lesebuch. Edition Isele Eggingen 1993 (zus. mit Peter Renz)
– Was zählt. Maria Beig zum 75. Geburtstag. Thorbecke Verlag Sigmaringen 1995 (als Herausgeber)
– Der Stollen. Edition Isele Eggingen 1996, 3. Auflage 1999.

Seit 1991 Leiter des „Literarischen Forums Oberschwaben".

Haus Nr. 201

Der Vater hatte durch den Krieg Heimat, Haus, Hof, Felder und alle beweglichen Güter verloren. Er war, als „Volksdeutscher", für Deutschland in den Krieg gezogen. Seine Frau mußte mit den drei Kindern, ihren Eltern und Schwiegereltern den Hof verlassen. Sie wurden interniert und machten sich aus dem Lager auf den Weg nach Westen. Im November 1947 traf sich die Familie auf einem badischen Bahnhof wieder. Von der älteren Generation hatte nur ein Großvater die Internierung und Flucht überlebt. Die ganze Familie fand Arbeit und Wohnung als Knechte und Mägde bei einem Großgrundbesitzer. Der Vater verdiente 65 RM, der Großvater 60 RM, die Mutter 45 RM und die beiden älteren Töchter 35 RM im Monat. Bei der Währungsreform gehörten sie zu den vielen Menschen in Deutschland, die nur das besaßen, was sie an neuem Geld bekamen, das waren alles in allem 486,41 DM, die sich zusammensetzten aus dem Kopfgeld in Höhe von 40 DM pro Person, eingetauschten Münzen im Verhältnis 10 : 1 und einer Gutschrift in DM für insgesamt 3191 RM-Banknoten. Der Verlust der Heimat wurde ihnen erleichtert durch das Bewußtsein, in die „eigentliche" Heimat zurückgekehrt zu sein. Über zweieinhalb Jahrhunderte hinweg hatte sich in ihrer Familie das Wissen lebendig gehalten, daß die Vorfahren aus dem Badischen ausgewandert waren, und daß die Heimat im Osten nur eine vorübergehende war. Schwer drückte sie der Verlust von Haus und Hof. Eine zornige und kühle Analyse der weltpolitischen Situation brachte die Erkenntnis, daß alles Verlorene als unwiederbringlich aufgegeben werden mußte. Am 11. Mai 1949 kaufte er von seinem Arbeitgeber, dem Großgrundbesitzer, ein Baugrundstück in der Größe von 1079 Quadratmetern zum Preis von -,50 DM pro Quadratmeter, zuzüglich 145,- DM für vier Obstbäume auf dem Grundstück, also zum Gesamtpreis von 684,50 DM. Am 1.1.1950 schloß er den ersten Bausparvertrag ab; zum 1.6.1950 stellte die Bausparkasse den ersten Zwischenkredit in Höhe von 6000,- DM für den Bau eines Hauses zur Verfügung. Im März 1951 war das Haus fertig. Bei der Gestaltung bestand wenig Entscheidungsfreiheit, weil alle Häuschen der Siedlung gleich aussehen sollten. Vorgeschrieben war ein Nebengebäude mit Stallungen für Kleinvieh als Beitrag zur Selbstversorgung, vorgeschrieben war auch, daß das obere Stockwerk an andere Flüchtlinge oder Heimatvertriebene ohne eigenes Haus vermietet werden mußte. In der Zweizimmerwohnung mit Wohnküche ohne Bad zog das Ehepaar mit seinen Kindern ein, der Großvater war während der Bauzeit gestorben. Das Haus hatte mit Nebengebäude einschließlich Baugrundstück, Innen- und Außenputz sowie Streicharbeit 16.306,77 DM gekostet. Zum Vergleich seien die damaligen Löhne genannt: Der Vater erhielt 1951 als Sägewerksarbeiter einen Stundenlohn von 1,06 DM, die Mutter verdiente als Rebarbeiterin beim Großgrundbesitzer -,66 DM in der Stunde. Ein viertes Kind wurde gezeugt und geboren im Vertrauen auf eine allmähliche Besserung der Lebensverhältnisse. Sie lebten länger in dem neuen Haus, als sie in ihrer alten Heimat gelebt hatten.

Die Welt des Kindes war begrenzt durch den Bahndamm. Hier unten wohnten die Rucksackdeutschen, jenseits der Eisenbahnschienen die Hiesigen. Dort gab es Herdepfel, hier Krumbiere. Daß auch Menschen Mais essen können, bezweifelte man oben im Dorf. Knofel gab es nur hier unten. Drüben schlängelte sich der Dorfbach, bildete kleine Buchten, Nebenarme, hatte sogar einen Wasserfall. Die Kinder stauten ihn, fielen ins Wasser. Der Bach war die Grenze der Vorstellungswelt, das Ziel nächtlicher Traumfluchten vor den Ungeheuern im Haus. Was jenseits des Baches war, erforschten sie nie. Hinter dem Bach dürfte die Freiheit begonnen haben, dort waren Obstplantagen, Felder, Wälder und weiter hinten der Riederner Sumpf. Dort waren sie nie. Die Straße ging nach Süden. Bis Ahausen konnte man sich die Landschaft vorstellen. Danach kam das Gebirge mit dem Kirchlein und dahinter die Burg, die Eisdiele, die Fähre, der See: Am Nachmittag kam man bis zum Pumpenhäusle auf halbem Weg nach Ahausen. Am Rand der alten Kiesgrube hatten wir ein Stück Feld gepachtet. Dort hin mußte ich am Nachmittag den Wagen ziehen, Unkraut aus dem Kartoffelacker ziehen. Das war langweilig. Und es war peinlich, wenn ich dabei von den anderen Kindern gesehen wurde. Sie wohnten hinter dem Haus und waren Kinder besserer Leute, jedenfalls kamen sie nicht von so weit her, wie meine Eltern gekommen waren. Sie sprachen mit ihren Eltern gleich wie auf der Straße. Nur in der Schule sprachen auch sie anders. Dort lernten wir eine künstliche Sprache nur fürs Lesen. Ich brauchte drei Sprachen, eine im Haus, eine auf der Straße, eine in der Schule. Die Sehnsucht hatte kein reales Ziel. Mit meinem schmutzigen Körper mußte ich selbst zurecht kommen. Das Bubenzimmer, das ich bekam, als die Mieter ausgezogen waren, war Bühne für atemlose Versuche, zu einem Glück zu gelangen, das nur mit jemand anderm erreichbar gewesen wäre. Später kam das Fernsehen, wo vorgespielt wurde, was es im Haus nicht gab: modernes Familienleben, Beziehungsgespräche, Sex. Vater hatte stets nebenher zu tun, Mutter konzentrierte sich aufs Stricken, Häkeln oder Nähen. Mir scheint, sie schob den Wagen der mechanischen Strickmaschine etwas schneller von der einen zur anderen Seite, wenn etwas im Fernsehen gezeigt wurde, was bei uns nicht vorkam. Ich ging dann hinauf und blätterte die aufklappbare Frau im Jugendlexikon auf.

Früh gelang es mir, das Tal zu verlassen. Über das Gebirge von Baitenhausen, über den See hinüber schaffte ich es bis in die Städte. Aber der Weg in die Ferne führt hinten herum wieder in die Heimat. Drei Jahrzehnte später kehrte ich zurück in das Haus der Kindheit. Der Lebenskreis der Eltern begann sich zu schließen. Sie starben gemeinsam, ich durfte meinen Frieden mit ihnen finden. Mutter lag bewußtlos in der Intensivstation des Krankenhauses, als ich zurückkehrte. Vater wurde hilfloser, zerfiel äußerlich und innerlich. Mutter öffnete die Augen wieder, konnte uns aber nicht mehr gezielt anschauen. Alle Überlegungen von uns Kindern über mögliche andere Lösungen scheiterten an Vaters Beharrungsvermögen im Haus. Ich werde wieder tief in die Familie hineingezogen. Die Pflege ist anstrengend. Ich beginne Mutter zu füttern. Sie braucht äußerliche Zuwendung, Pflegeverrichtungen, Präsenz, Vater braucht einen Zuhörer und einen Ordner für alles Alltägliche. Die weiche stinkende Kacke abzuwischen in einer Region, die stets tabu war, kostet Überwindung. Der faulsüße Uringeruch ist allgegenwärtig. Vater erzählt die ganz alten Geschichten immer wieder, von der Schulzeit in Temeschwar, von der freiwilligen Meldung in den Kriegsdienst, vom zufälligen Zusammentreffen mit einem SS-Sturmbannführer in der Firma Kramer in Überlingen zehn Jahre nach dem Krieg – dieser hatte in den letzten Kriegsmonaten eine wichtige Entscheidung für Vater getroffen. Ich schaue geduldig zu, wie ihm der Speichel aus dem Mund fließt. Wir dürfen ihn nicht mehr allein lassen. Er hält alles für einen Irrtum, als wir ihn im Krankenhaus untersuchen lassen, will heim, wo er so viele Sorgen habe. Er will nach Großbetschkerek oder Neusatz verlegt werden. Nachdem er fast nur noch vor sich hin döst, setzt er sich eines Nachmittags entschlossen zu mir und bespricht das, was für ihn das Wichtigste sei, was ihm im Kopf herumgehe, wenn er abends allein sei. Es sei doch merkwürdig, daß es sie beide jetzt gleichzeitig getroffen habe. Kürzlich habe er eine Runde durch die Siedlung gemacht und habe gedacht, wie schnell doch diese Zeit vergangen sei – immerhin die zweiten vierzig Jahre seines Lebens. Dann will er besprechen, was werde, wenn sie beide nicht mehr seien. Auf meine Nachfrage bestärkt er meine Vermutung, daß er das Haus meint. Ich tröste ihn, indem ich verspreche, daß wir es vermieten werden. Wenige Tage nach dem letzten klaren Gespräch mit Vater stirbt Mutter, fünf Wochen danach folgt Vater ihr. Die letzten Wochen im Haus Nr. 201 sind intensive Wiedererinnerungsgelegenheiten für Gerüche (gelbe Rüben im Sand faulend; der Hühnerstall; Vaters Rasierzeug im Allibert-Plastik-Schrank), Geräusche (das unterschiedliche Scheppern von Haustür, Glastür, Küchentür, Zimmertür), Muster (Tapeten mit Strukturen, Löcher im Furnier des Wohnzimmerbuffets, der Sofabezugsstoff), Gegenstände (die dünn und kurz geschliffenen Messer, die dünngeschabten Vesperbrettchen) und Stimmungen (das Beschweigen von Peinlichem, das achtungsvolle Wegschauen). Mit dem Ausräumen geht alles zu Ende. Ein paar interessante Dinge sind zu entdecken, wenig Peinliches lasse ich verschwinden oder nehme es mit. Was mit dem leeren Haus geschieht, interessiert mich nicht mehr. Inzwischen wird es wohl umgebaut.

Volker Demuth

Autoskop

Geboren im zwanzigsten Jahrhundert zu Anfang der sechziger Jahre, Todesdatum im einundzwanzigsten Jahrhundert. Mehr Genauigkeit ist heute überflüssig geworden, wenn für eine Existenz wie hier Zeitangaben verlangt sind. Wie Künstlerbiografien an ihrem Ende kaum noch ein individuelles Sterbezimmer aufweisen, statt dessen irgendwo im anonymen Raum einer Autostraße oder Intensivstation ohne weiteres Zeichen aufhören, sind Lebenszeitdaten weitgehend unerheblich geworden. Bedeutung erwächst dafür um so mehr jenen merkwürdigen Beziehungen, die in einem Leben von Anfang an zu Räumen entstehen, in denen man eine Zeit lang vorkam.

Der Raum meiner Kindheit war der Abraum, der historisch als Nachkrieg bekannt wurde. Dies war die abenteuerlich schäbige Topografie der mondhaften Halden von Moränekieswerken, ein riedebenenaher Stadtrand mit verstruppten Hängen, an denen die ersten Müllwellen anbrandeten, bizarr und unverhofft, um dort wie nach einem schlimmen Schiffbruch melancholisch nutzlose Dinge aufzuwerfen. Es war der unerklärlich verwunschene, kreuzlose Friedhof, über dessen Gräber von keiner Hand gerupft Süßgras und auf dessen Wegen von keinem Fuß zertreten Wundklee wuchs ebenso wie der unvorbereitete Ausgriff des ersten Urlaubstourismus nach italienischen Gewässern, der die damalige Mittelklasse und mit ihr mich ergriff und erstmals mit mediterranem Licht verstörte. Am Rand, wie alle die Orte, an denen ich mich ungezwungenermaßen wiederfand, lag auch, versteckt hinter einem birkenbepflanzten Erdwall, die Wendelinsgrube, der dunkle Ort, wasser- und lichtlos, an dem einige Jahre vorher die ausgetriebenen Juden der Stadt einige Zeit hatten hausen müssen, bevor sie schließlich zum Westbahnhof eskortiert, in ein Sammellager nach Stuttgart verbracht und von dort aus in Todeslager bei Riga deportiert worden waren. Irgendetwas war davon spürbar geblieben, lähmende Frequenzen der Lautlosigkeit, nachdem jetzt in dem kleinen Ghetto hängengebliebene Ostflüchtlinge lebten, kinderreiche Barackenexistenzen, darunter die herbsten Freunde. Oder Unberührbare wie die Weißrussin Paula, die meistens halb unter einem Hasenverhau lag und im Schnapsschlaf in einer für mich unverständlichen Sprache redete. Das erste Leben, dessen ich ansichtig wurde, das in Plastiktüten paßte. An diesem für mich unausweichlichen Fremdort mit seinen sirenischen Fremdsprachen atmete man die Faszination des Unguten unweigerlich in sich ein, den beißenden, staubigen Geruch alles dessen, das man außerhalb haben wollte, wie den Müll und den Landschaftsabriß.

Schwer zu sagen, ob man jenen primären Räumen jemals wieder entkommt, ob sie nicht tatsächlich vielmehr lebenslange Auffanglager – am meisten später in den Metropolen – eines schließlich durchgebrannten Lebens und seiner rückhaltlosen Identität geblieben sind? Gebiete, die gerade wegen der Beschädigungen, die sie auf unterschiedliche Weise gebrochen und zersplittert formten, so außerordentlich zu spüren waren und so bestimmt zur wiederauffindbaren Existenzstelle wurden?

In jedem Fall war es mit seinen entwerteten, wüsten oder geheimen Randgebieten die typische Stadt dieses Deutschland, in die ich hineingeboren war, die Kleinstadt. Und dieser mäßig menschenbesetzte Ort erwies sich, je mehr ich mich darin aufzuhalten versuchte, in seinem Inneren als Kontrollstation, in der jeder einer lebensverächtlichen Weltverträglichkeitsprüfung unterworfen war, ein niemals aufhörendes Disziplinarverfahren und enormes Immunsystem, das jeden sogleich angriff, den die Erkennungsmuster – nicht zuletzt der Sprache – als nicht hinreichend bekannt, sprich musterhaft, zu identifizieren vermochten. Zwangsläufig häuften sich von einem bestimmten Moment an um mich herum die Leben mit künstlichem Ausgang. Tatsächlich muß ich es im nachhinein als die einzige Leistung meiner Jugend ansehen, diesen Ort überlebt zu haben. Sicher wäre es nicht gelungen, ohne daß mich im kritischsten Augenblick eine enorme Lesewut ergriff, daß ich begann, Theater zu spielen und schließlich zu schreiben. Spät genug, zu spät noch nicht, um eine Laufbahn für immer verfehlen zu können, die meine Mitschüler in eine Lage versetzte, in der ich sie binnen kurzem hinter schußsicheren Kassenschaltern und mit unbedrohten Pensionsansprüchen wiedertraf. In meinem zugegeben abnormen, zeitwidrigen, unsoliden Fall, der das Existenzminimum als neue Randzone hinzugewann, sichert das Leben seither allein die Sprache, genau genommen die einzigartige Sprache von Gedichten. Das blieb im Wechsel zwischen europäischen Großstädten und süddeutschen Gemeinden bisher die einzige unveränderliche Tatsache innerhalb eines Lebens, in dem alle weiteren Angaben zu einem Ichfeststellungsverfahren im Nachnachkrieg unweigerlich schwanken müssen, einer Existenz, die von Außenposten, von den abseitigen, ausgesonderten Orten und ihrem merkwürdigen Inventar ausgeht, dem Ding der Unmöglichkeit – literarisch gewendet: vom Gedicht.

Buchveröffentlichungen:
- Bewirtschaftung der Kälte. Gedichte, Verlag Ulrich Keicher, Warmbronn 1990.
- Das Opfer. Ein Schauspiel, Edition Isele, Eggingen 1990.
- Kettenacker Elegien. Gedichte, de scriptum Verlag, Uhldingen 1995.
- Durch Halden. Gedichte, Verlag Landpresse, Weilerswist/Köln 1996.
- Bits and Bones. Gedichte, Verlag Landpresse, Weilerswist/Köln 2001.

Marsfeld Mitschnitt

Alles war zu entnehmen einem hingereichten Blatt
milchigen Namen in U-Bahnscheiben geritzt
dem leichten Geräusch im kraniotomischen Morgen
Ausscheidungen
       das Staublicht im Schotterwerk
wenn geht wenn kam
was kommt und geht

womöglich war es Herbst
      hingen
hinterm Fensterladen Fledermäuse kopfunter
Zeit
   und du nimmst dazu die billige
Kopie das Boot mit Fratzen besetzt zum Zeichen
erhoben die linken Hände und im Vorbeigleiten
geritzt in einen Schenkelknochen

unterbrochene Bilder Schneetage
                     von Zügen gefalzt
die sich mit dünnem Rauch füllen
zurückgedreht zu den Resten im
                 Niemandssand
Satzteilen die plötzlich in der Gegenwart spielen
etwa ein nachrecherchierter Schmerz und
das Streukommando
        daß es
in die nässenden Spurrillen Salz

II

                    Zu beachten
schließlich noch die schwierige Lage
                               des Kopfs
zur Schulter zerscherbte Kacheln blau in den Sand
geschleifte Jahre

          so an den Gelenken
durchgegangen eine windschiefe Frage
                            taube
Lippenblütler wo alles
                 was man sagt
Fleisch ist Gras
          geladen in ein anderes Programm
die stillen Ablagerungen unter den Brücken

oder
     anders zu sein in wechselnden Zimmern
mit den wechselnden Zimmern nebenan
                                    wo
vom Dachrand in die Mauerrisse läuft
eine langsame Infusion
                zur Feinabstimmung
unserer Hände
          Schweigen eine letzte Tautologie
und zu sehen überm Lichtschacht
der Blutsturz

           die Spuren unter den Fingernägeln
schleppend ein Schädeling so weiter

III

Schneepollution
        Knochenschmelz
                erfundene Orte

hinterm Zaun der Monat klumpig
umgestochen ein Turnschuh in dem
ein halbes Wadenbein steckt

so durch geschientes Land von Städten
nichts und
was nach außen dringt an diesen

Straßenrand
        Kälteschäden
                Hyänenrücken
Geschichte

ein tonloses Schlucken im Schacht der
Faktor mit dem es die Speicher erreicht

wie immer am Fluß nach dem Hochwasser
der Jagdhund entziffert den Schlamm

Preußischblau, Pankow

Land das trieb. Die Wege abgeschnitten.
Kohlerauch. Von Maschendraht durchsucht. Vergehen
kontaminiert mit Hundeharn. Und Sand.

Die Nebelkrähe kurz im Abraum. Und was sich noch
im Fenster einer weggeworfnen Körperwaage erkennt.
Dies Ich. Verwischt auf einem Fetzen Papier

Stellungen die mit *nicht länger* beginnen. Licht
ein Knochensplitter. Entfernt von den Strecken
das Signal für anderes Material.

Januar Tagesordnung

Fahles Aggregat Naßschnee vom Kanalufer
abgehackt die Kreuzrippen eines Hundegaumens
überm Lagerdach die schmale Datenbasis des Morgens

wo wir im Sommer neben unseren
Schatten schliefen kardätscht der Wind
die Gegenwart ein räudiges Fell

Zeit lang grüne Jahre gelbe Jahre
von rissigen Wänden gekratzt
korrodiert unauffällig im Kohlekeller
jetzt ein Stück einer anderen Kindheit

über alte Stufen Zeichen die in einem
Schlußstein verwitterten verfolge ich
den Gleisschotter entlang einen alten Hund
Blut im Auge das Vergessen

etwa den glasigen Blick des Vortags in der Pfütze
eine täglich wiederkehrende Krähe im Katzengras
das eisige Bißmuster auf den Leib geschrieben

Aufzeichnung

Noch was anderes. Vorgeglühte Alpen Wasserpest
an die Ufermauer gefroren ein Nachsommer.

Es spielte sich ab. Fasern Speichel eine
Kippe. Und als dem Bahndamm die Gefäße
platzten nur soviel noch im
Grau ein Schwarm Krähen Schriftgranit.

Für die Dateien der Kälte der Schatten
nimmt meine Fußabdrücke im Schlamm.

Peter Devaere

Geboren in Brügge (Belgien) 1964
Seit 1988 in Deutschland
Schreibt seit 1980 Gedichte, Erzählungen, Theater
Ab 1990 erste literarische Arbeiten in deutscher Sprache
Arbeitet zur Zeit an einem längeren Prosatext

Veröffentlichungen :
– in Fluisterend (Utrecht) März, Juni 1997, Gedichte
– in Lichtungen (Graz) 67/XVII.Jg/'96, Gedichte

Noch viele Sterbenswörtchen übrig –

Der Zauberlehrling Hand
macht mutterseelenallein
Hausaufgaben.

Das verschlungene Weltbuch
(mit Maus und Magd).

Der Fingerabdruck,
ein Irrhof,
ergab kein Indiz.

Bei niemandem
beginnt das Alphabet.

Im Ungesagten verblieben.

Der Baumtrichter munkelte
noch ein letztes Blatt.
Letztlich ist die Spur
urmenschlich.

Die ausgebrochenen Innengespräche
nach einer Hand der Abkühlung –

Fortgerissen vom Feld des Staunens
in die Sommer orangenblutiger
Bänder. Du fragst
nach keinem Kleeblatt.

Herzgehöft, bei dir bei mir –

Die Holundergeburt in den Schamhütten
stirbt in dich ein, verfrüht.
Im Grunde trägst du das Vor-
zeichen deiner wehenden
Pappeln.

Zwei Hände ineinander.

Du weißt nicht mehr,
ob du drückst oder hältst.

Vom Blinzeln
einst –,
nahe den Gezeiten.

Du warst im Blickfang.

Diamantene Nacht,
verwundbar.

Der Fluß deiner Hände
(nach einer Nacht des Tastens)
dachte nicht an Zeit.

Die vollkommen stille Haut –,
gebräunt, fingerhin.

In welchem deiner Angesichte
hielt ich Einkehr?

So viel (so stilles) Brot
liegt im Gelaß,
das Träne du tauftest.

Als dein Mund meine Haut
heimsuchte sang sie.

In die Tore riefst du nichts,
was Wissen enthielt.

Hohlwege, mit der Hand durchschritten –

Nicht steigt der Mond
an deine Lippen, Umhegte.
Nicht trenn ich die Haut vom Dorn,
die Blüte vom Staub.

Sprachland, darin die Nacht herrscht,
fensterloses Haus, du, Verfinsterte.

Im Westen geht die Sonne auf, unbeirrt.

Werner Dürrson

1932 geboren in Schwenningen/Neckar. Kindheit im Krieg. 1949 Handwerkslehre in Stuttgart. Erste Gedichte. 1953 Studium der Musik in Trossingen. 1957 externes Abitur. Reisen durch Europa, in die USA und nach Afrika. Studium der Literaturwissenschaft in Tübingen und München. 1962 Promotion. Lehrtätigkeit an der Universität Poitiers/Frankreich bis 1968, anschließend bis 1978 in Zürich. Lebt als freier Schriftsteller und Mitarbeiter des Süddeutschen Rundfunks in Oberschwaben und Paris.

Veröffentlichungen u.a.: Dreizehn Gedichte, mit vier Graphiken von Klaus Staeck, 1965; Schattengeschlecht, Gedichte mit Holzschnitten von Erich Heckel, 1965; Flugballade mit Holzschnitten von HAP Grieshaber, 1966; Drei Dichtungen, 1971; mitgegangen mitgehangen, Gedichte 1970-75, 1976 (2. Aufl. 1982); Werner Dürrson liest Lyrik und Prosa, LP, 1978; Schubart-Feier, Eine deutsche Moritat, 1980; Schubart, Christian Friedrich Daniel, Drama, 1980; Zeit-Gedichte, 1981. Stehend bewegt, Ein Poem, 1982; Der Luftkünstler, dreizehn Stolpergeschichten, 1983; Das Kattenhorner Schweigen, Gedichte, 1984; Feierabend, Gedichte, 1985; Wie ich lese? Aphoristischer Essay, 1986; Kosmose, Gedicht in zwölf Vorgängen, 1987; Ausleben, Gedichte aus zwölf Jahren, 1988; Abbreviaturen, 1989; Katzen-Suite, 1989; Werke in vier Bänden (Lyrik und Prosa), 1992; Ausgewählte Gedichte 1995; Stimmen aus der Gutenberg-Galaxis. Essays zur Literatur (Werke, Band V), 1997; Der verkaufte Schatten. Rumänische Elegien und Rumänisches Tagebuch, 1997; Wasserspiele, Gedichte, 1999.
Übersetzungen aus dem Französischen: Wilhelm von Aquitanien, Margarete von Navarra, de Sade, Arthur Rimbaud, Stéphane Mallarmé, Yvan Goll, René Char und Henri Michaux.

1951 Lyrikpreis der Südwestpresse; 1973 und 1983 Deutscher Kurzgeschichtenpreis; 1978 Literaturpreis der Stadt Stuttgart; 1979/80 Gast der Kunststiftung Baden-Württemberg; 1980 Schubart-Preis; Stipendium des Kultusministeriums von Nordrhein-Westfalen; Literaturpreis New York 1982 abgelehnt; 1984 Stipendium des Ministeriums für Wissenschaft und Kunst Baden-Württemberg; 1985 Literaturpreis der Stadt Überlingen; 1991/92 Jahresstipendium des Deutschen Literaturfonds; 1993 Bundesverdienstkreuz; 1997 Ehrengabe der Deutschen Schillerstiftung Weimar. Mitglied des VS, des deutschen PEN-Zentrums, der Humboldt-Gesellschaft und der Association internationale des critiques littéraires, Paris.

Kleiner Akt

Ich litt, erinnerte sich Lohmann, mit dem geschundenen Pferd, mit der halbzertretenen Schnecke am Wegrand, der entzweigeschnittenen Wespe, aber auch mit dem Buch, das sich mein Vater einmal im Jahr, meist an Weihnachten, vornahm, und zuckte zusammen, wenn seine Riesenhände nach dem fragilen Gebilde griffen, das mir voller Leben schien, es auf den Tisch legte und, obwohl es durchaus willig war, gewaltsam aufschlug, ihm die Faust ins offene Rückgrat drückte, rauf- und niederfuhr, daß es, so zusammengestaucht, fürs erste in der erzwungenen Lage verharrte, und er sich drüber hermachte; den Seiten, weil sie gelinde aufbegehrten, mit dem Nagel seines Großdaumens einen Falz beibrachte, und wenn das nichts half, weil sich das Rückgrat mit letzter Kraft seiner Elastizität noch einmal erinnerte, sein Opfer mit beiden Händen packte, ihm die Schultern nach hinten drückte bis die Wirbel krachten und es lendenlahm dalag; endlich konnte er sich, Kopf und Oberkörper drübergebeugt, seiner Lust, oder was das war, buchstäblich ungestört überlassen; während sich mir, jeden Aufschrei verhindernd, das Herz zusammengepreßt hatte. Schade, daß gedruckte Silben Wörter Sätze sich nicht, wie bloße Gedanken, verflüchtigen können, dachte ich. Meine eigenen Bücher, so Lohmann weiter, versteckte ich jedenfalls sorgsam vor ihm.

Abseits

Dann jener Herbst.
Hier fielen nur Blätter.
Anderswo Schüsse.

Bewußtloses Laub.
Ich griff in seine
Verfärbungen.

Wortlosigkeit.

Die Gräber sah ich.
Die offenen Fragen.
Zugeschüttet.

Zwischen den Fingern
rote Kassiber.
Glühende Kälte.

Der Sand an den Schuhen.

Schwanengesang

Verbaut ist die Ankunft der Stürme / verschüttet
die Feuerstelle / der Zorn

Schläfer zur Rechten / zur Linken / Eine Stille
wie sonst nur Diktaturen sie kennen

Bette sich wer kann / hier leuchten die Unter-
gänge vergoldet

ein Landstrich geschaffen für solche / mit denen
noch Staat zu machen ist

Kommt nur ihr ausgedienten Verdiener / ihr abge-
schlafften Denker Dichter Anarchen / Freut euch
des Abends / hier dämmert Deutschland
am schönsten

Liebe winterlich

Er sei ihr kurzerhand
nachgesprungen

ein Taucher habe die Beiden
engumschlungen
am Seegrund entdeckt

hörte ich sagen

die seien selbst schuld

wo das Eis doch
so dünn war

Schneefall

Nichts geht mehr.
Unbeschriebenheit.

Wo kein Ort mehr ist
komme ich mir
auf die Spur.

Sie verfolgt mich.

Gefahrlosigkeit

solang der Schnee fällt
Leben stockt und
im restlichen Strauch
die Amsel nicht
zetert

wie flatterhaft aber

Seegfrörne

Als wäre es dieses abwartende Leben
verschwiegen mit frostigen Schultern und
leerem Blick seewärts

Winter für Winter vergeblich die
bessere Kälte erhoffend

das große Eis fürs Gehen Arm in Arm

Lichter Moment

Gestern sah ich im See
zwischen Turm und Gemäuer
die Zukunft gespiegelt

hüpften die Blitze durch
tanzende Ebenen kochten die
Tiefen kehrte das Feuer
heim in seine Verflüssigung

alles Befestigte schwankte
stürzte zerschmolz

niemand rief oder schrie
ich stand kopf

Jähes Erwachen

Der Hang bebt,
jähes Erwachen, hei
es geschieht was

die Aufreißer kommen die
Ausheber kommen

der Bagger mit
offenem Rachen
brüllt Guten Morgen

Zuletzt

blieben die Äpfel an
blattlosen Bäumen hängen oder sie
lagen vollzählig im Gras.

Fürs erste wird Schnee die
Äcker bestellen. Über verwischten Zeilen
vielleicht eine Rehspur oder Striche
von Krähenflügeln

(aus: „Das Kattenhorner Schweigen", 1984.
© beim Autor)

Serge Ehrensperger

wurde 1935 in Winterthur / Schweiz geboren. Er studierte Germanistik und promovierte 1963 bei Emil Staiger über Novalis. Er arbeitete als politischer Korrespondent der „Tat" und Werbetexter in London, als Marktpsychologe und Lehrer in der Schweiz und war Universitätslektor in Madrid. Er lebt jetzt als Schriftsteller, Mitarbeiter für Literatur bei Radio DRS und Lehrbeauftragter am Technikum in Winterthur.

Buchveröffentlichungen:
- Die epische Struktur in Novalis' „Heinrich von Ofterdingen". Winterthur: Schellenberg 1963. 2. Aufl. 1971;
- Prinzessin in Formalin. Roman. Hamburg: Claassen 1969 / 74 / 94;
- Schloßbesichtigungen. Erzählungen. Zürich, Köln: Benziger 1974;
- Prozeßtage. Roman. Kreuzlingen, Bern: Edition Erpf 1982;
- Passionstage. Roman. Kreuzlingen, Bern: Edition Erpf 1984;
- Francos langes Sterben. Roman. Edition Erpf bei Neptun. Kreuzlingen, Bern 1987;
- Far east. Deutschlandträume. Die Floraldollars. Drei kleine Romane. Ermatingen: Edition Erpf bei Neptun. 1994;
- So weit wie Casanova. Autobiographischer Roman. Ermatingen: Edition Erpf bei Neptun 1996;
- Kubaleks Kartone. Ein Schelmenroman. Zürich: Wolfbach 1999.
- Die Ornithologen. Ein Aperçu zum Jahrhundert. Zürich: Nimrod 2000.

Bodensee-Überquerungen

Koburg wünschte sich die Kordeln eines Admirals vom Bodensee zu erwerben, da dieser viel flacher sei als der Zürchersee und nicht von Bergen eingeengt, die den Zürichsee steiler, tiefer, enger und hügeliger machten, während der Bodensee auf einem Mastbaum Ausguck bis, mit Fernrohr, an die Ostsee gewähre, mit Phantasie und einem Wimpel. Vor Koburg betraten drei Matelotinnen, offensichtliche Französinnen, die Fähre, von denen eine, breithüftig, klein, die Hinterste, mit ihrem Hintern die Treppe im Nu bewältigte, die Vordere, eine Große, sich geschmeidig in die Kabine schlang, die Mittlere unscheinbar zwischen ihnen, ein Sandwichkind, und die Fähre sich in Richtung Annette-von-Droste-Hülshoff-Town in Bewegung setzte. Diese Südländerinnen, sichtlich von ihrer Arbeit getrennt und nicht gekommen, um in den Stürmen dieses bodenlosen Gewässers den Dienst von gallischen Galionsfiguren zu übernehmen, kehrten ans andere Ufer zurück, das bessere am Abend, wohin die Sonne sich zu neigen und in die Zweige zu verzweigen anschickte, eine Geschichte, die zur Erlabung des Abends sich selber ausstrahlte und ohne einen Verleger oder Sender verbreitete, wie im neunzehnten Jahrhundert, von dem diese Seeseite Beispiele vor- sowie Zeugnis ablegte.

Warum keine Anzeichen des zwanzigsten sich bemerkbar machten, war schwer auszumachen, außer den Limousinen im Schiffsbauch, die sich nicht rührten, denn es ging ein Gerücht, Dichter befänden sich an Bord, die nicht gestört werden dürften, ansonst sie sich hinter dem Wasserspiegel versteckten, einer im Kamelhaarmantel, ein Elegantel, mit Humphrey-Bogart-Hut von Borsalino und mildem Blick, der, den Hut in der Hand, auf dem Deck spaziert wäre, wenn ihm nicht der Wind so saumäßig ins Gesicht geschlagen hätte. Vielleicht würde er doch noch den Mast besteigen, um eins in Richtung Berlin und Ostsee zu singen, obwohl er, wie er später, auf der Meersburg, erzählte, in letzter Zeit nur als ein Herausgeber expressionistischer Gesänge von Nordbarden in Konstanz gewirkt habe, deren Münder geschlossen, vergessen worden seien. In seiner Zeitschrift „Repliken", auf neun Nummern geplant, neuerdings in Glanzpapier, verwaltete er ihre Wörter, denn er wirke als ein Rechtsanwalt, daneben auch selber als Dichter, was ihm im Gerichtssaal sein Gegner gelegentlich mit einem Zuruf quittiere wie:

„Herr Kollege, Sie gleiten ab in Ihren Nebenberuf. Was Sie da von sich geben, ist reine Erdichtung."

Er nahm solches nicht ernst, denn er spazierte jetzt auf der Hafenmole dem abendlich ersonnten See entlang, dem winterlichen, obwohl morgen der milde April anzubrechen beordert war. Zu einer Dichterrunde auf dem Burgschloß war er unterwegs, in einem Saal, wo auf einem großen Kerzenständer fünf hohen Kerzen entzündet waren, den Geist zu bekerzen. Die Verwalterin des Schlosses hatte sich eben verabschiedet und die Dichter gebeten, die Türe unten kräftig zuzuschlagen, sonst schließe sie nicht.

Herr Elegans, ein Solon vom Bodensee, dieser Erwecker von durch Vergessenheit ermordeten Dichtern, saß versessen darauf am Fenster, sich auch ohne eine anwaltliche Zuständigkeit den Überblick über die Seelandschaft zu verschaffen, und lächelte seinem Nachbarn zu, den er auf dem Schiff schon bemerkt und als einen Dichter ausgemacht hatte:

„Sie gehören doch auch zu uns?" hatte er ihn gefragt, als er Koburg den drei französischen Peregrinen nachweinen sah.

Sie unterhielten sich über das Konkubinat des Dichterberufs mit einem bürgerstämmig-erwerblichen. Montags arbeite er nicht, erklärte Herr Solon, sondern wühle in seinen literarischen Elegien, ach, Repliken. Erst am Dienstag trete er in seinen Dienst. Auf seinem Kontor an der Marktstätte lägen schon einige Telephonate aufgestaut, die seit gestern nach Beantwortung quietschten, nach Wartung lechzten, in Erwartung seiner Vertretung des Rechts. Bis zum Donnerstag sei er beherrscht von anwaltlicher Tätigkeit, am Ärztenachmittag nehme er sich auch einen Freien, erscheine am Freitag nochmals, um dann vom Samstag bis zum Montag wieder in herausgeberischen Belangen zu schwelgen.

Koburg, der auf dem Fährschiff inkognito mitgefahren war, wenn auch ohne Pelerine, nur seine Peregrina-Strophen im Kopf, um seinen Mund damit zu füllen und auf ein Sandwich zu verzichten, dieser Dichter antwortete, er habe in seinem nunmehr bereits ein Vierteljahrhundert dauernden Dichterleben erkannt, wie die Stoffe, wenn man sie vor sich und in sich habe, einen erfüllten und Berufsarbeit einen so sehr blockiere, daß man sie dichterisch nicht verarbeiten könne, weil sie sich nicht zu einzelnen Kapiteltranchen verwursten ließe, sondern in ihrer ganzen Macht vor einem liege. Erst wenn man sie abgeworfen habe, käme sie zur Verwertung in Frage, aber dann schleiche sich oft eine seltsame Desinteressiertheit als eine Art Krankheit ein. Man könne in einem perfekt zugerichteten Raum stehen und statt zur Feder zum Staubsauger greifen, und wie in Jean Pauls Roman vom Armenadvokaten Siebenkäs zuerst die Kammer saugen, weil man heute meist einer Frau wie Lenette-Wendeline entbehre.

Herr Solon entgegnete, er sei keineswegs ein Armenadvokat, und wenn er sich auch nicht als einen Herrn Opulent bezeichnen wolle, so lasse er doch den Staub in seinen Privaträumen wie in seinem Kontor von einer Raumbeauftragten gegen Renumeration absaugen.

Eben wurden an die sieben Käsesorten direkt aus Canobbio in den Drosteraum hereingetragen, von drei Kellnern mit schwarzen Rockschößen auf silbernen Tabletts. Sie trugen noch die Säbel, denn es waren einstige Franzosen, die als die Französinnen verkleidet, eine undeklarierte Apanage der Dichter, über den See geritten waren. Von einem anderen Dichter-alias-Verleger waren die Käse in Lodi, Pincenza und Canobbio requiriert und zusammen mit Parmaschinken, Salami und Verspätung zur schwäbischen Vesper auf der Burg Hülshoff geschleppt worden. Einer hatte schon Mückenbrote hingelegt, oder waren es aufgeklebte Kümmel oder Krümel? eingetrocknete Feigenkerne? die bereits verteilt waren, nun aber nicht mehr ohne Käse und Wurst verzehrt zu werden brauchten. Bereits hatte ein Kollege im Rollstuhl eine Geschichte von Bergkristallen in den Alpen und in einem Wandschrank gelesen, wo die Kristalle wegen zu großer Lichtenergie geplatzt seien. Köstlich, wie der Andermatter, der sie ihm habe streitig machen wollen, den Geröllhang hinuntergepurzelt war, auch im Berner Oberland war ein Tirolerschrank den Kristallen zum Verhängnis geworden.

Die Dichterrunde, an die fünfzehn, war zufrieden. Man unterhielt sich über Schriftstellerbanden und -verbände, die trotz der zunehmenden Wegziehung des Teppichs unter dem Boden der Literaten immer noch gewerkschaftliche Dinge propagierten, eine Gewerkschaft ohne Wert. Auch Herr Solon wollte nichts wissen von Mindesthonoraren und festgelegten Tantiemen. Er las für windige hundertfünfzig Mark, wenn man ihn einlud. In Vereinen mit gewerkschaftlicher Verwirklichung fehlte der Geist; alles werde zerredet. Ihm sei ein Gespräch über Literatur viel lieber.

Eine Schweizer Autorin hatte ein Buch mit langen Unterrändern herausgebracht, wie sie jetzt in der Mode waren, und harrte auf Rezensionen. Der andere Schweizer erwähnte der Zeiten, als er in Konstanz an der Treppe des „Südkuriers" stand und einen Doktor Treppmann zu sprechen wünschte, um bei ihm eine Besprechung zu erflehen. Man lachte, man kannte diesen Treppenfuchs. Herr Solon drehte seine Zigarre zwischen den Fingern und legte sie auf das lederne Etui, das schon etwas abgeschabt war, wie Anwälte abgeschabtes Leder auch an ihren Taschen bevorzugten, um damit ihre gerichtliche und geschäftliche Erfahrung zu belegen.

„Nur kein glänzendes Leder im Gerichtssaal!" hatte Koburgs Freund Bethel in Zürich lachend gerufen.

Solon kaufe seine Zigarren ebenfalls in Zürich; er fahre wöchentlich einmal hin zu einem Termin und erlebe dann diese Stadt als eine bloße Tagesstätte, genau so wie der Schweizer ihm seine Konstanzbesuche eben beschrieben hatte: er halte sich öfters in Konstanz auf, hatte Koburg gesagt, und fahre dann zurück, ohne die Stadt am Abend zu erleben, zudem in einem so illustren Kreis wie diesem, dann noch auf der anderen Seeseite in Meersburg und auf einer Burg. Vor Jahren habe er hier einmal im Neuen Schloß gelesen, allerdings erst in der zweiten Hälfte des Abends und dann bereits dem deutschen Bier, als ein Deutschlandschwärmer, etwas zugetrunken, so daß er befürchtete, im Lautsprecher aus der Rolle zu fallen und zu brüllen oder zu lallen. Man beschwichtigte Koburg, diesem Treppmann habe man schicken können, was auch immer, er wollte es nie drucken. Das sei die einzige Sicherheit der im Hafen des „Südkuriers" vor Anker liegenden Dichter gewesen.

Koburg berichtete, in der Schweiz gebe es kaum Anwälte, die schrieben. Sein Freund habe ihm erklärt, schreibende Anwälte hätten Angst, nicht mehr als vertrauenswürdig zu gelten. Man befürchte, sie plauderten in Romanen ihre Fälle aus. Herr Elegans entgegnete, die Klientel lese meist keine Bücher. Dieser Schweizer Anwalt, fuhr Koburg unbeirrt weiter, das Erzählfieber hatte ihn am Kragen gepackt, sei ein besonderer Schriftsteller, von der Theorie beseelt, ein Buch sei immer in der ersten Fassung am besten. Er verbessere nie etwas in seinen Romanen.

„Das trifft höchstens bei Dostojewski zu, und auch da nur, weil es keine zweiten Fassungen gibt", meinte Elegans.

„Und bei Gotthelf", wollte Koburg beifügen.

Doch man beriet schon, ob die nächste Sitzung bei einer Frau Wirtin im Allgäu abgehalten werden solle, die gerne Schriftsteller unter ihre gewöhnlichen Gästen mische. Ob sie etwas bezahle? Wenigstens Essen reiche? Dann vielleicht. Einer wurde beauftragt, vorzufühlen.

Der Abend fand ein brüskes Ende, als Herr Solon zum Aufbruch rief und seine Zigarre ausgehen ließ, während die drei, die mit ihm das Fährschiff besteigen wollten, sich in ihre Mäntel stürzten. Sie eilten durch die düsteren Gänge, die Schloßtreppen hinunter, schlugen das Tor kräftig zu und begaben sich, Herr Opulent schlenkernden Schrittes, die Gasse hinab zum Quai. Die Fähre harrte ihrer und sie auf ihre Abfahrt.

„Tatsächlich", murmelte der Anwalt in sein eigenes Gesicht hinein, habe man es gut bei diesem Schloßherrn, er sei ein Glücksfall, auch in bezug auf den Busch, der hinter dem Fenster oder davor bereits seine rotgelben Blütenspitzen getrieben. Die Dichter hatten sich nicht einigen können, was für ein Busch er sei, noch nicht auszumachen, wie sie selber, wenn sie in der Menge der dem Fährschiff Entspringenden die Mole entlanggingen, und erst auffielen, wenn sie ihre Verse wie Blüten auswarfen. Einer vermutete, es handle sich um einen Moschusbaum.

„Ach was, eine Zerzeder", zeterte ein anderer.

„Mist, eine Mistel oder eine Mimose!"

Man war sich nicht darüber klar geworden. Das Schloßfenster, durch das der Strauchdieb im Begriff war einzubrechen und jedem anderen Busch den Namen zu stehlen, bestand bloß aus Einfachverglasung; die dicken Mauern isolierten, die Fenster kaum, was bei einer Replik im Gerichtssaal als Milderung für diesen Einbruch als ein Wärme-Mundraub gegolten hätte. Auch hatte sich der Busch vergeblich mit roten oder gelben Vorfrühlingskerzen bestückt, die zu früh gesprossen waren und sich dem Winter wieder beugen mußten, bis nun der mildernde April, zuerst meist nur scherzhaft, einbrach.

Der Schweizer vermißte die drei französischen Kellnerinnen. Sie würden bestimmt mit der Fähre kurz nach Mitternacht zurückkehren, zumal die Deutschen das Französische notorisch falsch betonten, immer die zweite Silbe herausbetonierten, damit sie nicht der germanischen Erstbetonung verfielen, deshalb auch „Züricher Sée", sagten; sie eilten über die ersten Silben wie über unsichere Planken und Bretter hinweg, durch die sie nur knapp gestützt wurden, bis sie sich in den Schiffsbauch warfen und glücklich den Sée betonten, statt wie die Zürcher – nicht Züricher! – die ihren See bestiegen, indem sie zuerst mit dem Absatz drauf hieben und mit den Fußspitzen gleichmäßig die folgenden Silben skandierten, zu: „Zürisee", im Stakkato. So beständen immer noch bilaterale Differenzen zwischen der Schweiz und dem unverdaulichen Deutschland, ein Thema, das sie jetzt fallen ließen, denn sie stakten im Stakkato die weißen Treppen zum oberen Deck empor.

Bruno Epple

Wieder ein Curriculum (91. Variante)

Ich, Bruno Epple, durfte am 1. Juli 1931 das Licht dieser Welt erblicken, laut vorliegender Geburtsurkunde des Bürgermeisteramtes Rielasingen um halb zehn Uhr morgens, vom Mond beeinflußt und unter dem Aszendenten der Jungfrau, aber doch als eheliches Kind vom Wirt und Cafébesitzer Paul Epple und seiner Gemahlin Adelheid, geb. Diesch.

Nach dem Umzug in die Stadt Radolfzell am Bodensee, in die ich sensibles Kind mich erst eingewöhnen mußte, bis ich sie als meine eigentliche Heimat betrachten konnte, absolvierte ich mit vielen Erfolgserlebnissen in anderthalb Jahren den Kindergarten St. Josef, bestand nach vier Jahren Volksschule die Aufnahmeprüfung in die Realschule, damals Oberschule für Jungen geheißen, wechselte nach Kriegsende, gerüstet mit privaten Lateinstunden, auf das altsprachliche, also humanistische Heinrich-Suso-Gymnasium Konstanz, wo ich als sogenannter Auswärtiger und Fahrschüler (täglich mit dem Zug Radolfzell-Konstanz hin und her) es mit jährlich gelungenen Versetzungszeugnissen bis in die Unterprima schaffte, maturierte aber mitten in der Schweiz in der Stiftsschule Engelberg und erwarb mir damit den Zugang zur Universität, erst in Freiburg, dann in München, dann wieder in Freiburg, dazwischen ein Jahr in Rouen in der Normandie. So brachte ich meine Schul- und Bildungslaufbahn zwar nicht preisgekrönt, aber zur Zufriedenheit meiner Eltern hinter mich und wurde auch mit Glück den Anforderungen eines Staatsexamens gerecht, um weiterhin meinen Schulbesuchen treu zu bleiben, doch dann als Lehrer.

Während ich also meine schöne Jugend äußerlich mit Anstand verbrachte, vertraute ich in aller Heimlichkeit seit meinem 14. Lebensjahr alle pubertätsbedingten Qualen und Kümmernisse dem Tagebuch an, ohne andere Absicht, aber mit dem Gewinn, daß ich in späteren Jahren Vegangenheitsbewältigung weder auf der Couch eines Psychotherapeuten, noch in Form einer als Roman verschlüsselten Biographie betreiben mußte; konnte also sine ira et studio auf das Bisherige zurückblicken (was ich selten tat) und als freier Mensch die Gegenwart verkosten und mich in die Zukunft hineindichten und -malen, derweil so mancher meiner künftigen und bewunderten Kollegen in Nachtbitternis sich selbstzerfleischend analysieren, seine Galle leeren und sich auskotzen mußte, alles auf einen Haufen Papier, und erst einigermaßen befreit durchatmen konnte, wenn ein großmütiger Verleger das auf der Frankfurter Buchmesse präsentierte und Rezensenten sich einfanden, die bereit waren, sich von den dokumentierten Scheußlichkeiten des Erwachsenwerdens unter zu Himmel schreienden Ungerechtigkeiten infizieren zu lassen oder sich gar, was ihre Besprechung gewichtiger machte, damit identifizieren konnten.

Ich konnte das alles mit dem heilsamen Tagebuchschreiben frühzeitig verschmerzen, und weil ich nichts nachzuholen oder heimzuzahlen hatte, stürzte ich mich unterdessen in allerhand Liederlichkeiten, mit denen diese Welt schon immer lockt, und weil keiner da ungeschoren herauskommt, sondern mit einem Herz voller Blessuren, pflegte ich notgedrungen in Zeiten der Bedrückung und Melancholie zum Ausgleich und zur Wiedererlangung meines Wohlbefindens Bilder zu malen. Was mir immer noch gut tut, auch anderen. Auch, wie ich mir einbilde, was ich so nebenbei schreibe.

Nicht ohne Genugtuung darf ich mitunter feststellen, daß sogar meine Kollegen mir neidlos Anerkennung zollen: Die Schriftsteller sehen in mir einen beachtlichen Maler, die Maler in mir einen beachtlichen Schriftsteller – sie finden das, was ich schreibe, ganz bildhaft, während die Schriftsteller das, was ich male, zum Bedichten finden.

So stehe ich jeweils auf beiden Seiten als Freund da und bin fein heraus, weil ich keinem als Konkurrent im Wege bin, das hätte ich auch nie gewollt, im Gegenteil, als Maler rufe ich meinen Schriftstellerkollegen zu: Schreibt, Brüder, schreibt um die Wette, auf daß ihr den wohlverdienten Lorbeer erringt; und als Schriftsteller rufe ich meinen Malerkollegen zu: Malt, Brüder, malt auf Teufelkommraus, damit ihr in ein Museum kommt und dort aufgehängt werdet. Schöneres ist einem Maler nicht zu wünschen, und ein Bundesverdienstkreuz schmückt auch einen Dichter ungemein. Denn das ist die öffentliche Hand einem Begnadeten doch schuldig, daß sie sein Werk, das er ihr vertrauensvoll überreicht, annimmt und mit Anerkennung belohnt. Dann weiß er, der Bruder in Apoll und der Bruder Michelangelos, daß er nicht vergebens sich ein unsterbliches Werk abgerungen hat und sein Herzblut vergossen. Dieses hohe Ziel zu erreichen bleibt mir, wenn ich mich richtig einschätze, versagt, zumal ich auf dem, was man gemeinhin Laufbahn nennt, nie Fuß fassen konnte und mich das Gedränge dort nur entmutigt hätte, also daß ich als Einzelgänger meinem Eigensinn folgend, den Pfad durch den stilleren Wiesengrund beschritt, wo der Lorbeer nicht wächst, aber die Veilchen duften und das Vergißmeinnicht einem das Herz rührt ob der Vergänglichkeit allen bescheidenen wie auch ehrgeizigen Blühens, und wo der Frühling, an sich selbst berauscht, längst die Pracht des vergangenen Jahres vergessen hat, besessen vom unerhört Neuen, das er produziert und das so neu unter der nachsichtig scheinenden Sonne nur auch wieder nicht ist.

Buchveröffentlichungen:
- Vom Geist der Kathedrale. Gedichte. Martin, Buxheim 1958.
- Dinne und dusse. Alemannische Gedichte vom Hegau-Untersee. Konstanz: Rosgarten 1967.
- reit ritterle reit. Gedichte in der Mundart vom Bodensee. Konstanz: Stadler 1979.
- Wosches. Vergnügliche Lektionen zur alemannischen Mundart. Band 1-3. Konstanz: Südkurier 1980, 1981, 1983. Neuauflage Konstanz: Südverlag 1995.
- Ein Clown läuft ins Bild. Erzählung. Konstanz: Rosgarten 1986.
- Bruno Epple: Katalogbuch mit Texten. Konstanz: Stadler 1988.
- Seesonntag. Bilder und Tagebuchblätter. Friedrichshafen: Gessler 1988.
- Einbildungen. Lebensstationen in Bildern und Texten (von Mitautoren). Konstanz: Rosgarten 1990.
- Das Buch da. Prosa. Friedrichshafen: Gessler 1992.
- Den See vor Augen. Kindertage. Friedrichshafen: Gessler 1992.
- Im Zug zurück. Sationen einer Kindheit. Friedrichshafen: Gessler 1997.
- Doo woni wohn. Alemannische Gedichte. Friedrichshafen: Gessler 1998.

Spiele:
- Der Bärenhäuter. Märchenspiel. Uraufführung 1967.
- Hirtenweihnacht. Ein Spiel. Uhl, Radolfzell 1971. Neuauflage bei Gessler, Friedrichshafen 1996.
- Goldkelchen. Märchenkomödie. Huggle und Meurer, Radolfzell 1973.
- Ein Konstanzer Totentanz. Spiel in Mundart. Uraufführung Stadttheater Konstzanz 1982.

Verschiedene Künstlermonographien und Beiträge in Anthologien.

Grün und Grün und Grün

1
Ich fahre im Regenmorgengrau dahin, durch die Pappelallee im noch zaghaften Grün des frühen Frühlings, vorbei an gründämmernden Wiesen, erwachenden Wäldern. Das Grau des Himmels spiegelt sich mal versilbert, mal verdüstert im naßschwarzen Asphalt. Regentrunken stehen die Bäume da, tropfschüttelvoll. Und alles lauscht dem Regen, alles wie innehaltend. Wiesen mit weitem Schoß, Bäume mit offenen Armen empfangen befruchtende Nässe. So alles im Niederklang und Auffang, alles schweigend berauscht.

2
Bergan in den Wald hinein. Die Buchen alle im jungen Grün, ihre Äste vom Regen schwer hängen tief in die Straße. Helle Grünblätterfächer, die einander überdachen. Dieses frisch erwachte Grün der Buchen, deren silberne Rinde schwarz geworden ist vor Nässe. Schwarzglänzende hohe Stämme mit naßschwarzen Ästen, die von beiden Seiten her ihre Blätterdächer über die Straße ausbreiten.

3
Brandheißer Sommer, ein Flirren über den Feldern, es treibt mich tief ins Tannendunkel des Waldes. Auf dem Pfad ist gut gehen, die Kühle eine Wohltat, kein Laut unter den hohen Bäurnen, die in Verschwiegenheit beisammen stehen. Kein Himmel zu sehen, nur da und dort funkelt ein Lichtgeblitz. Eine Sonnenbahn steht schräg zwischen den Stämmen, und da eine, die auf den Ast einer Buche trifft: ein einzelner, herabhängender Ast mit aufgefächerten Blättern, die durchsonnt in einem fast magisch transparenten Grün leuchten, einziges Grün in dem so tannendunklen Wald. Jedes Blatt golden umspielt.

Mir ist: Grün, lichtes Grün steigert sich in Verzückung, wenn ihm ein Goldsaum zukommt. Der Mantel Gottes, wollte ich ihn malen, dann in diesem goldgesäumten, golden bestickten Grün, ganz freudige Gegenwart.

Zinnien

In der Vase ein fülliger Strauß voll in später Augustsonne herangeblühter Zinnien gelb und orange und rot und violett, jede Blume ein Pulk, der satt und samten seine eigene Tonqualität demonstriert. Jede ein Schulbeispiel für den Pastellunterricht. Jede Blütenzunge jeder so balligen, noch nicht ganz aufgebrochenen Blüte preist in vollen Tönen ihre Farbe an und nennt ihren Namen: ich bin helles Zitronengelb, ich Indischgelb, ich Chromorange, ich ganz Alizarin Krapplack, ich hellstes Kadmiumrot, ich Zinnoberton, ich Rotviolett, ich Kobaltviolett. Jetzt mal uns mal schön ab. Vielleicht geht dir dabei auf, wie jede Farbe ihren eigenen Klang hat und, was du kaum erfassen wirst, ihren eigenen Duft.

Grau

Dem ganzen Malbrett gab ich einen anthrazitgrauen Grund, legte es in die Sonne hinaus zum Trocknen, darüber kam ein Regen, und als ich es in Schutz holen wollte, glänze es mich an: Wassertropfen hatten dicht und gleichmäßig alles besetzt, schimmerten auf dem Schwarz hell und klar ins Silberweiß verzückt. Jeder Tropfen ein Perlenblick.

Mir ahnte: Alles Grau steigt aus dem Schwarz herauf und wird im Silber verherrlicht. Im Silber findet das Schwarz sein Entzükken.

Rot und Gelb

Von Kind an hat sich mir eingebildet: Rot und Gelb sind österliche Farben. Nicht Rot allein, ein in Festlichkeit leuchtendes, eher warmes Rot, auch nicht das Gelb für sich, dieses ausstrahlende Forsythiengelb oder das der trompetengelben Narzissen, das Goldgelb der Schlüsselblume, das satte einer Dotterblume; nicht also Gelb allein, sondern im Einklang mit dem Rot, Gelb in Rot hineinspielend als Ornament oder es umrandend als Saum. Gelb strebt und strahlt hinauf in ein überirdisches Gold, und es streitet sich nicht mit dem Rot, vielmehr sind beide miteinander verwandt und steigern sich festlich zu sieghafter Pracht. Rot allein wäre zu flammend, zu blutig, wäre zu sehr Angriff und Schrei. Zu sehr Gewalt. Rot aber von Gelb umspielt, von Goldgelb durchwirkt, erhebt uns, wird uns zur Feier.

Warum aber österliche Farben, wie mir das erklären? Die Karwoche im Schweigen der Glocken war mir immer farblos. An Karfreitag, so mir von Kind an, waren alle Farben zusammengebrochen in ein unheimliches Schwarz. Daneben hielt nur Weiß stand. Aber was für ein Weiß? Ist es das schwankende Weiß der Märztage, vor dem sich die nackten Bäume schwarz abheben, oder das Alben-Weiß der liturgischen Gewänder, das Kerzenweiß, das Weiß des Schweißtuches des Veronika, das Weiß des nahtlosen Gewandes Jesu, über das hin die Würfel rollten, oder das der Tücher und Gebinde um den Leichnam?

Ostersonntag aber in Rot und Gelb, beide so in klangvoller Einheit wie nirgendwo sonst für mich. Ist es, daß in der Liturgie viel Rot erscheint in Gewändern, viel Gelb und Gold in Blumen, Leuchtern, Ornamenten? Und zum festlichen Klang wird: das Rot des Blutes nun verklärt und verherrlicht, das Gelb wie Sonnensieg strahlend. Ist es das Rot des Spottmantels, in dem Jesus dem Hohn ausgeliefert war und das nun zum königlichen Rot geworden ist, neu in Würde? Oder kommt es, in meiner Vorstellung, von einer aus der Barockzeit stammenden Figur, die den Auferstandenen darstellt, wie er aus dem roten, golddurchwirkten Mantel die Rechte zum Siegeszeichen erhebt und in der Linken die rote Fahne hält, so hoch auf einem Podest über einem gelben Pulk lichtsterniger Forsythien und Vasen voll heiterer Narzissen.

Österliches Rot und Gelb. Ich mag es mir nicht ausreden lassen, was von früh an so in mir sich vereint hat.

Zsuzsanna Gahse

Geboren 1946 in Budapest, Gymnasialzeit in Wien und Kassel, lebt seit 1994 in der Schweiz, vorher in Deutschland.

Buchveröffentlichungen:
ZERO, Prosa, 1983, List Verlag, München
BERGANZA, Erzählung, 1984, List Verlag, München (2. Aufl. 1999, Europäische Verlagsanstalt, Hamburg)
ABENDGESELLSCHAFT, Prosa, 1986, Piper München
BERGANZA, 1987, in Serie Piper, München
LIEDRIGE STÜCKE, 1987, Verlag Ulrich Keicher, Warmbronn
STADT LAND FLUSS, Geschichten, 1988, List Verlag, München
EINFACH EBEN EDENKOBEN, Passagen, 1990, Wieser Verlag, Klagenfurt
HUNDERTUNDEIN STILLEBEN, Prosa: 1991, Wieser Verlag, Klagenfurt
NACHTARBEIT, Prosa, 1992, Verlag Ulrich Keicher, Warmbronn
ESSIG UND ÖL, Prosa, 1992 EVA (=Europäische Verlagsanstalt, Hamburg)
SANDOR PETÖFI, Essay, 1993, EVA
ÜBERSETZT, Eine Entzweiung, 1993, LCB, Berlin
PASSEPARTOUT (14 Texte) 1994, Wieser Verlag, Klagenfurt
KELLNERROMAN, Prosa, 1995, EVA
Auskünfte von und über Zsuzsanna Gahse[37] ([37] Fußnoten zur Literatur), Uni Bamberg, herausgegeben von Wulf Segebrecht, 1996.
WIE GEHT ES DEM TEXT, Die Bamberger Vorlesungen, 1997, EVA
NICHTS IST WIE, 1999, EVA Hamburg und Neuauflage von Berganza
KAKTUS HABEN, Text Zsuzsanna Gahse, Siebdruck Christoph Rütimann, Edition Nyffeler & Wallimann, 2000.

Szenische Arbeiten u.a.:
LEIDLOS: Szenischer Text für den SDR, Komposition: Axel Ruoff, 1993; Aufgeführt im Kammertheater Stuttgart 1993
LEVER oder Morgenstunde: Drama, Uraufführung 16.9.1994 in Zug, dann Aufführungen im Westend-Theater, Zürich; Regie: Christoph Leimbacher; Bühnenbild: Christoph Rütimann
A.V.D.H (Ansicht Vorsicht Durchsicht Halt), zusammen mit Christoph Rütimann, Uraufführung Mai 97 in Münster

Übersetzungen u.a.:
Péter Esterházy: „Kleine ungarische Pornographie", „Fuhrleute", „Das Buch Hrabals", „Eine Frau" (alle im Residenz Verlag) – Texte von Péter Nádas, Miklós Mészöly, László Garaczi, László Krasznahorkai usw. Verschiedene Hörspiel-Übersetzungen, z.B.: „Der Bunker" von Miklós Mészöly, „Ciau Bambino" von Péter Horváth. Péter Esterházy: „Thomas Mann mampft Kebab..."; Miklós Mészöly: „Das verzauberte Feuerwehrorchester„; Péter Nádas: Fotoband

Lehrauftrag an der Universität Tübingen (Schreibseminar) von 1989 bis 1993 (danach – bis jetzt – sporadisch weiter)

Preise und Auszeichnungen u.a.:
1984 Aspekte-Literatur-Preis des ZDF
1986 Preis der Stadt Wiesbaden in Klagenfurt
1987 Stipendium in Edenkoben/Pfalz
1990 Stuttgarter Literaturpreis
1993 Preis der Stadt Zug (Stadtbeobachterin)
1996 Poetik-Professur an der Universität Bamberg
1998 Werkbeitrag des Kantons Luzern

Zeitmaß

Viel ist gut, weil das Viel eine Übersicht gibt, und mit einer Übersicht kann sich jeder auskennen. Das, bei dem sich jemand auskennt, gehört ihm. Wenn jemand zum Beispiel für einige Wochen verreist, wiederkommt und darüber, was er unterwegs gesehen hat, schreibt, weil er von dem, was er gesehen hat, eine Menge weiß, gehört ihm das, was er weiß.

Darum ist er weggefahren. Alle reisen, auch er hat sich auf den Weg gemacht, von Berlin nach Toronto und von Holland nach Kirgisien. Drei Wochen später schrieb er darüber, wie es in Kirgisien ausschaut, teilweise wußte er viel zu schreiben, er wußte, wie Kirgisen sind, er wußte es, je nachdem, was ihm zugestoßen war, wie oft er mit jemandem gesprochen und was er verstanden hat, und wenn er verstanden hat, wie man Leute in Kirgisien kennenlernen und anschauen kann. Er kennt sich aus, drei Wochen sind dafür eine gute Zeit.

Einige Monate sind auch ein gutes Maß an Zeit, seit einigen Monaten lebe ich im Süden Deutschlands, und es fällt mir leicht, über diese Gegend zu reden, leichter als darüber, was ich besser kenne. Hier wird seit mehr als zehntausend Jahren gelebt, seit mehr als zehntausend Jahren gibt es Siedlungen, sogar Ortschaften. Immer haben hier Leute gelebt; dadurch hat sich aber nicht etwa eine eindeutige, eigene Art entwickelt, die unverwechselbar mit diesem Süden, mit dem See, mit den Bergen zusammenhängt, so ununterbrochen gibt es die Obst- und Schilflandschaften nicht, es war nicht unentwegt so, wie es jetzt ist, das zu sagen, wäre übertrieben,

> (un-entwegt, ununterbrochen fallen die Wörter entzwei, entdrei; der Mann, der mit mir im Aufzug stand, sagte heute: unentwegt; in seinem Mund, zwischen den Prothesen, fiel ihm das Wort auseinander, er hatte drei Blumensträuße in

der Hand, drei alte Geburtstage feiern sie heute in diesem Haus, unentwegt kaufen sie einander Blumen, sagte er und klappte schnell wieder den Mund zu)

und es würde sich ausnehmen, als sei der Weg nie unterbrochen gewesen zwischen Leben und Leben und Leben und der Art des Lebens hier, während sie auf verschiedene Art gelebt haben, aber es ist schön zu wissen, daß in dieser Gegend lange schon Leute da waren, und wahrscheinlich ging es allen immer verhältnismäßig gut, sie waren vor zehntausend Jahren etwa so groß, wie wir jetzt sind (während wir jetzt verschieden groß sind), was mit Annehmlichkeiten gleichzusetzen ist, sagte die Fremdenführerin bei den Pfahlbauten, die Menschen hatten beinahe von vornherein ein gutes Essen und viel, aber nicht zu viel zu tun, so daß sie wachsen konnten, aber Zahnkrankheiten hatten sie, wodurch sie wiederum nicht lange lebten.

Wahrscheinlich ziehe ich bald weiter, Peter Merz hat mir in Turin eine Wohnung angeboten, so daß ich diese Landschaft nicht genau kennenlernen werde, mit dem Vorteil, daß ich bei der besagten Übersicht, Leichtigkeit oder sogar Leichtfertigkeit bleiben kann und mich nicht in falsche Genauigkeiten verstricken werde.

An jede Genauigkeit glaube ich nicht. Welche Genauigkeit was zur Folge hat, ist interessant, und welche Leichtfertigkeit was bedeutet, welche Art Leichtfertigkeit welchen Inhalt hat, ist ebenfalls interessant.

Hier gibt es eine Seenlandschaft, viele Ufer sind befestigt, sobald die Alpen sichtbar werden, liegt der See tief, sehr tief, beinahe unter dem Meeresspiegel, und diese Gegend ist mit keiner anderen zu verwechseln, hier liegt nicht Wien, nicht Frankfurt oder Berlin. Das Entscheidende ist, daß hier bei jeder Ortschaft am See im gelben Schild unter dem Ortsnamen das Wort Zollgrenzbezirk steht, überall folgt gleich die Grenze. Das ist angenehm, ein mächtiges Land im Rücken, vor mir die Grenze, so sitze ich heute wieder, während ich versuche, schneller zu schreiben, als ich schreiben kann, andererseits liegen die großen Städte weit entfernt, hier treffen sich die Grenzen, weniger die Leute, und mit der Zeit, nach einigen Jahren, nimmt man hier eine gewisse Ländlichkeit an, nehme ich an.

In Berlin ist rundum überall Stadt, aber sooft ich nach Berlin komme, meine ich, ein Unterrock hänge unter meinem Rock hervor. Was jemand versteckt, muß irgendeinmal heraushängen. Heute tragen nur wenige Frauen Unterröcke, aber früher hatte ich eine hagere Englischlehrerin, die uns mit auffallend verlegenem oder unaufrichtigem Lächeln beigebracht hatte: Drink to me only with thy eyes, and I will pledge with mine. Was sie uns vorsagte, glaubte sie sicher selber nicht, sie hatte mit dem Gedicht nichts zu tun, hätte etwas Vergleichbares selbst nie sagen und ernsthaft denken können, das kann fast niemand, dachte ich damals, von wegen drink to me only with thy eyes, und während sie die Wörter wiederholte, schwenkte sie ein Bein vor und zurück, damit die Wörter musikalisch klangen, sie sollten nicht den wirklichen Inhalt zeigen, sondern musikalisch sein, so daß sie das Bein gegen den Sinn hob, und ihr Unterrock hing vor.

Nach einer Lesung mit einem ungarischen Autor saß ich mit ihm und einem Schweizer Autor in Berlin bei einem ersten und zweiten Schnaps, und auch da hing etwas vor, ich wußte nicht, wie ich sitzen sollte, am Ende sahen sie mir das alle an. Daß ich etwas nicht konnte.

Vor Jahren, in den schweren Zeiten, haben in Ungarn viele Schriftsteller nur von Übersetzungen leben können, dann waren sie wenigstens mit Sprachen beschäftigt und mußten nicht das schreiben, was allgemein von ihnen verlangt wurde, sie hatten ein Stück Weltliteratur vor sich auf dem Schreibtisch, oft bis in die Nächte hinein, und in Ungarn sagten sie, sie seien künstlerische – das heißt: nicht wirtschaftliche - Übersetzer. Es hat etwas Angenehmes, daß die Ungarn zwischen Übersetzungsarten unterscheiden, wobei das Wort, wodurch die Unterscheidung zwischen den verschiedenen Arten zustande kommt, etwas besser mit Werkübersetzer angegeben wäre. Sie sind Werkübersetzer. Und gehe ich dem ungarischen Wort genauer nach, müßte ich sagen, sie seien Kunstübersetzer; selbstverständlich haben sie nicht irgendjemanden, sondern Goethe, Brecht, Grass, vor allem Rilke und Shakespeare, Beckett, Sartre übersetzt. Selbstverständlich wird hier aber fast immer der zunächst nicht berühmte, noch unklassische ungarische Autor übersetzt. Die Positionen sind in keiner Hinsicht vergleichbar, womit die Unehrlichkeiten beginnen, die Lügen in den Übersetzungen.

Dann sagte der Schweizer, eine Übersetzung müsse nicht gut sein, gerade bei der schlechten Übersetzung fühle man das gute Original und seinen Autor, dessen Kraft, das Unverstellte und so weiter. Damit mochte er recht haben. Ich meine, auch er hatte schon wirklich getrunken, und ich weiß nicht, ob er heute bestätigen würde, daß der schlechte Übersetzer besser sei als der gute, aber an seiner damaligen Ansicht ist etwas Interessantes, und so hing, das war einer der Gründe, etwas unter meinem Rock hervor; der ungarische Schriftsteller war zu uns beiden höflich und lachte nur, mir gefiel der Schweizer ebenfalls. Wir bestellten Kaffee, schließlich aber mußten wir gehen, weil sie das Lokal schließen wollten.

Ich hatte, wie auch immer, falsch übersetzt, und wenn ich dabei an die Englischlehrerin oder mittelbar an die Rocksituation erinnert wurde, stimmte etwas auch mit meiner Frauenrolle nicht, allein schon durch die Unruhe im Gespräch. Dabei scheint Übersetzen etwas Weibliches zu sein, zu Diensten sein. Durchgreifend und unaufdringlich helfen, im Hintergrund bleiben, das sind frauliche Tugenden; bei einem männlichen Übersetzer wirken sie anders, männlich, bei Männern wirkt leicht alles männlich, aber sobald eine Frau übersetzt, kann man sofort erkennen, daß diese Arbeit eine weibliche Arbeit ist.

Also bin ich eine Kunstübersetzerin. Es gibt Kunstleder, Kunstseide, und so gibt es auch Kunstübersetzer. Ich wirke beinahe wie ein echter. Wenn ich gerade nicht übersetze, habe ich meine eigene Arbeit, von der ich meine, sie sei die echte Arbeit, sie sei echt, aber möglicherweise könnte jemand einmal denken, gerade das sei die Kunstarbeit. Wenn zum Beispiel ein Ungar in Berlin auftaucht, ein ungarischer Schriftsteller, weil er sich, wie viele Kollegen aus seinem Land, in Berlin immer wohl gefühlt hat und die Stadt als einen natürlichen Treffpunkt empfindet, wenn er dort ankommt, möchte er selbstverständlich gerne übersetzt werden, und seinerseits denkt er zu Recht, daß ich mich neben meiner Kunstarbeit auch an die wirkliche Arbeit wagen könnte, an das Übersetzen. Oder um es aus dem Ungarischen noch einmal richtig herüberzubringen: an das Kunstübersetzen. So weit über die ersten Stufen der Unehrlichkeit.

Jochen Greven

Geboren worden bin ich 1932 in Mülheim/Ruhr, wo ich freilich nur wenige Tage zubrachte. Die Schulzeit begann in der anhaltinischen Kleinstadt Zerbst, dort erlebte ich den Krieg und verlor früh meine Mutter. Mein Vater, der Ingenieur und Industriemanager gewesen war, kam nach zweijähriger Haft 1947 in Buchenwald ums Leben. Ab Herbst 1945 wuchs ich bei der Großmutter in Köln auf. Dem Abitur folgte ein Studium in Literaturwissenschaft, Geschichte und Philosophie, zeitweilig auch Völkerkunde, in Köln. Ich schloß es 1959 bei Wilhelm Emrich mit einer Dissertation über Robert Walser ab, der ersten im deutschsprachigen Raum.

Neben dem Studium hatte ich unter anderem schon jahrelang für einen örtlichen Buchverlag gearbeitet. 1960-1965 folgten Anstellungen in Buchverlagen in Frankfurt und München, dann eine längere freiberufliche Tätigkeit als Bearbeiter des Nachlasses und Herausgeber einer Gesamtausgabe von Robert Walser, daneben als Rundfunkautor, Mitarbeiter von Zeitungen und Verlagen. 1970 wurde ich Verlagsleiter, 1973 Geschäftsführer in Frankfurt (Fischer Taschenbuch Verlag). Ende 1975 wechselte ich zum Rundfunk und war zunächst gut zehn Jahre lang Redakteur und Abteilungsleiter beim Deutschlandfunk in Köln, dann von 1986 bis 1992 Hauptabteilungsleiter beim Hessischen Rundfunk in Frankfurt am Main (Ressort Bildung und Erziehung). Seitdem beschäftigen mich wieder freie publizistisch-literarische Arbeiten. 1997 wählte mich die Robert Walser-Gesellschaft, Zürich, zum Präsidenten.

Meine Buchveröffentlichungen:
Robert Walser – Figur am Rande, in wechselndem Licht (Frankfurt a. M. 1992).
Als Herausgeber:
Robert Walser, Das Gesamtwerk (13 Bde., Genf 1966-73; 12bändige Taschenbuchausgabe, Frankfurt a. M. 1978); Robert Walser, Sämtliche Werke in Einzelausgaben (20 Bde., Zürich und Frankfurt a. M. 1985/86); Robert Walser, Der Roman, woran ich weiter und weiter schreibe (Frankfurt a. M. 1994); Das Funkkolleg 1966-1998. Ein Modell wissenschaftlicher Weiterbildung im Medienverbund: Erfahrungen, Auswertungen, Dokumentation (Weinheim 1998); Klaus Nonnenmann, Ein Lächeln für morgen. Orte und Zeiten (Tübingen 2000).
Als Übersetzer:
Adrian Vickers, Bali – ein Paradies wird erfunden. Geschichte einer kulturellen Begegnung (Köln/Les Bois 1994).

Über die Jahrzehnte hin hat es viele Veröffentlichungen in Zeitungen, Zeitschriften und Sammelbänden gegeben, u.a. zu Robert Walser und anderen literarischen Gegenständen, zu Themen des Literaturbetriebs und des Buchmarkts sowie zu Bildungs- und Medienfragen. Ebenso entstanden viele Rundfunkbeiträge auf diesen Gebieten, daneben auch zu Fragen der Wissenschaftsgeschichte und -politik, ferner über meine besondere Liebe: Indonesien.

Man sieht: Jochen Greven war und ist vor allem ein Medienmensch und Journalist, ein Autor von Sekundärbeiträgen und Herausgeber. Das hing auch mit äußeren Umständen zusammen: erst mit einer sehr frühen Familiengründung samt daraus sich ergebenden Existenzproblemen, später mit reizvollen Aufgaben, die sich plötzlich stellten, und interessanten Veränderungen, die sich irgendwann anboten. Ansätze zu originärer literarischer Arbeit, die eigentlich immer verlockt hat, blieben daher bis in die letzten Jahre in der Schublade.

Die Landschaft am Untersee, also die Höri, war – u. a. wegen der Nähe zur Schweiz – schon in den 60er Jahren einmal zur Wahlheimat für mich und meine Familie geworden, und sie ist es seit 1992 nun von neuem.

Vorschau

Ob es ein Dienstag, Freitag oder Sonntag sein wird, bleibt sich gleich, ebenso das Datum. Irgendwann in den nächsten Jahren, vermutlich wird es wieder einmal gestürmt und geregnet haben die letzten Tage, und es ist schmuddeliges Herbst- oder Frühlingswetter wie meistens. Vielleicht passiert's zu Hause, vielleicht auf der Straße. Oder zuletzt doch im Krankenhaus. Aber die Umstände werden im Grunde so banal sein wie die Dinge, mit denen sie sich dann sogleich herumzuschlagen haben – Bestattung (Feuer oder doch nicht?), Grab, der Erbschein, die Konten, Renten- und Versicherungsangelegenheiten. Es tut mir leid, Kinder, seufzt er, aber das sind dann nicht mehr meine Sorgen, ich werde nur noch das Ding sein, das da herumliegt, eine große kalte Leiche, ein Entsorgungsfall, und mir ist im übrigen alles recht.

Die Runde wird ganz klein sein, die allerengste Familie. Immerhin ein Dutzend ausgeprägter Individualitäten, die Enkelkinder eingerechnet. An denen wird sich, wenn es um den Akt des Abschieds geht, sicher Verlegenheit zeigen und das Unbeständige der Gefühle, denen kein vorgeschriebenes Ritual mehr eine Fassung gibt. Weinen werden sie natürlich, aber auch fragen, warum dürfen wir dies denn jetzt nicht, und wieso muß das, und was wird ...

Kirche, Pfarrer, Orgel und Gebete passen nicht zu ihm, und *pompes funèbres* eigenen Stils werden die Hinterbliebenen kaum inszenieren. Schon die Frage, ob etwa doch Freunde und weitere Verwandte beizuziehen seien, Nachbarn gar oder Kollegen des Verstorbenen, würde sie heillos in Diskussionen verstricken, nicht zu reden von der eventuellen Musik. Was hätte er denn lieber gemocht: Bach oder Beethoven? Erik Satie, Keith Jarrett oder richtigen Jazz? Live oder Konserve? Von Lesungen, vorbereiteten Reden wird auch besser abgesehen. Nur keine hohle Konventionalität, man will ehrlich sein, falsche Töne und alles Geschmacklose meiden, auch um seinetwillen; allerdings schleichen sich in den betretenen Gesprächen, in wortlosen Umarmungen, um Würde ringenden Haltungen doch wieder übliche Muster ein, und irgendein Sarg muß halt sein, ist Vorschrift. So wird's am Ende beim schweigenden Herumsitzen in der kalten, leeren Halle des Friedhofs oder Krematoriums bleiben.

Wird auch am angemessensten sein, denkt er. Immerhin steht, der er war, mal für ein paar Tage unangefochten im Mittelpunkt. Sein Abtreten, stellt er sich vor, werde zum Anlaß für Ansichten, die man äußert, bestätigt oder bestreitet, und natürlich für allerlei Erinnerungen, später am Abend ausgetauscht, der wahrscheinlich lang und weinselig verlaufen wird. Man zitiert ihn, das eine oder andere Familienmitglied mag sogar seinen Widerspruch vermissen, seine typische Rechthaberei, und wird sich dafür selbst umso mehr erhitzen. Bis dann alle wieder heimkehren und in ihrem eigenen Alltag untertauchen. Von ihm blieben ein paar stumme, eingefrorene Bilder zurück, die sich nicht einmal sehr ähnlich sähen und deren Züge mit der Zeit immer flacher und blasser würden. In Träumen kehrte er wahrscheinlich noch dann und wann scheinlebendig wieder, ein lästiges Gespenst.

Nur bei der Frau, falls sie ihn überlebt, wird der Ausfall, der Abbruch, das Loch vermutlich länger klaffen. Aber das liegt nur an den Gewohnheiten, irgendwie zurechtkommen wird sie schon, zumal sie ganz gut versorgt ist. Heutzutage hat ein Todesfall wie seiner nichts mit Unglück im Sinne von Not zu tun; materiell gesehen wird er nicht mehr gebraucht.

Mißfällt ihm, was er da voraussieht? Wenn er an den Kult zurückdenkt, mit dem in seiner Jugend das Andenken des einen Großvaters gepflegt worden war, jahrzehntelang ... Freilich, aufklärerisch gesonnen, wie er war, hat er selbst gegen solche archaischen Sitten rebelliert, und später, in dieser Hinsicht besonders von der Frau geimpft und herausgefordert, überhaupt vielen veräußerlichten Riten bürgerlichen Lebens abgeschworen. Irgendwann ist er, Geld war knapp und die Steuern reuten, aus der Kirche ausgetreten, an deren Lehren er längst nicht mehr glaubte, deren Tröstungen er nicht brauchte. Leben und Tod sind für ihn biologische, daneben soziale Tatsachen, und die Weisen des Umgangs damit können sich nicht auf Transzendentes berufen, sind bloß gesellschaftliches Ornament. Trotzdem, jetzt tut es ihm leid um den Verlust von Formeln, in denen sich noch so etwas wie Verantwortung für Ererbtes, Verbundenheit hat ausdrücken können, und, ob nun ganz echt oder nicht, Achtung, Liebe. Könnte er an Seelenwanderung glauben ... Merkwürdig, er wird beinahe sentimental. Aber das würde nur noch die anderen betreffen, er hätte sowieso nichts davon. Oder doch? Nämlich jetzt, indem er, auf ein ehrenvolles Nachleben zumindest im familiären Gedenken spekulierend, es schon vorwegnimmt? Pfui über solche Eitelkeit! Wie hat er doch neulich die Augenbrauen hochgezogen, als sich ein Freund, Arzt auch noch, im Gespräch Sorgen machte wegen der Spuren, die einmal von ihm bleiben würden, und ihrer Flüchtigkeit. Nein, ihm kann der Toten Tatenruhm gestohlen bleiben, mitsamt der Fälscherei und Heuchelei, die seit je damit getrieben wurden. Außerdem, so eine Familienbühne wird ohnehin zur Ausnahme.

Allerdings, streicht man das einfach alles weg, dann fehlen doch, melden sich Bedenken, unserem moralischen Korsett ein paar stützende Stangen. Wenn man sich wegen des späteren Angedenkens überhaupt keine Gedanken macht, sich zum Beispiel einer Schande, die einen überdauern könnte, nicht schämen würde, dann lebte sich's doch reichlich ungeniert. Wer immer nur so auf heute und morgen schaut und ums Nachher nichts gibt ... Er erschrickt: Ein paar Dinge sind da wirklich gewesen bei ihm, die besser nicht herauskommen sollten!

Nein, kehrtum. Doch nicht auch noch angesichts des Todes dieses Schielen nach Beifall und Bestätigung, und wieder die Angst, mühsam erworbenes Ansehen zu verlieren. Ist das etwa moralisch gut? Du mußt schon dein eigener Richter sein, wozu hast du denn ein Gewissen.

Ja. Aber das Gewissen, kommt prompt der Einwand, ist das denn nicht, da oben in unserem Kopf, nur eine Agentur der Gesellschaft? Vielleicht einer idealen Gesellschaft, mehr Wunsch als Wirklichkeit, aber doch nicht von mir hervorgebracht, sondern von unserer Kultur oder was weiß ich, jedenfalls gelernte, eingeübte Werte und Regeln. Außerdem kann man sich irren, wenn man sich daran orientiert, man muß doch auch immer um sich schauen und vergleichen, sich beurteilen lassen, so, wie man selbst andere beurteilt. Bloße Anpasserei ist schlecht, aber Querköpfigkeit hat auch nicht immer recht. Es muß doch im Leben etwas von diesen Werten wiederzufinden sein, ganz praktisch, und das Gute sollte belohnt werden, das Böse bestraft. Daß die Welt oft ungerecht ist, heißt doch nicht ...

Ach, vergiß es endlich. Wenn du gestorben bist, kommt es darauf nicht mehr an. Eine bessere oder üblere Nachrede kann doch nicht das Jüngste Gericht ersetzen.

Nachsicht wird er sowieso brauchen. Er wünschte sich, sie würden immerhin anerkennen, daß er versucht hat, nicht nur ein annehmliches Leben zu führen, sondern sich auch ein wenig nützlich zu machen. Aber ob ihm das gelungen ist, ob er nicht, unwissentlich natürlich, oft eher Schaden angerichtet hat – wer kann das sagen? Und was heißt hier überhaupt Nutzen, was Schaden, im Angesicht der Ewigkeit?

Schrecklich große Worte. Gleichviel: Das eben wird endlich vorbei sein, sagt er sich, dieses Herumwursteln in tausend Wenns und Abers, lauter Relativitäten. Das – und vieles andere, das genauso lästig war, diese ganze Mühsal des Daseins. Sorgen, Pflichten, Krankheiten und die sonstigen Beschwernisse des Körpers, diese zunehmenden Unzulänglichkeiten von Gliedern und Organen, Schwächen auch im Kopf, und dazu das ganz und gar Überflüssige: schlechte Angewohnheiten, neurotische Zwänge, Ängste. Vorbei damit! Kein Schwindel mehr auf der Leiter oder am Weg über dem Abgrund, keine Unsicherheit in Gesellschaft, keine Alpträume von peinlichen Blamagen. Und endlich keine Verantwortung mehr, weder für andere (war vielleicht eh nur eingebildet), noch für einen selber.

Was für eine Befreiung das sein wird! Schluß mit der ständigen Illusion, nach diesem oder jenem beschwerlichen Wegstück könne auf einmal alles leicht werden. Im Grunde weiß man aus langer Erfahrung, dahinter kommt gleich die nächste Steigung, tauchen neue Hindernisse auf, stellen sich wieder andere Probleme. Und doch belügt man sich stets von neuem: Es wird köstlich werden, macht man sich vor, ein großer Triumph, endlich am Ziel, da wird ein ganz neues Leben beginnen. Falls man es dann wirklich glücklich erreicht hat, ist es wieder nur so eine Etappe gewesen, und das eigentliche dicke Ende liegt immer noch erst voraus.

Diesmal wird es da sein, das Ziel. Die Wand. Oder im Gegenteil, alles offen nun, nur leerer Raum. Vielleicht, macht er sich klar, merkt er es selber gar nicht, bewußtlos, wie er zuletzt ist; das wäre allerdings schade, denn nun könnte er doch wenigstens endlich einmal Ja und Amen zu sich sagen, für einen kurzen, langen Moment, statt schon den nächsten Entwurf vorzunehmen, neue Pläne zu schmieden, um etwas Verpatztes nachzubessern oder Versäumtes einzuholen.

All das Versäumte. Das schleppt man mit, es könnte, fürchtet er, sogar in der letzten Minute noch bedrücken. Leider ist es unendlich viel, das er andern und sich selber schuldig geblieben ist. Wenn er nur an die mit Fernsehen, schlechten Büchern oder dummen Spielen vergeudeten Stunden denkt, die billigen Zerstreuungen tagaus, tagein. Auch was er Arbeit nannte, war in Wirklichkeit oft sinnlos vertane Zeit, genau wie das eitle Geschwätz. Überhaupt, dieser Berg von verschenkten Möglichkeiten, die es irgendwann einmal gegeben hat ...

Aber, bitte sehr, hebt er im Geist den Zeigefinger, auch auf der Seite des Genusses! Was hat man sich nicht immer alles versagt, hat es aufgeschoben für später, wenn erst noch dies und das geschafft war. Oder hat sich einfach nicht getraut. Sobald das Ende da ist, malt er sich aus, könnte er alle Rücksichten fallen lassen – und da wird es zu spät sein. Dabei, zum Teufel, wollte er doch nie ein knieziger Asket sein. War es eigentlich auch nicht, aber eben leider auch nicht das Gegenteil, einer, der aus dem vollen lebt und, wie sagt man, froh den Becher bis zur Neige leert.

Das ist es, zu wenig froh ist er bisher gewesen. Freude ist doch keine Sünde. Dabei ist es ihm, alles in allem, gar nicht so schlecht gegangen. Er hat nicht im Überfluß gelebt, ist aber doch immer ganz gut satt geworden, auch im übertragenen Sinn, was Beziehungen zu anderen Menschen angeht, schöne Eindrücke, interessante Erfahrungen. Sogar Erfolge hat er gehabt, neben Fehlschlägen. Gut, was das Geliebtwerden betrifft, bleibt zwar ein Manko, aber da bekommt wohl keiner genug. Er hätte jedenfalls niemals tauschen mögen mit irgend jemand, muß er sich bekennen; zum Beispiel auch nicht in einer anderen Zeit leben, obwohl ...

Nur, warum hat er dann für sich nicht mehr daraus gemacht, fragt er sich. Immer diese Einflüsterungen, daß er sich eigentlich schämen müsse, wo doch so viel Leid im Lande, und denk erst an diese schrecklichen Verbrechen ... Lange drohte immerzu der Atomkrieg, dann waren es das Ausbeutungssystem und die wildgewordene Technik, die auf den Untergang hinführten. Die Not in der Dritten Welt mußte er sich anrechnen lassen, die Unterdrükkung der Frauen sowieso, und daß die Natur vor die Hunde geht, ist auch unabweisbar geworden. Gift und Verderben überall, die Menschheit, viel zu groß an der Zahl, sieht ihn vorwurfsvoll an. Hätte er da irgendwann zum Augenblick sagen können: Verweile doch, du bist so schön?

Außerdem wäre er ja so oder so vorbeigerauscht, der selige Augenblick. Alles, alles schießt und rauscht nur so vorüber, kommt es ihm auf einmal vor. Die Tage springen dahin wie Minuten, die Wochen laufen davon, selbst Jahre vergehen wie im Flug. Das ganze Leben ein rasender, reißender Strom, der einen kaum zur Besinnung kommen läßt. Und auf einmal wird es dann heißen: Ende, zu spät, das Spiel ist aus. *Quoth the raven: Nevermore.*

Ist das gerecht? Muß er sich auf einen bitteren Abschiedsschmerz gefaßt machen? Aber wieso denn eigentlich? Fragen über Fragen. Nur daß er, wenn es soweit ist, Antworten nicht mehr brauchen wird. Wie bei Tucholsky: Er ist sich endlich los. Vielleicht muß er noch etwas üben, darin ein Glück zu sehen. Er könnte damit beginnen, schöne Sonnenuntergänge kitschig zu finden, alle Gespräche albern und jede Art von Unternehmung langweilig. Andere Menschen wären in ihrer ganzen Verächtlichkeit zu erkennen, und er sollte sich häufiger selbst mit einer scharfen Brille vor den Spiegel setzen und Abscheu vor dem pflegen, was er da sieht.

Wenigstens hat er keine Angst, frohlockt er. Es wird ja auch erst irgendwann in ein paar Jahren geschehen. Hat er sich das aber nicht schon früher gesagt, sogar recht oft, etwa seit er fünfzig wurde? Vielleicht sollte er doch besser mit dem Rauchen aufhören und vor allem auch etwas abnehmen. In seinem Alter muß man auf sich aufpassen.

Josef Hoben

Geboren 1954 in Unterraderach (Bodenseekreis), aufgewachsen am Bodensee und in oberschwäbischen katholischen Internaten. Nach der Ausbildung zum Industriekaufmann bei der ZF Friedrichshafen Abitur auf dem 2. Bildungsweg, danach Studium der Germanistik und Geschichte an der Uni Konstanz, anschließend vier Jahre lang wissenschaftlicher Mitarbeiter (Germanistik).
Lebt als freiberuflicher Schriftsteller, Literaturhistoriker und Kleinverleger in Uhldingen (Bodensee). Ehrenamtlich als Vorstandsmitglied des VS Baden-Württemberg, als Leiter des Literaturforums Uhldingen sowie als Koordinator der Meersburger Autorenrunde tätig.

Herausgeber u.a. von:
- „Der dornige Schulweg". Eine Schulgeschichten-Anthologie. 1990
- „Dimensionen des Lebens". Eine Anthologie-Reihe (6 Bände), zus. mit Eleonore Beck. 1991-1992
- „Der Bodensee hintenherum ... 33 kulturhistorische Skizzen von Norbert Jacques". 1995
- „Gesprochene Anthologie auf der Meersburg". 5 Bände. 1994 - 1998
- „He, Patron! Martin Walser zum Siebzigsten". 1997
- „Landmarken, Seezeichen". Texte der Meersburger Autorenrunde, zus. mit Walter Neumann. 2001

Herausgeber der bibliophilen Reihe „Passagen" im de scriptum Verlag (bislang 14 Bände).

Autor von:
- „Ferienvergnügen". Erzählungen. 1996
- „Nauwieser Notizen / Nachlaßrettung". Erzählung. 1996
- „Lossprechung". Ein Roman. 1998
- „Vermutungen über das Glück". Alltagsgeschichten. 1999
- „Friedrichshafen – Ein verlorenes Stadtbild". 2000

1995 Stipendiat der Kunststiftung Baden-Württemberg
1995 Arbeitsstipendium vom Förderkreis deutscher Schriftsteller in Baden-Württemberg
1998 Stadtschreiber von Soltau (Lüneburger Heide)
2000/2001 Schreibaufenthalt in Paris (Gruppe Olten)

Über mich selbst

Was einer von sich erzählen möchte, ist selten das, was einer von sich erzählen kann. Was sich in mir erinnert, kommt vermutlich nur gering dem nahe, was wirklich gewesen ist, nämlich: Als Flüchtlingskind in einer über der Dorfschmiede von Unterraderach gelegenen 1-Zimmer-Behausung geboren; aufgewachsen in der „Gerbe"-Siedlung in Ailingen und behütet von meiner zahnlosen Urgroßmutter und meinem nur kroatisch sprechenden, Holz und Schrott sammelnden, Hopfen brockenden und Schnaps trinkenden, frommen und gottesfürchtigen Großvater; meine besorgten Eltern haben es immer viel zu gut mit mir gemeint; aufgewachsen auch mit sechs Geschwistern, die mir im Abstand von anderthalb bis zwei Jahren nachfolgten, von denen ich die beiden jüngsten kaum wirklich erlebt habe, mit den anderen trieb ich mich in den Kuhställen des Dorfes und auf dem Haldenberg herum.

Bin fast pausenlos zur Kirche gegangen und oft in den Beichtstuhl. Bin mit zehn Jahren in ein bischöfliches Internat gekommen, um Pfarrer zu werden. Wollte selbst auch Pfarrer werden, so lange, bis ich die Brüste der Mädchen entdeckte. Wurde dann - wider eigenen Willen – Industriekaufmann bei der ZF Friedrichshafen, danach – freiwillig – Zeitsoldat bei der Bundeswehr, danach – aus Not getrieben – Wehrdienstverweigerer.

Bruder Franzens Schilderungen von seinen Germanistik-Vorlesungen in Marburg, später in Konstanz, faszinierten mich. Über den Minnesang und Georg Büchner, über die Konkrete Poesie und die Neue Subjektivität wollte ich alles wissen. Ich begann wie wild zu lesen, entdeckte Joseph Roth und Günter Grass, der Walser verschlug mir den Atem. Wollte studieren und mußte zuerst das Abitur nachmachen. Habe geheiratet und bekam während Schul- bzw. Studienzeit zwei Kinder, die mir ein Stück vom Glück bedeuteten, vor allem seit ich gespürt habe, daß sie nicht so werden wollten, wie ich geworden bin.

Bin freiwillig in den Literaturbetrieb geraten: als Rezensent, Kritiker, Literaturhistoriker, Verlagslektor, Organisator, Kleinstverleger, Schriftsteller. Das Schreiben: es geschieht immerzu und läßt sich nicht stoppen, auch wenn ich nicht aufschreibe. Doch es hilft nicht wirklich, hilft nie für lange: über das Ungenügen hinweg, über das, was mir fehlt und das, wovon ich nie genug kriegen kann, und nicht über die Verletzungen, nicht über den täglichen Schmerz. Je mehr ich aber auf die Fünfzig zugehe, desto mehr fühle ich mich getröstet, zumindest hin und wieder; die größten Arschlöcher regen mich nicht mehr wirklich auf. Und: Ich kann wieder träumen und an etwas glauben.

Wie leicht und wie schwer lebt es sich in gedachten Perspektiven!

Einladung

Eine gurrende Taube auf dem Sims
an meinem Fenster vor dem Tisch
zum Greifen, zum Lieben nah.

Ein Männchen ganz sicher, sich
aufplusternd, mich anbalzend
mit aufgestellten Flügeln lädt es
mich ein, fordernd und verlangend.

Weil ich nicht, weil ich nicht an-
gemessen reagiere, sackt es enttäuscht
sackt es trostlos in sich zusammen.

Die Luft ist raus, der Tag beginnt
gewöhnlich mit Niederlagen, du weißt.
Tut mir leid, mein Lieber, entschuldige
morgens um neun ist nicht meine Zeit –
such dir einen andern.

Only you

Deine Stimme fern
und nah meinem Ohr
so sanft wie eine Ahnung.
„Mein Liebster" flötest du mir
und schon fall ich aus dem Tief.

Deine hellen, deine
dunklen Augen laden ein
zum stillen Verweiln.
Einen, einen kleinen
Augenblick nur halten wir
still und uns stand, bevor
die Wolke den Wechselblick
                          trübt.

Dein Mund, deine Lippen
auf die, oh ja, du weißt schon
auf die, wenn's mich hindrängt
pfeif ich ein wahres Gedicht.

Deine Hände, deine Finger
die zarten, die schlanken
mit denen spiel ich nach Noten
mein Weh und mein Ach.

Hätte ich drei Wünsche frei
ich wählte gewiß alle beide:
dich und
           einzig nur dich.

Resümee

Am Abend spät oder früh in der Nacht
das Resümee eines Spätsommertages
der dicht und voll mal wieder
aus allen Nähten platzte.

Am Abend früh oder spät in der Nacht
ein paar sanfte ein paar starke
Gedanken über die Grenze
gleich nah und fern zu dir.

Entgegen der Fahrtrichtung

Entgegen der Fahrtrichtung
von nun an immer
und immer mehr seit ich
             zum ersten Mal
in deine Richtung fuhr.

Bei dir ankommen
mit dir ankommen
irgendwo in unserem Himmel
irgendwann am Ort unseres Glücks.

Deine Hände, deine Fingerspitzen
auf meinen zitternden Lippen –
ich schweige sanft
und ich träume wach

und hell und klar
träum ich von unserer Behausung
in zarter, in fester Umarmung
in einem jeden Augenblick.

Grund zur Freude
Blick in die Augen
im Zug zurück im Zug
zu dir hin entgegen
der Fahrtrichtung von nun an
immer für immer zu dir.

Stellungswechsel

Im Garten des Friedens
eingefaßt dein Platz mit Steinen
circa einssechzig auf zwei Meter
in geschliffenem Marmor
dein Leben verkürzt auf
das Wesentliche aber in Gold –

Darunter genügend Platz noch
für mich allerdings ungewohnt
denn für gewöhnlich lagst du
lagst stets du über mir –

Macht nichts macht doch gar nichts
wir haben einmal die Stellung
                            gewechselt
für immer und ewig.

Poetisch zur Sache

Kein Grund zur Klage –
die Sache marschiert
              unaufhörlich
                        fort.
Wohin sie marschiert, bleibt Nebensache
Hauptsache, sie marschiert:
Eine unumstößliche Tatsache
alles weitere tut überhaupt nichts
                        zur Sache
bleibt allenfalls Ansichtssache
und deshalb: kein Grund zur Klage.

Joachim Hoßfeld

Bin 1946 in München geboren worden. Wuchs im Münchner Vorort Waldtrudering auf, mit häufigem Föhnblick auf den „Wallberg". Mit acht Jahren erste mehrtägige Bergfahrt auf den „Wendelstein" mit seinem berühmten Observatorium. Dort erhielt ich vom Astronomen Dr. Rudolf Kühn den ersten nachhaltigen Anstoß, im Gebirge Kristalle zu sammeln. Er schenkte mir einen Amethyst.
Seit 1959 Ausbau einer eigenen Kristallsammlung. War dann dreißig Jahre selbst als Strahler (Kristallsammler) in den Alpen unterwegs, vornehmlich in Südtirol und in den Schweizer Zentralalpen. Sagenerkundungen in den bergbau- wie mineralreichen Talschaften kamen hinzu.
All das beeinflußte immer schon meine Texte.
Lehrerstudium. Seit 1973 an verschiedenen Schulen tätig. Im September 1989 Sturz in einen ungesicherten Kellerabgang bei Bekannten, seitdem im Rollstuhl als sogenannter TETRA (ohne Fingerfunktion).
Dennoch konnte ich, dank der guten Pflege von Ehefrau und Zivi, im Beruf bleiben und bin seit 1993 als Schulbuchgutachter fürs Landesinstitut für Erziehung und Unterricht LEU/Stuttgart tätig, bespreche Deutsch- und Erdkundeschulbücher.
An den Parkschulen Kressbronn leite ich seit 1994 eine Mineralien-AG für die Klassen 4 bis 8. Zugleich konnte ich dort eine große Schul-Mineraliensammlung aufbauen, die ständig erweitert wird. Begleitet von Sonderausstellungen zusammen mit Arbeiten aus dem Kunstunterricht. 1998 war es das Projekt „Kunst und Kristalle – Kristallkunst". 1999 wollen wir die Sedimentgesteine „sinnlich" erweitern.

Seit 1992 lebe ich in Langenargen am Bodensee zusammen mit Lisa, meiner Frau, in einer rollstuhlgerechten ebenerdigen Wohnung. Regelmäßig mische ich mich in die Langenargener Gemeindepolitik ein. Die Behindertenpolitik vor Ort ist oft frustrierend, aber manch kleiner Erfolg läßt wiederum auch hoffen!

Schreibe Prosa, Lyrik und Essays, Mineral-Portraits, Arbeiten für Rundfunk, Fernsehdrehbuch, Rezensionen, Beiträge in Zeitschriften, Fachmagazinen, Anthologien. Mitarbeit an Fachbüchern für die Münchner Mineralienmesse. Lesungen. Mitglied im VS BaWü seit 1974, im Bodenseeclub seit 1972. Leite zusammen mit Karl-Heinz Schneider die Literaturwerkstatt „Lindauer Runde".

Buchveröffentlichungen u.a.:
- „Jäger des verborgenen Schatzes. Abenteuer Kristalle". Gessler, Friedrichshafen 1990.
- „Murnauer Skizzen. 32 Prosatexte über den Krankenhausalltag". Gessler, Friedrichshafen 1991.
- „Steigen und Stürzen – ein Bericht". Roman. ALKYON-Verlag, Weissach i. T. 1997.
- „Gesteine und Mineralien – Aspekte zur Gestaltung einer Mineralien-AG". BLAUE REIHE SACHBUCH des LEU BaWü. Stuttgart 1999.

Derzeit Arbeit an einem längerem „Erinnerungstext" mit dem Arbeitstitel „Tagtraumzeiten".

Joachim Hoßfeld starb am 13. Mai 2000 an einem Krebsleiden.

Murnauer Skizzen
(Auszüge)

Frühstücken – Skizze 2

Beginnender Tag.
　Ich halte die Augen geschlossen. Horche.
　Tür auf. Das Licht wird in unserem Zimmer angeknipst, der Wasserhahn am Waschbecken aufgedreht.
　„Aber jetzt!", ruft eine Schwester. Tür zu.
　Tür auf. „Wäscht sich der Herr Lehrer selbst?", schreit ein Pfleger herein. „Logo!", schreit eine Schwester auf dem Gang. Tür zu.
　Bruder Siegfried rappelt sich aus den Kissen hoch, stöhnend.
　Tür auf. Der Frühstückswagen wird hereingeschoben. Jetzt öffne ich die Augen. Ein Pfleger schiebt den Wagen an meinem Bett vorbei an sein Bett. Tür fällt zu.
　Tür auf. „Wir brauchen Ihr Blut, lieber Doktor, Ihr Blut!", jubiliert die Oberschwester, an meinen Bettnachbarn gewendet, und drängelt sich am Pfleger vorbei.
　„Soll der Herr Doktor erst essen oder erst ausgesaugt werden?", fragt der Pfleger.
　„Erst das Blut, dann waschen, ich muß doch gleich auf fünf!", antwortet die Oberschwester.
　„Und meine Brühe?", rufe ich.
　„Jaja, Ihre Brühe!", sagt der Pfleger.
　Tür auf. „Hat hier jemand Stuhlgang?", schreit eine Schwester herein.
　„Hier niemand!", rufen wir. „Es langt, wenn man abends ins Bett scheißen muß!", murmelt Bruder Siegfried. Tür zu.
　Einen Stock über uns rumpelt es.
　„Wird wieder jemand aus dem Bett gefallen sein!", meint die Oberschwester, während sie Blut abnimmt.
　Der Pfleger steht daneben mit der Schüssel voll Waschwasser. Die Oberschwester hält die Ampulle mit dem Blut vom Doktor gegen das Tageslicht und prüft es mißtrauisch.
　„Echtes Garmischerblut!", meint er und lacht.

„Und jetzt waschen, ich muß doch gleich auf fünf!", sagt die Oberschwester.
„Und meine Brühe?", frage ich.
„Und mein Kaffee?", fragt Bruder Siegfried.
„Nur keine Hast!", meint der Pfleger.
Tür auf – „Jessas, die Siebener!" – Tür zu.
Tür auf.
„Der Herr Lehrer muß zum Röntgen, aber gleich!", ruft ein Pfleger herein. Tür zu.
„Und meine Brühe!", frage ich.
Bruder Siegfried trinkt seinen Kaffee hastig, weil der Pfleger mit dem Waschwasser daneben wartet.
Tür auf. „Herrgott, schon wieder falsch!", jammert eine Schwester. Tür zu.
Tür auf. „Zum Röntgen, aber rasch!", ruft ein Pfleger herein. Tür zu.
„Da, Ihre Brühe!", sagt der Pfleger im Raum, und ich kann den Brühenapf gar nicht fassen.
„Ich muß ja gleich auf fünf!", schreit die Oberschwester auf dem Gang. Weiter hinten im Gang Gezänk.
„Trinken's Ihre Brühe halt später!", meint der Pfleger.
Tür auf.
„Zum Röntgen!", ruft der Bettenschieber herein, und schon zieht er mich geschickt zur schmalen Zimmertür. Dann hinaus auf den Gang, an den leeren Bettgestellen vorbei, an Zimmer drei vorbei, Tür offen, eine Patientin wird gerade gedreht, an Zimmer eins vorbei, Tür offen, der Patient mit dem Herzversagen ist schon abtransportiert worden.

***

Vormittag – Skizze 9
(T. B. gedenkend)

Ob ich denn schon wieder Bach hören wolle, fragt Pfleger Konrad, in meiner Kassettenkiste wühlend, während ich mit langem Hals aus den Krankenhauskissen heraus aus dem Fenster schaue und die Autokolonnen im „Murnauer Moos" beobachte.

„Natürlich Bach!", rufe ich, „und natürlich die Goldbergvariationen! Aber nicht die von Gulda, sondern nur die von Glenn Gould gespielten!", rufe ich noch lauter, weil ja keiner, wie ich dem Konrad begreiflich machen will, die Goldbergvariationen so spielen kann wie Gould, kein Backhaus hat sie so gespielt, kein Richter und kein Pogorelich spielt sie so.

„Lieber Konrad", sage ich, „so empfindsam wie Gould spielt keiner die Aria!", aber der Pfleger findet ja wieder nichts.

„Albinoni!", ruft er und hält mir die Albinoni-Kassette vor die Nase.

„Nein, lieber Konrad, Gould möchte ich hören, nicht Albinoni, Gould!", rufe ich aus den viel zu weichen Krankenhauskissen heraus, und nun, wie ich sehen kann, will er mir den Pogorelich in den Walkman hineinschieben, glaubt, mich täuschen zu können.

„Hier, Ihr Bach!", ruft er mir zu.

„Aber nicht vom Gould, lieber Konrad, ich will den Gould, nicht den Pogorelich, jetzt will ich die Gould-Aria!"

Und der Pfleger Konrad wühlt weiter in der Kassettenkiste, und ich kann sehen, wie der Morgendunst aus dem „Murnauer Moos" steigt und das Brummen der Autokolonnen in Watte bettet, die nach Süden unterwegs sind, und ich, ich liege hier unbeweglich seit Monaten, ist mir schmerzlich bewußt, und in dieser Stimmung tröstet nur die Aria, die von Gould, und Konrad findet sie nicht.

„Ja, lieber Konrad, was ist denn nun?", rufe ich ungehalten, und schlage zur Untermalung meiner nun verständlicherweise grimmigen Gedanken mit der rechten Faust rhythmisch auf die Bettdecke, liege ich ja schon die längste Zeit in größter Anspannung, die Aria zu hören, was alles erträglicher machen würde, diesen bombastischen Krankenkerker, dieses lächerliche Imponiergehabe zwischen den Ärzten und dem Pflegepersonal, denke ich, und wie sich die Zeit staut hier im Krankenzimmer schon seit Monaten, und du hörst die Aria immer noch nicht, wo doch schon bald der Essenwagen hereingestoßen wird, viel zu früh – wie in allen Krankenhäusern. Alles geschieht hier ja gegen die Gewohnheit, gegen die Zufriedenheit, denke ich, während sich der Dunst über dem „Murnauer Moos" nun völlig verdichtet hat zum Bild tiefster Trostlosigkeit, und da nestelt der Pfleger Konrad immer noch, nun schon lustloser, wie ich spüre, weil er ja gar nicht weiß, was es bedeutet, die Gould-Aria zu hören, weil ja solche Menschen wie der Pfleger Konrad nur noch für das Querschnittkörperwaschen und Urinbeutelleeren und Tablettenverteilen und Essenausgeben geschult sind, denke ich, da reißt er tatsächlich den Gould in die Höhe.

„Ihr Gould!", ruft er triumphierend, und nun also den Kopf zurück, ganz in die Kissen gedrückt, und ich schiebe mir die Kopfhörer auf den Ohren zurecht, „nun auf Start!", rufe ich, „Play!, Konrad, drück doch PLAY!", aber ich höre nur Rauschen.

„Und die Kassette wenden! Und auf Play, lieber Konrad, auf Play!"

„Ja, doch!", sagt er, drückt aber alle Knöpfe gleichzeitig, klopft gegen das Walkmangehäuse und schüttelt den Kopf.

„Nicht den Kopf schütteln, Konrad, sondern auf Play!", jammere ich, und da fliegt schon die Tür auf. Der Mittagessenwagen steht draußen auf dem Gang.

„Milchreis!", schreit eine Schwester und bringt das Tablett.

„Jetzt gibt's keine Musik mehr", meint sie, „Milchreis gibt's und Kompott, und heut' abend gibt's nix, wegen morgen, OP, da geht's ran an den Speck!"

***

Mittagessen – Skizze 11

Mittagszeit. Der Essenwagen wird in den Vorraum gerollt.

„Essen!", schreit die türkische Hilfskraft, und schon rollen von allen Seiten hastig die Patienten heran zu den langen Tischen im Vorraum. Sie haben schon auf das Kommando der türkischen Hilfskraft gelauert.

Elf Uhr fünf.

Mit den heranrollenden Patienten eilen auch Pfleger und Schwestern herbei, alle, die Austeildienst haben.

Jetzt hocken die Patienten, jeder für sich, an den langen Tischen und warten, angespannt das Besteck in Händen haltend.

„Wenn ich nur schon loslöffeln, losschneiden und losstechen könnte!", denkt sich jeder.

Elf Uhr sieben.

Diesmal wird zuerst an Tisch drei ausgeteilt, Tisch eins und zwei sind noch nicht dran, da ruckeln die Patienten schon unruhig in ihren Rollstühlen.

„Kohlrouladen mit Kartoffelbrei!", ruft jemand an Tisch drei angewidert.

„Na endlich wieder Kohlrouladen!", ruft jemand an Tisch eins.

Auch an Tisch zwei wird jetzt das Tablett mit dem Essen ausgeteilt. Alle öffnen den Suppennapf: Erbsensuppe.

„Ich vertrage keine Erbsensuppe!", ruft einer an Tisch zwei.

An Tisch drei mault jemand, die Kohlroulade sei gar nicht durch.

Elf Uhr zwölf.

Eine Schwester ruft aus dem hinteren Gang vor zur Erbsensuppe: „Kann mir jemand helfen, der Poigl hat Durchfall!"

An Tisch eins wird jetzt das Tablett mit dem Essen ausgeteilt.

„Die Erbsensuppe ist das letzte!", mault wieder der von Tisch zwei.

Der Austeildienst steht um Tisch drei herum. Daneben ist der Fernseher viel zu laut eingestellt. Boris Becker näselt etwas in ein Mikrofon.

„Leiser!", schreit eine Frau an Tisch drei.
„Und die verdammten Kohlrouladen!", schimpft der von Tisch drei, „zum Zähneausbrechen!"
Elf Uhr fünfzehn.
Alle haben ihr Essen bekommen, zwei essen nichts, wie gestern schon und wie vorgestern.
„Herrgott, hilft mir denn keiner mit dem Poigl?", schreit die Schwester im hinteren Gang.
„Leiser!", schreit die Frau von Tisch drei.
„Wo ist der Speck in der Roulade?", beschwert sich einer an Tisch eins.
„Ist eh schon so fett alles!", fällt ihm sein Tischnachbar ins Wort.
Wenn ich nur in der Rauris wäre, im „Lechnerhäusl" bei einem Glas Weizenbier nach einer erfolgreichen Kristalltour, denke ich, statt dessen sitzt du jetzt hier und zerrst an einer halbgaren Kohlroulade! Und grimmig stoße ich mit der Gabel in die zähe Kohlroulade hinein.
Elf Uhr zwanzig.
Vier von Tisch drei rollen schon zum riesigen Aschenbecher, der neben Tisch eins steht. Zigarette an.
Jetzt rollen auch die Raucher von Tisch zwei zum großen Aschenbecher, während an Tisch eins noch gegessen wird. Zigarette an.
„Jetzt hat Poigl alles im Bett, da braucht niemand mehr zu kommen!", schreit die Schwester zornig im hinteren Gang.
Leute von Tisch drei zünden sich gleich am Platz eine Zigarette an, vier Leute an Tisch eins essen noch.
Drei Patienten rollen zurück zu ihren Zimmern und schieben die Urinutensilien auf fahrbaren Tischchen vor sich her.
Elf Uhr dreißig.
Ich rolle zu meinem Zimmer.
„Anruf für den Lehrer!", schreit eine Schwester.

In meinem Zimmer liegt der Telefonhörer schon auf dem Nachtkästchen. Ich komme nicht nahe genug heran, rolle hin und her,

vor und zurück. Endlich erreiche ich den Hörer. „Ja, hallo!", rufe ich in den Hörer.
„Ein herrlicher Tag heute!", meldet sich meine Mutter am anderen Ende.
„Wie geht es dir?", fragt sie, und sie wartet nun darauf, daß ich etwas sage.
„Im Januar, und so herrlich warm!", sagt sie noch aufmunternd. Aber jetzt bin ich dran:
„Jaja, toll...", sage ich mit leiser Stimme.

***

Zwischenbericht – Skizze 28

Ein 44jähriger Patient in ausreichendem Allgemein- und Ernährungszustand. Örtlich und zeitlich orientiert.

Kopf: sezernierende Liquorfistel, neurologisch verschlossen nach partiellem Austritt von Liquorflüssigkeit. Glucksendes Geräusch bei manuellem Kopfschütteln. Die Schädelkalotte ist nicht druck- oder schmerzempfindlich.

Augen: Die linke Lidfalte ist leicht verschmälert, der linke Bulbus steht etwas tiefer als der rechte. Doppelbilder beim Blick nach oben.

Mundhöhle: Die Zunge ist feucht, nicht belegt, der Rachenring reizlos, Blähen der Backen rhythmisch ohne Blasebalgsyndrom.

Hals: Die Schilddrüse nicht vergrößert, keine Einflußstauung, Halslänge auffallend, rechtsdrehend wie linksdrehend zentriert.

Der **Brustkorb** symmetrisch, die Lungen seitengleich beatmet, die Lungengrenzen im Normbereich, darüber hinaus ein vesikuläres Atemgeräusch, aber verhaltenes Abhusten mit niederem Geräuschpegel und pneumatisch ineffizient.

Das **Herz** perkutorisch nicht verbreitert, auskultatorisch reine Herztöne in einem tiefliegend, seitlich abrutschenden Herzkorpus, mit rhythmisch deutlich pochenden Herzaktionen.

Mäßig eindrückbare **Bauchdecke**, freie Nierenlager, Gegendruckwölbung der Bauchdecke auffallend außerhalb der Ruhestellung. **Muskelreflexe** der unteren Extremitäten waren nicht, die der oberen Extremitäten außerordentlich lebhaft. Also ein erfreulich lebhafter Reflex-Patient! Ansonsten besitzt er aber eine bedenklich dumpfe Hypästhesie ab Mamillenhöhe. **Motorisches Querschnittssyndrom** ab Höhe C 7, ansonsten gutwillig und für Nachbehandlungen weiter zu empfehlen.

Nach dem Durchlesen schlage ich mir mit der rechten Faust gegen die Stirn, um etwaige Rieselgeräusche zu hören, aber das Klopfen gegen den Kopf erzeugt nur einen hohlen Klang. Soll ich hinaus auf den Gang fahren oder auf den Balkon oder am Bett auf- und abfahren oder im Kreis herumfahren oder meinen Kopf unter die Bettdecke stecken oder was...?!

Constance Hotz

Geboren 1954 in Müllheim/Baden. Studium der Germanistik und Anglistik in Konstanz und Bristol/England. Promotion zum Dr. phil. „Die Bachmann. Das Image der Dichterin: Ingeborg Bachmann im journalistischen Diskurs", 1990 im Faude Verlag Konstanz erschienen. Seit 1989 Tätigkeit als Werbetexterin. Neben Konzepten, Anzeigen und Prospekten entstehen Gedichte, Kurzprosa, Essays. 1998, während eines Aufenthalts im schweizerischen Müstair, trifft mich eine Geschichte. Aus heiterem Himmel. In der Klosterkirche St. Johann: Eine bucklige Alte und das romanische Fresko der kopfüber tanzenden Salome verschmelzen meinem Blick zu einem Bild. Was haben die beiden miteinander zu tun? Und was hat das alles mit mir zu tun? Mit dem Romankonzept „Müstair. Mystère" bin ich der Geschichte auf der Spur. 1999 sechsmonatiger Schreibaufenthalt in Müstair. Lesung des Anfangskapitels beim Literarischen Forum Oberschwaben. Im September 1999 Rückkehr in den Job. Es ist schwer, im Arbeitsalltag den Kopf frei zu bekommen für die Literatur. Weitere Schreibaufenthalte sind geplant. „Müstair. Mystère", der Krimi mit poetischem Tiefgang, nimmt Konturen an.

Die Schwestern Padrun

Ancilla war die jüngere der beiden Schwestern, das häßliche Entlein, die Zukurzgekommene, die ewige Zweite. Und daran änderte sich ihr Leben lang nichts.

Wie sie geht: Ihr Gang, wenn sie abends nach Hause schleicht. Stocksteif, wie versteinert. Diese Trippelschrittchen, die keine Schritte sind. Für kein Fortkommen gut. Diese Unbewegung, nur die Schühchen machen klippklapp. Die Beine, kurze Stumpen unter einem unförmigen Rock. Ein gedrungener Mensch mit viel zu kleinen Füßen. Aufgedunsen in krummgetretenen Sandalen. Füße, als hätte man dem Kind einst das Gehen verboten. Damit es nicht fortläuft.

Mit Dreiundzwanzig floh Ancilla. Lebte lange Jahre im Unterland. Ließ kaum etwas von sich hören, ließ sich nie sehen. Wollte nichts wissen vom Leben im Dorf und erfuhr also nichts von der Hochzeit der Schwester. Nichts vom Tod des Vaters, nichts vom Sterben der Mutter.

Dann kam sie zurück, es war Anfang Dezember. Schnee verhüllte das Tal, dämpfte die schweren Schritte. Ancilla mühte sich die steile Straße zum Elternhaus hinauf, rang nach Luft, als sie läutete. Teresa öffnete die Tür. Die große Schwester. Ancilla erfuhr vom Tod des Vaters und vom Sterben der Mutter, von Teresas ach so kurzem Glück, jetzt war sie Witwe, kinderlos. Natürlich könne Ancilla bleiben. Das Haus sei ja groß genug. Sie werde schon ein Auskommen finden in der Heimat. Auf dem Herd kochte zischend das Kaffeewasser über.

Ancilla fand ein Auskommen. Als Pförtnerin in der Klosterherberge. Fand Spaß am Umgang mit den Hausgästen. Erzählte gerne Geschichten. Mit gedämpfter Stimme und flackerndem Blick. Hinter vorgehaltener Hand. Die andere Hand aufgehalten für ein bißchen Aufmerksamkeit, für den Anflug eines Gefühls, jemand zu sein. Es gefiel ihr, dieses wohlige Rieseln den Rücken hinunter. Sie spürte es selten genug. Wollte mehr davon, wollte mehr von diesem Leben. Und jetzt wußte sie, wie es zu beschaffen war. Sie hatte die Macht ihrer Geschichten entdeckt.

Es war Ende Juli und Hochsaison. Das Dorf flirrte vor sommerlichem Leben. Wanderer, Radfahrer in leuchtenden Trikots, dröhnende Motorräder, Kunstliebhaberinnen in ärmellosen Leibchen drängten durch die engen Straßen. Wie immer in dieser Zeit war Teresa höchst gefragt, wochenlang ausgebucht und glänzend in Form. Sonntags, dienstags und freitags Führungen, dazu Vorträge, Einladungen, Komplimente und vielsprachige Hallos. Wie immer in dieser Zeit schlich Ancilla in Mantel und dicken Strümpfen durchs Dorf. Der Blick verschleiert, verschlagen hinter dicken Brillengläsern, die grauen Haare ein Drahtverhau. Abends saß sie vor dem Fernseher, eine Schachtel Pralinen neben sich. Am liebsten schaute sie Krimis.

Ihr Rückzug täuschte. Während Teresa ihren Hochgefühlen freien Lauf ließ, federnd durchs Dorf eilte und ihre Tasche schwenkte wie ein Weihrauchfaß, hielt Ancilla heimlich mit immer kühneren Geschichten dagegen. Wenn sie tagsüber in der Pförtnerstube an einer Stickerei saß, war sie nicht (wie die frommen Schwestern im Haus) ins Gebet vertieft, fädelte keine Rosenkranzperlen auf, nadelte nichts Gutes in ihr Stück Leinen. Sie dachte sich wüste Schicksale aus, entwarf vertrackte Lebensläufe, verknüpfte sie mit neuen Formen und überraschenden Details. Setzte Stich an Stich, bis eine kunstvoll verschlungene Geschichte vor ihr lag. Leuchtende unerhörte Ereignisse.

Großangelegte Sachen um Liebe und Tod waren Ancillas Meisterwerke, und wann immer sie Gelegenheit fand, breitete sie ihre köstlichsten Stücke aus. In der Regel brauchte sie ein, zwei Gespräche, bis sie die Gäste soweit hatte. Anfangs kamen sie meist mit den üblichen langweiligen Themen daher – Kunstgeschichtliches, Wanderziele, Wetter – doch da blieb sie wortkarg. Die dringlichsten

Fragen ließ sie ins Leere laufen, verwies höchstens auf den Pfarrer oder das Verkehrsamt (nie auf ihre Schwester!). Gesprächiger wurde sie erst, wenn sich etwas ins Beispielhafte eines einzelnen Schicksals wenden ließ. Dann fädelte sie geschickt ein und setzte gekonnt ihren ersten Stich. Hinter kaum mehr vorgehaltener Hand lotete sie die Tiefen des Lebens aus. Spann aus Krankheit, Unglück und Wundern, aus tragischer Liebe und Selbstmord, aus Inzest, Irrsinn und Mißbildung erschütternde, filigrane Geschichten. Raffiniert angelegt, glänzend erzählt.

Daß Ancilla, die ewige Zweite, das Aschenputtel, die graue Maus, die übergewichtige Alte, geplagt von Wasser in den Beinen, Bluthochdruck und Atemnot doch noch zum Sommer ihres Lebens kam, war einem nicht mehr ganz jungen Mann mit gepflegtem Bart und ebensolchen Umgangsformen zu danken. Er war aus Baden-Baden und schrieb angeblich Gedichte. Am liebsten in klösterlicher Abgeschiedenheit. Endlich einer, der ihre Geschichten zu schätzen wußte! Er hörte ihr zu wie niemand zuvor. Er hing förmlich an ihren Lippen. (War es die Abendsonne, die ihren Mund heute so rot erscheinen ließ oder hatte sie heimlich Teresas Lippenstift benutzt?) Unter seinen gierigen Augen blühte sie förmlich auf, zierte sich wie ein Backfisch in ihrer neuen Bluse mit dem Hortensienmuster. Er konnte nicht genug kriegen von dem, was sie erzählte. War unersättlich. Einmal kam er in die Pförtnerstube, brachte ihr Erdbeertörtchen mit Sahne. Sie tranken zusammen Kaffee, leckten die Kuchengabeln blank vor Geiz und Verklemmtheit, vor Aufregung und Gier. Ihre Augen trafen sich, als wollten sie beide dasselbe.

Ancillas Glücksfaden riß abrupt, als der nicht mehr ganz junge Mann tags darauf abreiste. Beim Abschied versprach er, bald wiederzukommen. Doch er kam nicht wieder. Nicht im Herbst, nicht im Winter und auch nicht im Sommer darauf. Anfang Oktober starb Ancilla.

Nach dem Tod der Schwestern (Teresa war noch vor Ancilla, Mitte September, gestorben) war Teresa bald vergessen. Eine junge Kunsthistorikerin aus Zürich, frisch promoviert, übernahm Führungen, Vorträge, Komplimente und Hallos. Ancilla aber wurde berühmt. Es war eine stille Berühmtheit, eine Berühmtheit, von der niemand erfuhr. Sie reichte nicht einmal für einen Lorbeer auf ihr Grab. Denn nicht sie wurde berühmt, sondern ihre Geschichten. Und nicht unter ihrem Namen. Sondern unter dem Namen jenes nicht mehr ganz jungen Mannes, der sie erkannt und der Welt ihre Kunst geschenkt hatte.

Denn in jenem hohen Sommer hatte er Ancillas Geschichten auf dem Diktaphon tief in seiner Tasche klammheimlich mitgeschnitten und dann Wort für Wort in seinen Laptop gehackt. Acht Erzählungen. Eine raffinierter als die andere.

In kürzester Zeit hatte er einen Verlag gefunden. Der so lange erfolglose Lyriker überraschte mit einem Band Erzählungen, begeisterte die Kritik („Ein neuer Virtuose der Literatur", „Kühne, nie gehörte Sprache"), heimste Komplimente ein, Preise und Einladungen, wurde übersetzt, lachte sich ins Fäustchen und badete in kaltem Schweiß. Der Erfolg hätte ihm ein komfortables Leben erlaubt, doch er blieb bescheiden, hütete sich vor Verschwendung. Hatte Alpträume.

Als er einige Jahre nach jenem Sommer (sein erfolgreicher Erstling war zum Bedauern von Verlag und Kritik ohne Nachfolger geblieben) wieder in das Dorf kam, erfuhr er an der Klosterpforte von Ancillas Tod. Es traf ihn wie ein Faustschlag. Er wand sich (der Wurm!) zwischen Entsetzen und Erleichterung. Zwischen dem Gefühl, noch einmal davon gekommen zu sein und einer erbärmlich kleinkarierten Verzweiflung. Jedenfalls war ein Faden gerissen. Er fühlte sich hundeelend und beschloß sofort abzureisen. Immerhin nahm er sich noch die Zeit, Ancillas Grab zu besuchen. Sank in die Knie (ein Stenz im weißen Anzug, eine Lachnummer!) und stammelte unter Tränen, wie sehr sie ihm fehle. Er wandte sich schon zum Gehen, als ihm einfiel, daß er ihr wenigstens hätte ein paar Blumen bringen können. Jetzt war es zu spät. Auch schon egal!

Er verpaßte den Sechsuhrbus und beschloß, zu Fuß talaufwärts zu gehen, um das Warten auf den nächsten Bus zu verkürzen. Doch es gab keinen nächsten Bus, Ende September. Stattdessen begann es zu schneien (der Winter kam früh dieses Jahr), und am nächsten Morgen deckte ein bleiches Tuch das Tal gnädig zu. Samt seinen wüsten Geschichten.

Emma Kann

Ich wurde am 25. Mai 1914 in Frankfurt/Main geboren, ging dort zur Schule und machte im Frühjahr 1933 mein Abitur. Mein Vater starb früh. Meine Mutter war literarisch interessiert und begann schon sehr früh mir Gedichte statt Märchen vorzulesen. Eigentlich hatte ich studieren und Journalistin werden wollen. Da dies 1933 für mich nicht mehr möglich war, wanderte ich im September 1933 nach England aus. Zuerst lebte ich als Au-pair-Schülerin in einer Internatsschule in Brighton. Ich durfte nicht nur an einem sehr gründlichen Unterricht in englischer Literatur und Geschichte teilnehmen, sondern hatte auch Zugang zu der ausgezeichneten Schulbibliothek. Später arbeitete ich einige Zeit an einer anderen Internatsschule in Sussex als Lehrerin und zwischendurch in London. 1936 bot sich mir eine gesicherte Arbeitsmöglichkeit in einem Exportgeschäft in Antwerpen. Als ich Weihnachten 1936 meine Mutter in Frankfurt besuchen wollte, wurde mir trotz meines gültigen deutschen Reisepasses die Einreise an der deutsch-belgischen Grenze verweigert. Der Beamte zeigte mir meinen Namen auf einer Liste, nach der er sich richten mußte. Mein deutscher Paß wurde im nächsten Jahr nicht mehr erneuert. Als die deutsche Armee im Mai 1940 in Belgien einmarschierte, floh ich nach Frankreich. Der fahrplanmäßige Zug Brüssel-Paris verwandelte sich in einen Flüchtlingszug, der uns drei Tage später in eine kleine Stadt bei Toulouse brachte. Wegen meines deutschen Ursprungs wurde ich bald darauf interniert und kam für etwa vier Wochen in das Fraueninternierungslager von Gurs am Fuß der Pyrenäen. Nach meiner Entlassung ging ich zunächst nach Marseille. Dann wohnte ich bis zum März 1942 in einer kleinen Stadt in der unbesetzten Zone von Südwestfrankreich. Während meines Aufenthalts in Belgien und Frankreich habe ich meine Kenntnis der französischen Sprache und vor allem auch der französischen Dichtung und anderer Literatur sehr erweitern können. 1942 erhielt ich ein Visum nach Kuba. In Havanna lebte ich fast drei Jahre lang, gab englischen Unterricht für andere Emigranten, mußte mich aber auch zwei größeren Augenoperationen unterziehen. Von März 1945 bis Mai 1981 wohnte ich in den Vereinigten Staaten, fast immer in New York. Meine Erwerbstätigkeit und meine privaten Interessen brachten mich mit Menschen aus verschiedenen Kreisen und Bevölkerungsschichten in Berührung. Ich belegte Abendkurse in Soziologie und Literatur an der New School for Social Research in New York, an der auch viele aus Deutschland emigriete Professoren arbeiteten.

Am Poetry Center New York hörte ich Lesungen von vielen bekannten und weniger bekannten amerikanischen und englischen Dichtern.

Am Poetry Center und an der New School for Social Research nahm ich an von amerikanischen Dichtern geleiteten Seminaren (poetry workshops) teil und an zwei Semestern über Skakespeares Dramen und Dichtung, geleitet von W. H. Auden. – So lange meine Augen es mir erlaubten, schrieb ich Buchbesprechungen deutscher Bücher, vor allem Lyrik, für die Zeitschrift „Books Abroad – University of Oklahoma Press". 1969 erblindete ich und verbrachte danach meine Sommerferien in Ferienheimen in Österreich und später in der Schweiz. Dadurch kam ich wieder in engere Berührung mit der deutschsprachigen Literatur. 1981 kehrte ich endgültig nach Deutschland zurück und lebe seither in Konstanz. Dichtung war stets das zentrale Interesse in meinem Leben. Bis 1948 schrieb ich in Deutsch, später in Englisch. 1981 kehrte ich zu meiner Muttersprache zurück. Ich habe seitdem vier Gedichtbände veröffentlicht. In den Vereinigten Staaten gehörte ich der Poetry Society of America New York an. Hier bin ich seit vielen Jahren Mitglied des Internationalen Bodenseeclubs. Außerdem gehöre ich der Auden Society London an.

Veröffentlichungen:
– „Zeitwechsel". Gedichte, 1987
– „Im Anblick des Anderen". Gedichte, 1990.
– „Strom und Gegenstrom". Gedichte, 1993
– „Im weiten Raum". Gedichte, 1998
(alle im Hartung-Gorre-Verlag Konstanz erschienen). Außerdem Beiträge, Gedichte und Essays in verschiedenen Zeitschriften.

Nachbemerkung in „Im Anblick des Anderen":
„Trotz aller Verschiedenheit der Themen und Formen, haben meine Gedichte eines gemeinsam: Sie sind in einer Zeit geschrieben, in der viele Auffassungen und Beziehungen sich grundlegend ändern. Manche Ausdrucksweisen und Metaphern verlieren an Wirkungskraft. Neue tauchen auf, um menschlichen Grunderfahrungen unter den veränderten Verhältnissen zum Wort zu verhelfen und Einzelerscheinungen in einen umfassenden Zusammenhang zu stellen. Jedes dieser Gedichte möchte auf seine Weise offen stehen für den Zustrom aus der privaten Gefühls- und Gedankenwelt des Lesers oder Hörers."

Dank an den Anderen

Ich danke Dir, daß Du vorhanden bist,
Daß ich mich an Dir messen kann,
Daß ich mit Dir gemeinsam mir ein Netz
Für Lebensschmetterlinge knüpfen darf.
Ich danke Dir.
Wie sollte ich denn ohne Dich begreifen,
Was jenseits meiner Grenzen vor sich geht,
Wenn nur die Einsamkeit
Um mich im Raume steht?
Wie soll ich das verstehen,
Wenn ich mit Dir kein Bündnis schließen kann,
Damit mein Blickfeld sich erweitert,
Bis es im Raum der Einsamkeit
Die Vielfalt der Gestalten sieht,
Die unberührt von mir vorhanden sind?
Ich will Dich nur zum Teil verstehen.
Im Ungesprochenen in Dir,
Im Unerklärlichen beginnt die Brücke
Zu einem neuen, kaum geahnten Strand.
Das Du, das Ich summiert sich nicht zum Wir
Im gleichgesinnten Doppelwesen.
Wir werden für einander nur zu Pforten
In Zitadellen, die das Ich sich baut.

Ich bin ein Teil

Ich bin ein Teil der Erde stets geblieben.
Ich habe Sehnsucht nach den andren Teilen.
Ich will mich nicht von ihnen trennen lassen.
Ich will mit ihnen in Berührung bleiben.
Ich weiß um sie. Sie sind ein Teil wie ich.
Ich will sie nicht zu etwas andrem machen.
Sie sollen bleiben, wie Geburt sie schuf,
In ihrem eignen Wachstum sich entfalten.
Ich will nicht Macht. Ich will nicht Mitte werden
Und ungeschützt allein im Raume stehen,
Die andren dann aus ihrer Bindung pflücken
Und sie verändert rings um mich versammeln
Als einen Schutzwall, als mein Eigentum.
Ich bin ein Teil, der sich nach Teilen sehnt,
Um zwischen ihnen meinen Platz zu finden,
Wenn sich die Erde um die Sonne dreht.

Die Hand der Versöhnung

Ich reiche Dir die Hand zur Versöhnung.
Ich bleibe ich.
Aber ich reiche Dir die Hand zur Versöhnung.
Du bleibst Du.
Kann ich dann völlig ich selber bleiben,
Wenn Du und ich uns die Hand zur Versöhnung
reichen?

Die Hand der Versöhnung ist kurz.
Schritte müssen uns näher tragen
Zur Hand der Versöhnung.
Bin ich dann noch ich?
Bist Du dann noch Du,
Bleiben wir ganz, was wir früher waren
Vor dem Schritt zur Versöhnung?

Wo treibt der Wind uns hin?

Wo treibt der Wind uns hin,
Der Wind, den wir mit Nord und Süd benennen
Und dessen wahres Ziel wir doch nicht kennen
Und dessen Ursprung uns verborgen bleibt?
Wo treibt der Wind uns hin
Aus unsrer Heimstatt, die wir mühsam bauen,
Auf ihre Sicherheit nie ganz vertrauen,
Weil wir in ihr dem Sturm
Noch ausgeliefert sind?
Wo treibt der Wind uns hin?
Der Zeitenabgrund liegt bedrohlich da.
Wir treiben näher, stehen schon ganz nah,
Der Zeitenabgrund, gähnend sein Versprechen
Uns zu bewahren, nicht uns zu zerbrechen.
Wir sprechen von den vielen Möglichkeiten,
Die sich in diesem Sturmwind vorbereiten,
So klug, so wortgewandt der Kommentar
Und doch nur für begrenzte Stunden wahr.
Ist dieser Sturm ein Ende, ein Beginn?
Wo treibt der Wind uns hin?

Die Reinigungswerkstatt der Worte

In dieser Werkstatt reinigt man Worte.
Ganz verdorben kommen sie an,
Worte wie Liebe und Schönheit.
Welche Umweltverschmutzung
Hat an ihnen genagt,
Welcher Unverstand
Hat sie so schrecklich verbogen?
Arme Worte – wie nach einem Unfall
Kommen sie hier in die Werkstatt,
Kaum noch erkennbar, mit öligen Flecken,
Voller Schrammen, ohne Glanz.
In der Reinigungswerkstatt der Worte
Stehen die Fenster offen.
Maschinen gibt es hier nicht.
Maschinen sind anderswo.
Hier nützt man die einfachsten Mittel,
Das Auge, das Ohr, die Hand.
Wahrheit war eines der ersten Worte,
Die hier gereinigt wurden.

Maskengedichte IV

Er blickte hinauf zur Sonne und dachte:
Auch die Sonne trägt eine Maske.
Sie zeigt mir nicht ihr wirkliches Wesen.
In dieser Maske haben die Menschen
Jahrtausendelang den Willen von Göttern gelesen.
Auch heute, wenn wir die Sonne besingen,
Kennen wir nur die Maske der Sonne:
Singen von Wärme und Frühlingswonne,
Von Morgenrot und Abendrot.
Doch unerschrockene Teleskope
Wissen von unermeßlichen Kräften,
Von Gasen, von Wirbeln, von Explosionen,
Mit deren wahrem Bild
Abendrot und Morgenrot
Menschen und Tiere verschonen.
Die Maske der Sonne ist freundlich.
Doch die Wahrheit der Sonne, die furchtbare
    Sonnengewalt,
Ist nicht an menschliche Maße gebunden.
Ich muß mich an die Maske halten.
Ich darf von dem wirklichen Wesen der Sonne
Nur in Büchern lesen,
Die ich halb verstehe
Und die ich ganz vergesse,
Wenn ich die Sonne sehe,
Die stille Sonnenscheibe
Am Himmelszelt.

Jochen Kelter

Geboren 1946 in Köln. Studium der Romanistik und Germanistik in Deutschland und Frankreich. Lebt seit 1969 auf der Schweizer Seite des Bodensees in Tägerwilen, Kanton Thurgau, und seit 1994 zudem in Paris. Lyriker, Erzähler, Essayist. Arbeit für Radio und Fernsehen sowie Zeitungen und Zeitschriften. Zahlreiche Buchveröffentlichungen, zuletzt:
   Ein Ort unterm Himmel – Texte aus Alemannien, 1989; Achtundsechzig folgende (Aufsätze, Glossen, Essays), 1991; In der besten aller Welten – Eine Farce (Theater), 1991; Verteidigung der Wörter (Gedichte), 1992; meinetwegen wolgabreit (Gedichte), 1994; Steinbruch Reise – ein europäischer Jahreslauf, 1996; Die Balkone der Nacht (ausgewählte Gedichte, lettisch und deutsch), 1997; Andern Orts – Postkarten 1995 – 1997, 1998; Aber wenigstens Wasser (Gedichte), 1998; Die kalifornische Sängerin (Erzählungen), 1999; Der erinnerte Blick (Gedichte), 2000; Petitesses (Gedichte), 2000.
   Literaturförderpreis New York, 1982; Literaturpreis der Stadt Stuttgart, 1984; Kulturpreis des Kantons Thurgau, 1987; Werkjahre der Schweizer Kulturstiftung Pro Helvetia, 1990 und 1997.
   Generalsekretär des Schweizer Autorenverbands Gruppe Olten (seit 1988), Präsident der Föderation der Europäischen Schriftstellerverbände (European Writers' Congress) (seit 1989), Präsident von „Suisseculture", der Arbeitsgemeinschaft der Urheber- und Interpretenverbände der Schweiz (seit 1992), Vizepräsident der Schweizer Urheberrechts- und Verwertungsgesellschaft Pro Litteris (seit 1996).

Ad personam

Il faut faire ici un aveu que je n'ai fait
à personne: je n'ai jamais eu le sentiment
d'appartenir complètement à aucun lieu,
pas même à mon Athènes bien-aimée, pas même à
Rome. Etranger partout, je ne me sentais
particulièrement isolé nulle part.

(Marguerite Yourcenar: Mémoires d'Hadrien)

Im Frühjahr 1969 bin ich über die Grenze, in den Thurgau, in die Schweiz geraten, nicht so sehr lange nachdem ich aus Südfrankreich in Konstanz angekommen war. Als ich 1974 als wissenschaftlicher Angestellter mit Zeitvertrag an der Uni Konstanz das Beschäftigungsverbot im Öffentlichen Dienst genannte Berufsverbot zu spüren bekam, war ich bereits drüben. Ich gehöre zu den unmittelbar nach dem Krieg Geborenen, die Ergebnisse des zweiten Weltkriegs haben uns geprägt. Ich bin wahrscheinlich einer der letzten Emigranten. Nach Kindheit, sechziger Jahren und Berufsverbot wollte ich allerdings je länger, desto weniger zurück, obgleich ich noch Jahre lang mehr drüben als herüben war. Die Schweiz hat es mir nicht einfach gemacht, die Schweizer waren – zu jener Zeit strömten weder Ex-Jugoslawen noch Kosovo-Albaner in Massen ins Land – unsereinem nicht gerade freundlich gesinnt. Ich habe es ausgehalten, bin stets in mein fremd heimatliches, heimatlich fremdes Schlupfloch im Thurgau, wo die Reichsgötter draußen blieben, zurückgekehrt. Meine Loyalitäten sind mir mit der Zeit über die Grenze nachgefolgt, Ich bin schon lange nicht mehr drüben, sondern herüben, nicht draußen, sondern drinnen. Bin, bei allen Unzulänglichkeiten, froh, in einem Staat nicht deutscher Nation zu leben, den regelmäßigen Wellen deutschen Dumpftums in Politik, Wirtschaft, Kultur und „Lebensart" enthoben, in einer altmodischen Gesellschaft aufgehoben zu sein, wo der Zugschaffner freundlich ist, ohne dazu einen Fortbildungskurs absolvieren zu müssen. Ich lebe in einem überschaubaren Raum, der läßt mir wenigstens Platz für die Welt, die ich brauche. Deutschland wäre mir zu binnenländisch groß, Deutsche neigen zu sehr sich selber zu. Die „Berliner Republik"? Die ist nun wirklich das Problem der Deutschen, der fühle ich mich endgültig entbunden. Mein Leben, und das sind nicht zuletzt meine Texte und meine Träume, spielt längst anderswo. Von einer neuen deutschen Regierung „der Mitte" erwarte ich, ja, auch als eine Art Wiedergutmachung, das Recht auf doppelte Staatsbürgerschaft, die mein Leben de jure endlich einholt, ohne daß ich einen EU-Paß abgeben muß.

Seit ein paar Jahren komme ich, wenn ich dorthin zurückkehre, auch heim nach Paris. Bin nach Europa zurückgekehrt. Nicht mehr im deutschen Sprachraum, nicht einmal an seinen Rändern. Meine Geschichten, meine Zeilen und Verse kommen längst aus anderen Himmelsrichtungen. Italien, Frankreich, Balkan, was weiß ich. Heimat Europa. Mal mehr. Oder dort weniger. Am See, wenn die Sonne durch die ziehenden Wolken bricht oder im Frühling, am See mit dem Föhn, der verheißt und zusammenbricht, am See mit meinen Erinnerungen an das, was hätte sein wollen, seiner Bühne, die niemand zu schätzen weiß außer Nervenschwachen, Schwaben und Gestrandeten, habe ich mir ein Stücklein Heimat erkämpft und erhalten, das von Landschafts- und Straßenplanern andauernd untergepflügt wird.

Nafplió

Nein, nicht nach
Arkadien ist wild verschlossen
und in dem Mythos alles vorgedacht
Pan schneidet seine Flöte
aus dem Rohr, das Nymphe war
ich schneide meine Worte
aus dem Fleisch

Schon schaut der Winter zu
er wärmt mich noch am Meer
erwärmt die Sonne mein Gebein
die falsch gestrümpften Beine
mancher Schönen und
ach, die schwarzen Brillen
bis ans Herz

Nemea

Drei Säulen stehn im Feld
Weinstöcke, Winterfeuer
der Wald ist abgebrannt

Drei Hunde gehn am Feld
die Straße ist der Katze
Albaner stehn am Rand

Drei Säulen stehn im Feld
drei Mal bin ich gegangen
zur Artemis im Berg

Die zählt den Hain und Kreatur
geht Felder ab, schlägt Äste
schneidet Kohl und kaut

Erwürgt die Katze, schießt
die Hunde, jagt die Fremden
fort ins Feuer

Dorf

Katzen sind da
Katzen zu sein auch im Winter
die Dunkelheit ist gepfählt
von fahlen Lichtern
der Hund drängt an das Tor
die Katze beschleicht den Menschen
den Mensch begehen die Winterträume
fern rauscht die Straße

El Camino

Arkadien in Reif
und Nebel eingeschweißt
die Sonne kommt und sticht
der Einsamkeit aufs Haupt

Die Berge steigen
aus der weißen Nacht
die Berge sind für sich
Raabe gesellt sich hoch ins Blau
Müllmann vom Rio de la Plata
vor Tripoli ist hilfreich
bei der Wegbeschreibung
¿donde? Und wohin

Xilòkastrò

Aus dem Golf gischten
graue Wellen an Land
die Tavernen zum Meer
sind verschlossen

Die Bewohner drinnen
betreiben Winterdinge
ein Hund an der Mole
ist sich selber zu viel

Im Kafeneion brennt das Licht
des einzigen Außenpostens
die Uferpromenade haben sie
aus Brüssel geschickt

Mantineia

Hinter weißen Wänden
die verschwundene Polis
als Feldspuk im Nebel
die ragenden Äste hilflos
Reif auch auf dem Müllberg
beim abgeschlossenen Restaurant
umgeworfene Stühle
als hätten die Götter
lang nicht getafelt

Auf See

Lesbia dictavit, docte Catulle, tibi (Martial)

„Weil dieses Weh den Liebenden aufstachelt,
mehr zu lieben, wo das Wollen schwindet."
Ich bin älter geworden als du:

Arkadien ist unbekannt geblieben
such nicht Illyrien oder Elysium
bevor eine Gestalt dich ganz nimmt, flieh!

Wir fahren von Winter zu Winter
unsere Seele gleicht der stürmischen See
unter uns: sie bleibt bei sich

Hermann Kinder

Ich wurde 1944 in Thorn geboren. Thorn lag 1944 in Westpreußen, zuvor und danach in Polen. Ich wurde in Thorn oder Torun geboren, weil meine Mutter aus Berlin der Bomben wegen dorthin evakuiert wurde. Ich bin also weder Westpreuße noch Pole noch ein Flüchtling, sondern ein Evakuierter. Ich wurde in Thorn geboren, weil meine Mutter aus Berlin floh, wohin mein Vater wenige Jahre zuvor aus München versetzt worden war. Nach München waren meine Eltern gekommen, weil mein Vater kurz zuvor aus der Universität Münster in Westfalen entfernt worden war. Nach Münster war mein Vater gekommen, weil er in Bethel bei Bielefeld in Ostwestfalen aufgewachsen war. Meine in Kassel aufgewachsene Mutter hat meinen Vater im D-Zug, genauer: Bebra, kennengelernt. Meine Eltern sind überraschenderweise beide in Wuppertal, und zwar Barmen, im selben Jahr geboren worden. Meine Großmutter mütterlicherseits stammt nämlich aus dem Bergischen Land. Mein Großvater väterlicherseits stammt, bevor mein Urgroßvater mütterlicherseits nach Wuppertal, aber keineswegs Elberfeld, gezogen war, aus Westfalen, eher Ostwestfalen. Ob meine Ahnen von der großväterlichen Seite mütterlicherseits nach Ostwestfalen aus Frankreich des Glaubens wegen emigrierten, ist ungewiß. Ebenso ungewiß, aber wahrscheinlich ist, daß meine Ahnen großväterlicherseits väterlicherseits des Glaubens wegen aus dem Salzburgischen nach Ostpreußen emigrierten. Mein Großvater väterlicherseits setzte die wahrscheinliche Emigration aus dem Salzburgischen ins Ostpreußische fort, indem er ins Rheinland, dann nach Westfalen zog, nicht nur des Geldes, mehr des Glaubens wegen. Meine Großmutter väterlicherseits heiratete meinen Großvater väterlicherseits, der von Wuppertal nach Bethel bei Bielefeld des Glaubens und des Berufes wegen umgezogen war, obwohl sie aus Oberfranken stammt. In Oberfranken endet die einzige mit Gewißheit in das noch wenige Monate letzte zu nennende Jahrhundert verfolgbare Linie meiner sowohl mütterlicher- wie väterlicherseits gegebenen Abstammung. Mithin ließe sich sagen, ich sei ein evakuierter Oberfranke hugenottisch-salzburgischer, vor allem aber bergischländischer Provenienz mit überdeutlich westfälischem Einschlag und polnischem Geburtsort.

Nach meiner Geburt nötigten meine Mutter, hernach wieder meine Eltern, schließlich die Zeitläufte mich, meine Kindheit und Jugend an der Grenze zwischen dem württembergischen und bayrischen Schwäbischen, darauf im Mittelfränkischen, schließlich in der Provinzialhauptstadt Westfalens, Münster nämlich, zu verbringen. Sobald ich meinem Leben selbst eine Richtung geben konnte, setzte ich es im Hessischen

Hermann Kinder | 143

fort, genauer im Kurhessischen, dann wieder im Westfälischen, um schließlich die Grenze zu überschreiten und mich in Amsterdam niederzulassen. Mit einem nur kurzen Umweg über das Westfälische zog ich von Amsterdam an den Bodensee, erst nach Konstanz, dann nach Singen am Hohentwiel, dann wieder nach Konstanz, wo ich blieb. So daß, falls ich noch länger leben sollte, ich immer mehr weit mehr als die Hälfte meines Lebens in Konstanz am Bodensee verbracht haben werde, obwohl ich kein Landeskind im strengen Sinne bin. Ich blieb, weil ich Lateinisch gelernt und wieder vergessen, Griechisch gelernt und wieder völlig vergessen, Englisch mäßig gelernt und nie geübt habe, Französisch vergeblich zu lernen versuchte, weil ich Niederländisch vorzüglich gelernt und wieder gänzlich vergessen habe, weil ich mich also entschloß, keine Sprache mehr zu lernen, aber an der Grenze zu einem zu Fuß zu erreichenden fremden Land zu leben, das deutschsprachig sein mußte. Die damalige deutsch-deutsche Grenze erschien mir zu unwirtlich, die deutsch-österreichische von Konstanz zu fern, so daß sich die Kreuzlinger Grenze anbot. Meine abstammungsgegebene Unrast beschränke ich darauf, daß ich häufig entweder nach Unteruhldingen oder Hagnau gelaufen bin, solange ich am Obersee wohnte, häufig nach Ermatingen laufe, seitdem ich am Seerhein wohne, häufiger noch nach Bernrain, das ich nicht nur seiner Aussicht wegen liebe, viel häufiger noch zur Hafenhalle, die keine Aussicht bietet, am allermeisten aber bin ich mit dem Fahrrad früher entweder nach Überlingen oder Immenstaad, später entweder nach Altnau oder Ermatingen gefahren und fahre ich noch. Wenn ich weder laufe noch fahre, sitze ich. Ich verdiene mein Geld im Sitzen. Teils durch Lesen, teils durch Sprechen, teils durch Schreiben. Immer aber sitze ich dabei. Deshalb könnte man sagen, ich sei ein Sitzer von Beruf, aber ein Geher oder Radfahrer aus Leidenschaft. Dies aber würde täuschen. Denn manchmal sitze ich aus Leidenschaft, etwa vor dem Fernsehgerät oder dem Bier, gehe aber zum Beruf oder fahre mit dem Rad zum Büro, von dem ich, weil Räder mit in das Gebäude zu nehmen verboten ist, in das eine Sekretariat gehe, dann das andere, dann in die Bibliothek, in die Verwaltung, in die Caféteria, inbesondere aber von Seminarraum zu Seminarraum.

Meine Bücher schreibe ich im Sitzen. Sie handeln nur manchmal von Westfalen und vom Bodensee. Über Hugenotten, Salzburger, Ostpreußen habe ich noch nie geschrieben, auch nicht über das Bergische Land, wohl über Oberfranken, das Gehen, das Sitzen und Radfahren. Es ist nicht unwahr, daß ich meine Bücher im Sitzen schreibe, aber ich denke sie mir nicht nur im Sitzen aus, sondern vor allem beim Gehen. Das ist insofern unrichtig, als ich mir meine Bücher wenn zwar nicht vor allem, aber meistens im Sitzen ausdenke, sowohl im Sitzen vor dem Bier wie im Zug, mit dem ich leidenschaftlich gern umherfahre. Meine ganz besondere Leidenschaft ist, mit einer Thurgauer Tageskarte in der SBB, aber auch mit Bussen und Privatbahnen nicht nur durch den Thurgau, sondern auch durch die Kantone St. Gallen, Zürich wie Schaffhausen zu fahren und mir dabei Bücher auszudenken. Ich bin sozusagen ein aus Konstanz evakuierter sitzender Thurgauer Tageskartenschriftsteller, der noch nie dem typisch deutschen Fehler verfallen ist, den Tonfall der österreichischen Literatur nachzuahmen. Um ehrlich zu sein: Ich wüßte nicht mit Bestimmtheit zu sagen, ob mir Bücher mehr beim Sitzen oder Liegen oder Stehen oder Gehen oder Radfahren einfallen oder ob mir beim Gehen nur Sätze, beim Sitzen hingegen Bücher, beim Liegen vielleicht Situationen und beim Radfahren Figuren einfallen. Ich wüßte auch nicht zu sagen, ob sich das gehende Ausdenken von Sätzen und das fahrende Einfallen von Figuren oder das gehende Einfallen von Situationen undsoweiter präzise unterscheiden ließen. Jedenfalls schreibe ich meine Bücher im Sitzen. Wie, das ist mein Geheimnis.

Das Sitzen hat zu folgenden Büchern geführt:

An dickerer Prosa: Der Schleiftrog, 1977, vergr.; Vom Schweinemut der Zeit, 1980, vergr.; Der helle Wahn, 1981, vergr.; Ins Auge, 1987, vergr.

An dünnerer Prosa: Du mußt nur die Laufrichtung ändern, zuletzt 1988, vergr.; Der Mensch ich Arsch, 1983, vergr.; Liebe und Tod, 1983, vergr.; Kina, Kina, 1988, vergr.; Die böhmischen Schwestern, 1990, vergr.; Alma, 1994; Um Leben und Tod, 1997.

An Lyrik: Winter am Meer, vergr., 1991; Nachts mit Filzstift und Tinte, 1998.

An dickerer Wissenschaft: Poesie als Synthese, 1973, vergr., und an dünnerer: Der Mythos von der Gruppe 47, 1991, vergr.

An dicker und dünner Mischung: Fremd daheim, 1988; Von gleicher Hand, 1995, vergr.

Außerdem habe ich herausgegeben: Die klassische Sau, 1986, vergr., und Bürgers Liebe, zuletzt 1999, und bin einmal ehelich und einmal eheähnlich verheiratet. Auf die mir nicht unoft gestellte und meist vermutlich lustig gemeinte Frage: Kinder, wieviel Kinder haste denn?, eine Antwort zu geben, habe ich mich seit meinem ersten Volksschuljahr verweigert; umsomehr, da keineswegs gesichert ist, daß Kinder von Kinder kommt und die Verhohnepiepelung eines armen kinderreichen ostpreußischen Tagelöhners meint. Naheliegende Lösungen sind ja meist die falschen. Kinder könnte auch aus dem im Salzburgischen ehedem heimischen Kindler gleich Kerzenmacher kommen oder aus dem sozusagen Germanischen, wo Kindher wie Gunther einen Soldaten meint, wie auch Hermann aus dem Germanischen kommt und unter keinen Umständen mit zwei r zu schreiben ist, weil Hermann nämlich wie Ginther oder Kundher einen Mann des Heeres meint, weshalb ich mit Vor- und Zu- oder Familiennamen gewissermaßen ein evakuierter oder auch desertierter und dissertierter und nicht zuletzt dissidierter Soldat Soldat bin.

Aus dem „Schwabenweg"

Am 7. April traf sich ein Akademischer Oberrat, der an der Universität Konstanz Literatur unterrichtete und zu allerhand Hilfsarbeiten herangezogen zu werden pflegte, an der Mariensäule vor dem Südportal des Konstanzer Münsters mit seiner Geliebten, einer wesentlich jüngeren Studentin, um sich mit ihr irgendwo nahe des Wassers im Mantel der Nacht zu vergnügen. Stadtstreicher, die sich vor der noch nachwinterlichen Nachtkälte in die Höhlung des Portals zurückziehen wollten, stolperten über das Paar. Ihm war aus nächster Nähe in den Kopf geschossen worden.

Am 15. April gegen Mitternacht saßen, die Füße hochgezogen, auf ihren Töffs vor dem Gasthaus Brücke am jenseitigen Ufer der Thur in Amlikon ein Sekundarschüler aus Affeltrangen und eine Lehrtochter aus der Weinfelder Buchhandlung akzente beieinander und lachten viel. Sie waren vom Weinzahn, der als letzter das Gasthaus verlassen hatte, erkannt worden. In der Frühe des Tages fand man sie tot, beiden war aus nächster Nähe in den Kopf geschossen worden.

Am 23. April entdeckte ein Postler auf dem Weg zur Frühschicht in einem gegenüber dem Kloster Fischingen abgestellten Personenkraftwagen aus Stuttgart die Leichen eines älteren Paares, denen durch die geschlossenen Seitenfenster des Wagens in den Kopf geschossen worden war.

Am 1. Mai trat eine Person aus dem Schatten des Parkplatzes auf dem Hörnlipaß und tötete einen Bazenheider Detailisten, der eben aus seinem Auto gestiegen war, durch einen Schuß aus der Pistole, welche die Person dem Mann fast auf die Stirn gesetzt hatte. Als die Begleiterin schreiend, außer sich vor Schreck und Angst, vom Auto zum Gasthaus Hulftegg rannte, verschwand die Person im Wald, von der die Frau nur angeben konnte, daß sie einen blauen Trainingsanzug und einen roten Rucksack getragen habe, wobei nicht ausgeschlossen sei, daß der Rucksack blau und der Freizeitanzug rot gewesen seien.

In der oberhalb von Kreuzlingen gelegenen Kaserne Bernrain wurde eine Schweizerisch-Deutsche Sonderkommission gebildet.

Ihre Arbeit blieb ohne Ergebnisse bis auf das, daß der Brigadier Läubli, privatim Aktuar im Ermatinger Wanderverein Möve, als er vor der mit Fähnchen besteckten Karte stand, nach längerem Nagen auf den weißen Enden seines Schnurrbarts ausrief: Der Schwabenweg! In der Tat befanden sich alle Mordorte auf der Route des St. Jakobs-Pilgerweges. Die Ermittlungen der Sonderkommission richteten sich nun auf alle Kenner des Schwabenweges. Voller Erfolg: Bei Eschlikon im Tannenzapfenland wurde ein schuldig geschiedener Mann gefaßt, ein religiös fanatischer Einsiedler, der auf seinem heruntergewirtschafteten Hof, der genau auf einem Zubringer zum Schwabenweg lag, hoch über dem Bichelsee mit einer Herde von Großziegen lebte und schon mehrmals aufgefallen war, weil er jährlich zu Sylvester auf einer Wiese bei Dozwil darauf gewartet hatte, von einem Ufo in eine bessere Welt entführt zu werden, da die hiesige nur Sünde und Dreck sei, insbesondere aber Unzucht, Schnellenritt und Schnepfenstrich, Arschputz im Arschpuff, ein Huurenwechselbalg, eine Huurenfegerfotze, ein Cheibemetzmatratzenzwitscherliesenschlitz, alls Würm vud Fieß bis am Fideli ufe.

Der Schwabenweg führt hinter dem Grödeli als Wiesenpfad vor die fauchende Hinterseite der Motorenwagenfabrik AG, am Parkhaus der MOWAG vorbei, quer über die Unterseestrasse, die Esslen-strasse hinauf, dann in den Tobel. Dort begann das Pilger-Rennen. Auf der Steigung teilte sich rasch die in Konstanz neu zusammengewürfelte Schar. Die Jungen holten Luft und Atem bis Spanien. Die Humpler, Einbeinigen, die von Überfall, von der Wassersuppe des Falkenwirts und Durchfall Geschwächten, die, die für 10 Taler einen eingesunkenen Halbtoten auf der Karre nach Einsiedeln schoben, und die, die ihre fromme Fahrt mit einem Sack voller Feldsteine auf dem Rücken, einem Baumstamm über den Schultern, mit Ketten und Kugeln an den Fußgelenken erschwert hatten, und die, die ihre Erlösung damit zu erzwingen suchten, daß sie rückwärts liefen oder auf Knien krochen, hatten weniger Chancen. Im Matsch des Hohlwegs, in dem bis vor kurzem noch Schnee gelegen hatte und den die Sickerbäche von den Steilhängen durchweichten, kamen die Barfüßler am besten voran.

Die berittenen Reichen drängelten auf ihren Pferden, Mulis oder Jesuseseln: Platz, in Jakobs Namen! Es genügte aber ein kleiner Stoß mit dem Pilgerstab, und die Pferde scheuten, und die Herren, die in den Domhöfen rattenfrei genächtigt hatten, fielen und rutschten auf dem Moderlaub und Schlamm die Tobelwand hinunter bis in den Bach. Der Weg in den Bach-Tobel führt über die Schmittenstraße, die Mühlestraße und wird romantisch: alte Riegelhäuser und Gärten, aus denen Katzen streichen, zu ahnen die Wassermühlen von ehedem. Du gehst über den Bach, hörst sein Rauschen lieblich; ein paar Schritte weiter rauscht der Bach dir plötzlich um die Ohren, vielfach hallverstärkt vom Himmel, der der hohe Bogen einer Eisenbahnbrücke ist, auf der ein Oberleitungsmast wie ein Galgen steht. Das letzte Haus vor dem Tobel ist das Pfadi-Heim. Die Kantonsfahne weht. Buben spielen Ball. Sie brüllen mit der überschnappenden Kraft heranwachsender Männerkehlen: Arschloch, schieß doch, Du Arschloch. Sie schreien, als müßten sie Heere wenden. Du Sauarschloch, Du Hurenarschloch, Du Hurensauarschloch, Du Votzenarschloch, Du Hurensauvotzenarschloch, brüllen sie. Sie spuken in die Beete, greifen sich an den Sack, sie spucken Dir ihre Gummis auf die Treppe, die hinauf in den Tobel führt, der auf Brücken, Bretterstegen und Treppen leicht zu ersteigen ist.

Was hier so garküchensüdlich riecht, ist Bärlauch, der lanzengrün am jenseitigen Ufer wächst. Der wurde 1862 dem Tischler Imhof zur Falle, danach seiner Frau. Imhof war ein starker Kerl. In der Jakobshöhe trank er so viel Haldengut, daß er alle glaslang, und zwar immer dann, wenn die Putztochter auf dem Pissoir hantierte, aufstand: I sött go löse go. Zurück, knüpfte er den Schlitz im Lokal zu und triumphierte laut: Wieder daneben. Der Danebenseicher Imhof las im Konstanzer Arbeiterbildungsverein Schiller und turnte mit Jahn-Brüdern barhäutig an einer Teppichstange, die ein Kollege in seiner Tägermooser „Parcelle Rheinlied" aufgerichtet und mit Schwarzrotgold und dem Schweizerkreuz bemalten Papiergirlanden geschmückt hatte. Imhof liebte kratzende Schafswollpullover auf der Haut, lief ungeschützt in bissigen Drillichhosen. So auch in den Tobel, um sich eine Handvoll Bärlauch zu schneiden, der wie sein Vetter Knoblauch das Blut erhitzt. Barfuß watete Imhof durch den Bach zum anderen Ufer. Gewann aber kein Land. Soff ab im Morast. Bis zu den Knien. Bis zur Hüfte. Erwischte den Ast eines in den Tobel gestürzten Baumes. Der aber brach. Versackte bis zur Brust. Und schrie. Die Saaltochter Judith, die der Tischler kannte aus dem Roten Ochsen, wo er sonntags Hacktäschli mit Erbsli aß, kam von Bernrain und zog den kläglichen Mohren aus dem Matsch mit einem starken Stecken. Imhof heiratete sie aus Rache. Nicht nur in der Jakobshöhe, im Roten Ochsen redete er über Judith, daß sie unfruchtbar sei, Kuh- und Pferdefleisch verwechsle, die Bücher schmuddlig führe, dem Gesellen und Zimmerherrn weite Augen mache, das Tonzeug zerschlage – solange, bis Judith sich im Saubach ersäufte. Imhof erlag in gottgesegnetem Greisentum einem alten Fisch, den ein Angler auf den Mist geschmissen, der Wirt des Löwen in Schwaderloh jedoch mit Essig aufgeleckt hatte. Erst Lähmungen in Hand und Fuß, dann von den Füßen aufsteigend in der Hüfte, dann blieb, nachdem er noch einmal Judith um Hilfe angerufen hatte, die Sprache weg. Den gelähmten Imhof banden sie auf einen Esel. Der Weg von Schwaderloh zum Spital war sehr holprig und ganz vergeblich.

Ernst Köhler

Geboren 1939 in Aachen, ist Privatdozent für Neuere und Neueste Geschichte an der Universität Konstanz. Schwerpunkte: Deutsche Zeitgeschichte, Geschichte Jugoslawiens. Im Moment arbeitet er an einem größeren Text über Bosnien, halb Reportage, halb Essay – vorläufiger Titel „Reise nach Mostar. Eine persönliche Annäherung an Bosnien". Ernst Köhler versteht sich immer noch als politischer Autor. Bislang hat er nur einen im engeren Sinne literarischen Text veröffentlicht: „Und er kommt und findet sie schlafend. Eine Erzählung", Weingarten 1986 (ausgezeichnet mit dem Thaddäus Troll-Preis). Neben zahlreichen Beiträgen vor allem für die Zeitschriften „Freibeuter" (Wagenbach, inzwischen eingestellt) und „Kommune" (Frankfurt/M.) liegen von Ernst Köhler folgende Buchpublikationen vor:

- „Arme und Irre. Über die liberale Fürsorgepolitik des Bürgertums", Berlin 1977 (Wagenbach)
- „Lebenszeichen aus Tuttlingen. Notizen über eine Schule in Baden-Württemberg", Berlin 1980, zweite Auflage 1983 (Rotbuch)
- „Die Stadt und ihre Würze. Ein Bericht aus dem Süden unseres Sozialstaats", Berlin 1983 (Wagenbach)
- „Für das kleinere Ganze. Zu einem anderen Verständnis vom Ende Jugoslawiens" (zusammen mit Ivan Glaser), Münster 1993 (Westfälisches Dampfboot)

Ist der Holocaust vergleichbar?

1.

Erlauben Sie, daß ich mit einem Zitat beginne: „Es ist nicht notwendig, daß man Milosevic mit Hitler vergleicht, um streng gegen Milosevic zu kämpfen. Milosevic ist ein alter Kommunist, der heute Nationalbolschewist ist. Und in Deutschland wissen wir genau, was der Nationalbolschewismus war. Die deutschen Intellektuellen müssen es wissen: wir müssen gegen etwas Neues und etwas Altes kämpfen. Gegen den alten Kommunismus in der neuen Form des Nationalbolschewismus. Um gegen diese Kraft zu kämpfen, brauchen wir sie nicht mit Hitler zu vergleichen oder mit den KZ's. Die Lager sind, was sie sind und sind schrecklich. Und das kann unbedingt nicht toleriert werden. Machen wir keine Vergleiche, kämpfen wir." So Jorge Semprun 1993 zum Krieg in Bosnien. (Zitiert nach: *Ulrike Ackermann*, Gesinnung oder Unabhängigkeit. Europäischer Intellektuellenstreit um Bosnien, Rundfunkessay, NDR 1994) Es ist vielleicht ganz nützlich, wenn wir uns eingangs über die praktische Zweitrangigkeit unserer Fragestellung heute abend klar werden.

Ich möchte meinen kleinen Beitrag wie folgt aufbauen: In einem ersten Schritt möchte ich zeigen, daß die historische Abgrenzung des Holocaust von anderen Formen des Völkermords im 20. Jahrhundert keineswegs auf eine Relativierung oder Verharmlosung jener anderen Varianten des Genozids hinauslaufen muß – und schon gar nicht auf eine Mißachtung ihrer jeweiligen Opfer. Die Mißachtung und die Verharmlosung scheinen vielmehr eine Spezialität der deutschen Linken zu sein, und sie hat weniger mit einer empirisch nachweisbaren und historiographisch vertretbaren Einzigartigkeit des Holocaust zu tun als mit der Instrumentalisierung dieser Einzigartigkeit zum Zwecke einer tadellosen Vergangenheitsbewältigung. Das wäre mein zweiter Punkt. Ich versuche ihn am Beispiel des Bosnienkrieges zu verdeutlichen, der ja noch nicht Geschichte ist. Sowenig wie die Auseinandersetzung über ihn in der deutschen Öffentlichkeit. Abschließend und gewissermaßen als Kontrapunkt zur anscheinend unbeeindruckbaren political correctness der deutschen Linken dann ein Blick auf den Bericht des US-amerikanischen Journalisten Peter Maass, der sich erst als Reporter in Bosnien richtig bewußt wird, daß er ein Jude deutscher Herkunft ist.

Auch zu der These von der Unvergleichlichkeit der Schoah gelange ich legitim nur über den Vergleich, und der Vergleich konfrontiert mich unvermeidlich mit anderen Spielarten des systematischen und massenhaften Mordens. Für den Taschenschauspielertrick des Verschwindenlassens ist hier kein Raum. Und davon abgesehen, muß die Trauer auch nicht exklusiv sein. Das zeigt der israelische Historiker Yehuda Bauer in seinem Aufsatz *The Place of the Holocaust in Contemporary History*. (Vgl. *Jonathan Frankel*, ed., Studies in Contemporary Jewry, I, Bloomington 1984, S. 201 ff) „Was den Holocaust von anderen Verbrechen, die die Nazis oder andere Täter gegen Millionen anderer Menschen verübt haben, wirklich unterscheidet, ist weder die Zahl der Opfer noch die Art und Weise ihrer Ermordung noch auch das Größenverhältnis der tatsächlich Ermordeten zur Gesamtmasse der Verfolgten. Die Nazis haben viel mehr Russen ermordet als Juden. In der Geschichte hat es Fälle gegeben, in denen ein viel größerer Anteil einer bestimmten Gemeinschaft vernichtet worden ist als ihn die 35 % des jüdischen Volkes darstellten, die im Holocaust starben. Und schließlich waren zwar die meisten Opfer der Gaskammern Juden – aber es starben dort ja auch Roma, sowjetische Kriegsgefangene und andere. – Der Unterschied zu anderen Fällen von – wie man es etwas vage nennt – „Genozid" liegt in der Motivation hinter dem Holocaust." Die Juden stellen in der imaginären Welt der Nazis etwas Einzigartiges dar: sie sind nicht bloß eine andere und tieferstehende „Rasse" wie die slawischen Völker und letztlich, ungeachtet gewisser folkloristischer Sympathien Heinrich Himmlers, auch die Sinti und Roma. Die Juden sind die zerstörische Kraft schlechthin, der eigentliche Weltfeind der neuen imperialen Ordnung, bei aller Schwäche und Degeneriertheit übermächtig, satanisch allgegenwärtig, die Macht zugleich hinter der Führung der Vereinigten

Staaten und der Sowjetunion. Die Juden müssen daher unbedingt verschwinden, restlos verschwinden – was immer das in den verschiedenen Phasen des Regimes und seiner kriegerischen Expansion heißen mag. Hinter dem Vernichtungswillen steht das Bild oder die Vision von einem tödlichen Endkampf um die Beherrschung der Welt. Nicht einmal der Völkermord am armenischen Volk in den Jahren 1915/1916, der seinen Vernichtungswillen noch bis auf den letzten Armenier auf türkischem Boden ausdehnt und der daher für Yehuda Bauer dem Holocaust unter den Katastrophen des 20. Jahrhunderts am nächsten kommt, kennt eine derartige Uferlosigkeit und Globalisierung von Feindbild und Ausrottungsprogramm.

Weiter weg im typologischen „Kontinuum" des Völkermords, das Yehuda Bauer konstruiert – in heuristischer Absicht, und nicht etwa, um ein Leid über das andere zu stellen –, wären die nationalsozialistischen Verbrechen gegen die slawischen Völker Ost- und Südosteuropas anzusiedeln. Sie zielen letztlich nicht auf die physische Ausrottung ganzer Völker, sondern auf ihre Versklavung. Der Völkermord nimmt in Polen, Serbien, Rußland Formen an wie die systematische Ermordung der Intelligenz und Führungsschicht; gezielte terroristische Massenmorde an der Zivilbevölkerung überhaupt; Massenvertreibungen großen Stils, gezielte ökonomische Verelendung großer Bevölkerungsgruppen. Man will komplexe und differenzierte nationale Gesellschaften zu Massen wehrloser, stummer Untertanen und Arbeitssklaven desorganisieren. In der Sprache der *Konvention über die Verhütung und Bestrafung des Völkermordes* vom 11. Dezember 1946 heißt das dann: „In dieser Konvention bedeutet Völkermord eine der folgenden Handlungen, die in der Absicht begangen werden, eine nationale, ethnische, rassische oder religiöse Gruppe als solche ganz oder teilweise zu zerstören..." (Internationale Dokumente zum Menschenrechtsschutz, hrsg. von *Felix Ermacora*, Reclam 1982, S. 33)

Noch einmal: Der Gedanke von der abgründigen Besonderheit des Holocaust muß überhaupt nicht bei einer Singularitätsdoktrin landen, die blind um sich selber kreist und sich anderen Formen des Genozids verschließt. Ich breche diesen Punkt ab mit einer Randbemerkung, die meine Argumentation hoffentlich nicht unnötig kompliziert. Es ist ist hier nicht Ort, näher auf die Holocaust-Forschung einzugehen. Mindestens in der deutschen Geschichtsschreibung gewinnt jedoch eine Schule an Einfluß, die den Holocaust sehr viel enger, als Yehuda Bauer dies tut, mit dem Vernichtungskrieg gegen die Sowjetunion verknüpft und ihn darüberhinaus in den Kontext der monströsen, weitere Millionen und Abermillionen Tote einkalkulierenden Umsiedlungskonzepte des „Generalplans Ost" einbettet.

2.

Auch meinen zweiten Punkt möchte ich mit einem ernüchternden Zitat einleiten: „Es gibt bei den Serben natürlich keine so offene rassistische Ideologie wie jene des Hitlerismus. Serbien ist auch kein totalitärer Staat, es gibt z.B. Wahlen, die zwar nicht ganz frei sind, aber auch nicht gänzlich gefälscht. Wenn es auch Konzentrationslager in Bosnien, in Serbien und in Kroatien gibt, so sind es keine Vernichtungslager. Man kann sie vielleicht mit Mauthausen oder Dachau vergleichen, aber man kann sie nicht mit Auschwitz identifizieren. Umgekehrt: unter dem Vorwand, der Nazismus sei eine historische Singularität, kann man ihn dennoch nicht als absoluten Ausnahmezustand isolieren, ihn in gewisser Weise aus der Geschichte ausschließen. Es wäre schlicht unhistorisch, den Nazismus als gänzlich einmaliges Ereignis aus dem übrigen Verlauf der Geschichte herauszulösen. Die Ursachen für einen Nazismus oder Faschismus sind der Regel sehr banal, Gründe, die man überall finden kann: Die ökonomische Krise, der Verfall des Parlamentarismus, die Traumatisierungen des Krieges, ein Ansteigen des Nationalismus. Man soll sich nicht von der Einmaligkeit des Nazismus faszinieren lassen. Viele dieser Argumente von der Außergewöhnlichkeit und Einmaligkeit des Nazismus dienen im Grunde dazu zu sagen, es ist eigentlich nicht der Mühe wert, über den Rest zu reden. In Deutschland geschah nun folgendes: Anstatt sich des Beispiels Auschwitz zu bedienen oder es als Warnung zu begreifen, gelangte man schließlich dahin, sich von der Einmaligkeit des Ereignisses so überwältigen zu lassen, daß man heute nicht mehr wagt, in der politischen Debatte aktuelle Bezüge herzustellen." So der französische Historiker und Publizist Jacques Julliard über die Haltung der deutschen Intellektuellen zum Krieg in Bosnien. (Zitiert nach: *Ulrike Ackermann*, a.a.O.)

Ich muß sagen, ich finde diese Kritik noch ziemlich nobel. Sie attestiert uns ja immerhin, daß wir ernste Schwierigkeiten mit Auschwitz hätten. Das kann ja so mies nicht sein. Wir hätten aus Auschwitz ein Tabu gemacht, das wir nun eben nicht mehr zu verletzen wagten. Wir hätten aus Auschwitz so etwas wie ein anderes Schwarzes Loch gemacht, das den Völkermord an den bosnischen Muslimen glatt verschluckt hat. Man könnte ja auch argumentieren, wir hätten uns geweigert, über den Völkermord in Bosnien zu sprechen und ihn beim Namen zu nennen, weil wir dann für eine militärische Intervention hätten votieren müssen. In dieser Sicht hätte hinter unserem Wegsehen und Schweigen eine politische Entscheidung gestanden. Zuerst die Entscheidung, dann das Schweigen. Zuerst die Entscheidung, dann das tendenziöse Bild des Krieges. Im Zweifelsfall steht uns der Pazifismus eben näher als die Menschenrechte. Das Gerede über Auschwitz und seine Einzigartigkeit hätte in diesem Fall nur das Schweigen überdeckt.

Peter Glotz faßt 1995 „die Mainstream-Position der deutschen Linken im *Spiegel special* noch einmal zusammen: 'Ein teils religiös, teils ethnisch motivierter Krieg in einer Völkermischzone wurde umdefiniert in den systematischen Völkermord einer Hegemonialmacht gegen verfolgte Minderheiten'." (*Ulrike Ackermann*, Der Umgang mit dem Totalitären, Mittelweg 36, Juni/Juli 1995, S. 36) Aber genau das war dieser Krieg – mit seinen Massenmorden, völkischen Massenvertreibungen, Massenvergewaltigungen und mit seiner systematischen Zerstörung von Moscheen. Das Schicksal der bosnischen Muslime mußte jeden unbefangenen Beobachter an das Schicksal einiger slawischer Völker im Zweiten Weltkrieg erinnern – auch an das Schicksal des serbischen Volkes, und es blieb der deutschen Linken vorbehalten, diese reale Parallele zu mystifizieren und zu verdrehen und die Aggressoren von heute mit den Opfern und Widerstandskämpfern von damals zu vertauschen oder zu vermengen. Wenn Peter Glotz oder Lothar Baier sich zwischenzeitlich öffentlich korrigiert hätten, ist es mir entgangen. Dergleichen gehört in Deutschland freilich kaum zu den Gepflogenheiten oder Standards der Intellektuellen. Und wer zu den Ereignissen in Bosnien geschwiegen hat, schweigt heute über sein Schweigen. Bei den Grünen auf der anderen Seite ist ein großes Umdenken im Gange. Die Entscheidung des Magdeburger Parteitages gegen den Einsatz deutscher Truppen in Bosnien war denkbar knapp.

3.

1993 schreibt der französische Philosoph und Schriftsteller Alain Finkielkraut in *Die Zeit* „Diejenigen, die mit einer seltsamen Heftigkeit die Plakataktion in Frankreich angegriffen haben, in der Milosevic mit Hitler und die serbischen Konzentrationslager mit denen der Nazis verglichen wurden, haben recht. Der „Schlächter vom Balkan" ist nicht der Führer. Omarska ist nicht Treblinka. Aber sie haben kein Recht, recht zu haben. Sie meinen, das unvergleichliche Verbrechen an den Juden gegen die schleichende Relativierung verteidigen zu müssen – und unterstützen das Zentrum auf Kosten der Peripherie. Weil sie das Andenken an den Skandal der absoluten Einsamkeit bewahren wollen, in der die Juden starben, sind sie bereit, die neue Hierarchie zwischen Wichtigem und Menschlichem anzuerkennen. Sie halten sich für die Wächter der Vergangenheit und sind in Wahrheit die Grenzschutzbeamten der Großen Geschichte." (*Die Zeit*, 20.8.1993) Alain Finkielkraut ist Jude. Daniel Cohn-Bendit, der mit seinem Plädoyer für ein militärisches Eingreifen in Bosnien die deutschen Grünen polarisiert hat, bekanntlich ebenfalls. Ich will diesen Gesichtspunkt nicht überstrapazieren. Aber wir sollten doch festhalten, daß Feierlichkeit und Pietät nicht dasselbe sind wie Erinnerung und Trauer. Die Erinnerung erkennt man wohl eher am Gerechtigkeitsgefühl...

Man findet es auch in dem Buch von Peter Maass über seine Erfahrungen als Auslandskorrespondent im Bosnienkrieg. (*Die Sache mit dem Krieg. Bosnien von 1992 bis Dayton*, München 1997) Nur daß in diesem Fall umgekehrt das Gerechtigkeitsgefühl die Erinnerung wachruft. Um die Verlassenheit der jetzt gleichsam in ihrer Ethnie eingesperrten und verriegelten Muslime zu begreifen, beginnt der zunächst nicht sonderlich gut vorbereitete Amerikaner auf sein Judentum zurückzugreifen: „Für Muharem war es ein Schock, als man ihm plötzlich die Pistole unter die Nase hielt und ihm sagte, daß die Christen, mit denen er aufgewachsen war, Leute wie ihn nicht mehr um sich haben wollten. Der nächste Schock traf ihn, als auch die Amerikaner und die Europäer in ihm nichts als einen „Muslim" sahen, der, so traurig es auch sei, wahrscheinlich das tun sollte, was die Serben von ihm verlangten, nämlich seine Heimatstadt verlassen und von nun an in einem kleinen Muslim-Staat leben, der für seinesgleichen in Zentralbosnien geschaffen werden würde... Wenn ich mit Muharem und seinen Brüdern mitfühlte, dann weil ich eine Ahnung von dem hatte, was in ihnen wahrscheinlich vorging. Mein Mitempfinden rührte nicht von meinen Gesprächen in Bosnien her. Reden ist eine begrenzte Form der Kommunikation... Außerdem sind in den Balkanstaaten Wörter Werkzeuge der Manipulation und keine Instrumente der Sinngebung. Ich versuchte zu verstehen, was in Muharem vorging, indem ich mich in einer ähnlichen Situation vorstellte. Was wäre, wenn mir irgend jemand sagte, daß ich nur ein Jude sei, kein Amerikaner oder Kalifornier, und ich aller Wahrscheinlichkeit nach nur mit anderen Juden in einem koscheren Reservat in Oklahoma leben müßte und das Reservat von Chassidim geleitet würde, die mir für den Rest meines Lebens verbieten würden, mir am Sabbat einen Film anzusehen oder an heißen Tagen Shorts zu tragen?" (Ebenda, S. 98 f.) Und in Banja Luka beginnt dieser amerikanische Jude dann noch ganz andere Vergleiche anzustellen oder zuzulassen: „Ich fing den Bazillus seelischer Krankheit in Banja Luka ein. Jedem ging es so. Ich kenne keinen Journalisten oder Entwicklungshelfer, der aus dieser Stadt herauskam, ohne sie für den erbärmlichsten, herzzerreißendsten Ort Bosniens zu halten. Es war unendlich viel angenehmer, mit Bosniern in Sarajewo zu sein. Auch während der Belagerung konnten die Sarajewaner schlafen gehen, ohne Angst haben zu müssen, daß serbische Soldaten in ihre Häuser stürmen und sie ausrauben oder töten würden... Selbst Bosnier, die aus ihren Heimen vertrieben wurden und in fernen Flüchtlingslagern endeten, waren in einem besseren Zustand als ihre Freunde in Banja Luka... Man kann die Situation nur noch schwer ertragen, wenn man in einer Stadt ist, die einen an Berlin während der Nazizeit denken läßt. Was sagt man dem Bosnier, der mit der gleichen Angst in seinen Eingweiden lebt, wie die Juden, die vor fünfzig Jahren in Deutschland zusammengetrieben wurden? Wenn der einen mit Wut, Angst und Verständnislosigkeit in den Augen ansieht und fragt, warum Amerika, das Amerika, das Demokratie und Menschenrechte liebt und gerade ein Holocaust-Museum gebaut hat, wohin jedes Jahr Millionen Besucher strömen, nicht dem Völkermord in Europa am Ende des zwanzigsten Jahrhunderts Einhalt gebietet?" (Ebenda, S. 151 f.)

Eleonore Kokmotou

1943 geboren in Stuttgart, Kindheit und Jugend in Oberschwaben, Allgäu und Südbaden, später in Düsseldorf. Fremdsprachenkorrespondentin und Ühersetzerin in München. 1967 erste literarische Schreibversuche (Prosa und Gedichte). Lebt heute in Riedlingen/Donau. Schreibt Lyrik. Vereinzeltes in Zeitschriften und Anthologien.

Zeit wohin

Ausdünnende Nacht.
Erwachen in den Tagtraum
keine Tagesflucht.

/

So rasch vollkommen
so rasch vergangen. Wie kann
ich Blumen verstehn?

/

Ich halte die Balance.
An seinen Enden das Seil
franst immer mehr aus

//

Ohnmachtsland
wie so grün ist dein Gras

Balsamgesten
im Gas ersticken

wie gestern sie

/

Erde saugt Benzin

aus deinem Kopfverband
die Träne
rostet an deiner Wange

bin ich zehn

Schulweg neugieriger
über den Dorffriedhof

lebendiges Gesternnoch
ein Fremder du

gewesenes Heuteschon
mein Freund

berührt deine Wimpern
mein Mund

Zeit wohin

erwachst du
wieder bin ich zehn

/

Und der dort

Kopfhautalter
acht mal zehn der
Blick im Angstgrau

und der hier

schwarze Dichte
schimmert feucht
im Hinüberdunkeln
schon jetzt

und der dort

Zunge giftdurchtränkt
immune Begierde
bis ins nächste
Jahrtausend

und der hier

Sprache verstummt
im Staunen so
hinausgeworfen
schon jetzt

/

Wieder die Nacht

Schatten rasch
hinter das Hügelgrab

Aug in Auge nicht mehr

tanzend und lachend
mit dem Wind
komm ich

/

Jedes
nimmst du

Augenwinkel
Dunkelstelle
Bitterduft

läßt mir
den Eulenschrei

Ulrike Längle

Geboren 1953 in Bregenz. Studium der Germanistik, Romanistik und Philosophie in Innsbruck, Châtelleraut und Poitiers. Promotion mit einer Arbeit über Ernst Weiß. Seit 1984 Leiterin des Franz-Michael-Felder-Archivs in Bregenz. 1996 bis 1999 Jurorin beim Ingeborg-Bachmann-Wettbewerb in Klagenfurt.

Veröffentlichungen:
– Am Marterpfahl der Irokesen. Erzählungen. Frankfurt/M. 1992
– Der Untergang der Romanshorn. Erzählungen. Frankfurt/M. 1994
– Tynner. Roman. Frankfurt/M. 1996
– Il Prete Rosso. Roman. 1996
– Vermutungen über die Liebe in einem fremden Haus. Roman. Frankfurt/M. 1998
– Mit der Gabel in die Wand geritzt. Gedichte. Uhldingen 1999
– Bachs Biß oder Eine Liebe in Lüneburg. Eggingen 2000

Mit Charon in Eis und Finsternis

Eine eindringliche Melodie im Menuettrhythmus ertönt, ein Tenor singt mit schreiender Stimme und in eifrig auf- und abkletternden Koloraturen: „Charon bläst, welch ein Toben! Horch, wie die Stürme wimmern! Anker und Tau erproben? – Nein, nein, es ist aus. Weg ist der Mond da oben, nur ein paar Sterne schimmern. Ach, mein Glück ist zerstoben. Kommt der Tod? – Oh Graus! Gleich ist mein Stundenglas alle. Charon hat mich in der Kralle! Jetzt sinkt der Kasten, fallen die Masten... Und auf den Wogen kommt schon gezogen kohlschwarz die Leichengondel an den Todesdamm – in Rauch und Schlamm! Ach, welch ein Graus!!" Dann verabschiedet er sich von seinen Zechkumpanen und der Wirtsfrau, macht sein Testament und setzt seine Fahrt auf dem Totenfluß fort, um mit den Worten zu enden: „Nordlichter, Wolken und Blitze, gräßlicher Donner und Hitze, Sternhaufen tanzen, laufen wie Wanzen, schlingern und drehen, Ufer vergehen... Pechschwarze Nacht umfängt mich. Ewig nur im Dreck, fahre ich weg! Gute Nacht, Madame!"

Josef stellte den CD-Player mit „Fredmans Episteln" von Carl Michael Bellman ab und legte sich ins Bett. Er wollte sich umbringen und mit Bellman in Stimmung kommen. Aber die richtige Lust zum Sterben ergriff ihn einfach nicht, obwohl ihm dieses Lied sehr gut gefiel. Man hörte geradezu das heroische Tuten Charons auf seinem Horn, als Fanal zur Überfahrt über den Totenfluß. Das sollte richtig Lust zum Sterben machen, und Josef wollte sterben. Hannah, die er liebte, hatte ihm seit drei Wochen nicht auf seine Briefe geantwortet und kürzlich, als er sie einmal angerufen hatte, nur von belanglosen Dingen gesprochen.

Hannah war Josefs große Liebe. Ohne Hannah konnte er nicht weiterleben. Er beschloß, sich noch eine Nacht im warmen Bett zu gönnen und dann in einem Eisloch Selbstmord zu begehen. Kürzlich hatte er im Schweizer Fernsehen gesehen, wie man solche Eislöcher mit Pickeln und einer Kettensäge ins Eis brach. Die professionellen Eistaucher machten drei Löcher, in unterschiedlichen

Formen, damit sie auf jeden Fall wieder den Weg an die Oberfläche finden würden. Josef jedoch wollte nicht eistauchen, er wollte sterben, und deshalb würde ein Loch genügen. Die Kettensäge hatte er sich bereits ausgeborgt, bei seinem Nachbarn, unter dem Vorwand, er müsse die dicke Eiche in seinem Garten fällen, da sie innen morsch sei und zusammenzustürzen drohe.

Am nächsten Morgen machte er sich auf den Weg zu dem kleinen Bergsee, der seine letzte Ruhestätte werden sollte. Er hatte vorsorglich einen Abschiedsbrief an Hannah hinterlassen, im dem er ihr alles verzieh. Es war bitter kalt. Josef wagte sich ein paar Meter auf die zugeschneite Oberfläche des Sees hinaus, dann begann er mit einer mitgebrachten Schaufel, den Schnee wegzuschippen. Er machte eine zwei mal zwei Meter große Fläche frei und griff dann zum Pickel, um die Umrisse des Loches auszuhacken. Das Eis war mindestens einen halben Meter dick, er mußte heftig arbeiten, es wurde ihm ganz warm dabei. In der Wärme dachte er an die angenehmen Stunden mit Hannah, aber das war nun wohl vorbei, es blieb ihm nur das kalte Grab im Wintersee. Schließlich griff er zur Kettensäge und sägte die Umrisse des Loches aus. Es gelang, ohne daß er gleich hineinrutschte. Er brachte die Säge noch zum Ufer, sein Nachbar sollte schließlich keinen Schaden haben, dann zog er sich bis auf die Unterhose aus. Es fror ihn schrecklich, aber da sein Leben nur mehr ein einziges Leiden war, mußte er diese Kälte auf sich nehmen, um ein für allemal Schluß zu machen. Er dachte an das Tuten Charons auf dem Horn und ließ sich in das Loch hinab. Er konnte sich nicht daran hindern, vorher noch einmal tief Luft zu holen.

Unter Wasser spürte er zuerst gar nichts mehr, so kalt war es. Er öffnete die Augen und dachte wieder an Hannah. Plötzlich kam ihm der Gedanke, daß sie seine Briefe vielleicht gar nicht bekommen habe. Vielleicht war sie verreist gewesen, wer weiß? Wenn er nicht im eiskalten Wasser gesteckt hätte, wäre es ihm siedendheiß über den Rücken gelaufen. So begann er hektisch nach dem Eisloch zu suchen. Aber von unten sah alles gleich aus, er wußte nicht mehr, wo es hinausging. Er konnte nur eine dunkle Stelle erkennen, aber das konnte wohl nicht das Loch sein. Das Loch mußte hell sein. Hannah winkte ihm zu, mit ihren weichen, warmen Armen, und rief seinen Namen. Er hatte fast keine Luft mehr. Plötzlich fiel ihm ein Gedicht ein, das er vor ein paar Jahren gelesen hatte, ein Sonett, in dem es hieß, man solle immer auf das Dunkle zuschwimmen, nicht nur, wenn man im Eis einbreche, sondern auch sonst im Leben. Er war in der realen Situation, er schwamm mit letzten Kräften auf das Dunkle zu und erreichte das Loch, das er mit der Kettensäge so sorgfältig ausgesägt hatte. Er konnte sich noch über den Rand ziehen, dann kam gottseidank der Nachbar vorbei, der die Geschichte mit der Eiche nicht geglaubt hatte und heimlich Josefs Spuren gefolgt war. Der Nachbar zog ihn aus dem Wasser und brachte ihn in ein Krankenhaus. Josef wurde gerettet. Und ein Brief von Hannah war auch in der Post.

Die großen Gefühle

Gummi arabicum in Tränen
in einem Schaufenster in einer
Straße in Lüneburg
mit dem Namen
Neue Sülze.

Anfang

Ein Schiffknecht brachte uns ans andre Ufer.
Am Horizonte zeigt sich sanft das erste Rot.
Da war es Stille.
Eine Amsel flötet.
Die Worte suchen mit dem Blindenstock
den Weg.

Christa Ludwig

Ich wurde 1949 in Wolfhagen bei Kassel geboren und ging in Dortmund zur Schule. Nach dem Abitur (1968) begann ich mein Studium in Münster mit Germanistik und Anglistik. Nebenbei belegte ich Sprecherziehung, machte ein wenig Sprachbildung, Pantomime und arbeitete an der Studiobühne der Universität Münster mit. 1970 wechselte ich den Studienort. Die Entscheidung fiel auf Berlin, weil es dort einen Geheimtip für Germanisten gab: Die Technische Universität hatte eine kleine, aber hochkarätig besetzte philologische Abteilung. Während die Freie Universität völlig überlaufen war, saßen wir zu zehn bis fünfzehn Leuten in den Seminaren bei Professoren wie Walter Höllerer und Norbert Miller. Als meine literaturwissenschaftliche Heimat sehe ich immer die Technische Universität Berlin. An der Freien Universität studierte ich weiterhin Anglistik und Theaterwissenschaft. Vor allem aber war Berlin für mich die Stadt, in der man jeden Tag in ein anderes Theater gehen konnte.

Nach Abschluß des Studiums (1974) machte ich das 2. Staatsexamen, also die Lehrerausbildung, und zwar an Berliner Schulen. 1978 übersiedelte ich zum Bodensee, wo mein Mann bereits als Lehrer an der Internatsschule Schloß Salem beschäftigt war. Hier wurden unsere drei Söhne geboren.

Nur kurze Zeit habe ich an der Schule Schloß Hohenfels als Lehrerin gearbeitet, dabei die Theatergruppe geleitet. Es war wohl wesentlich die Theaterarbeit mit den Kindern, die mich dahin führte, den Beruf als Lehrerin ganz aufzugeben und das zu tun, was ich ein Leben lang immer getan habe: schreiben. Mit Theaterstücken für Kinder fing ich an, meine Schreibversuche in die Öffentlichkeit zu bringen, es folgten Romane für Kinder und Jugendliche. Ich meine, daß es erheblich leichter sei, für Jugendliche zu schreiben als für Erwachsene. Kinder- und Jugendliteratur ist natürlich nicht schlechter, aber doch schlichter. So habe ich zehn Jahre lang ausschließlich für junge Leser geschrieben.

Dabei habe ich zwei bevorzugte Interessengebiete. Das eine ist der historische Roman. 1989 erschien mein erstes Buch: „Der eiserne Heinrich". Diese Geschichte aus dem staufischen Mittelalter ist eng verbunden mit dem Bodenseeraum und meinem damaligen Leben an den Salemer Schulen. Mein Protagonist, Alexander, ist ein psychisch gefährdeter Internatsschüler, der in dem Kaisersohn Heinrich so etwas wie einen seelischen Doppelgänger findet und dessen Leben erforscht. Im Herbst 2000 erschien es als Taschenbuch.

Der zweite historische Roman „Ein Lied für Daphnes Fohlen" (1994) spielt im hellenistischen Griechenland. Er wurde ins Holländische übersetzt.

Das andere Interessengebiet, das ich gern bearbeite, ist das Anliegen, Kinder und Jugendliche für die Probleme unserer Welt und Umwelt zu sensibilisieren. Beispiele dafür sind: „Die Kastanienallee oder Das Loch in der Sackgasse" (1990); „Links neben Cori" (1995); besonders mein wenig appetitanregendes letztes Buch: „Die Federtoten" (1997). Es führt mitten hinein in die lebensverachtende Maschinerie der Massentierhaltung.

Derzeit arbeite ich an meinem ersten Roman für Erwachsene. Es begann mit Versuchen, das vielschichtige Leben der Else Lasker-Schüler zu beschreiben. Ein Sachbuchverlag zeigte Interesse an den Anfängen dieser Biographie, aber je länger ich daran schrieb, desto mehr entfernte ich mich vom Sachbuch. Aus dem nunmehr entstehenden Roman ist hier eine Passage abgedruckt.

Joseph aus Jett

Joseph hieß der glänzende schwarze Knopf, nachtschwarz mit goldenen Punkten, mit goldenen Punkten wie Sterne. Meine Mutter hatte mir das Kästchen mit den Knöpfen geschenkt, weil ich mich immer so langweilte. Es war eine hölzerne Schatulle mit Intarsien auf dem Deckel. Unter Schnörkeln und Ornamenten aus poliertem, lackiertem Holz, pinienhell, kirschbaumrot, ebenholzdunkel wohnten und hausten die Abgerissenen, die Herabgefallenen oder jene, die ihr fadenscheinig gewordenes Kleidungsstück überlebt hatten. Die meisten waren runde Scheiben aus Holz, Metall oder Perlmutt mit zwei oder vier Löchern. Das waren die einfachen Leute. Sie paßten an Schürzen, Arbeitshemden, Alltagskleider. Ging einer verloren, fand sich immer ein ähnlicher in der Schatulle, der seinen Dienst übernehmen konnte. Man suchte nicht lange nach dem Vermißten, irgendwann wurde er zusammengekehrt mit Brotkrumen und Kartoffelschalen, notdürftig gereinigt und in die Schatulle geworfen, auf die rechte Seite, in das große Fach zu all den anderen schlicht durchlöcherten Scheiben, Werktagsknöpfe, die nur eine Aufgabe hatten in diesem Leben, nämlich durch ein Knopfloch zu schlüpfen und zwei Teile eines Kleidungsstückes zusammenzuhalten.

Auf der linken Seite des Kästchens residierten in separaten, sorgsam mit rotem Samt ausgeschlagenen Zimmern die feineren Leute. Da hatte jede Familie ihren Wohnsitz, gleichartige, gleichfarbene Knöpfe in groß und klein, die großen hatten sich einmal über Brust und Bauch eines Abendmantels gereiht, die kleinen breite Manschetten der Ärmel geschlossen. Da waren elfenbeinerne und goldene, silberne und schwarze aus Jett wie Joseph, aber ohne Sterne, einige aus Schildpatt und Bernstein. Die sahen aus wie erstarrte Honigtropfen. Immer leckte ich mir die Finger, wenn ich die berührt hatte, und immer schmeckten die Finger süß. Das kam aber nicht von dem Bernstein. Alles war süß in meinem Leben, als ich fünf Jahre alt war. Eines aber war all den Knöpfen in den Samtkammern gemein: sie waren Kugeln, Halbkugeln, Kugelsegmente, keiner von ihnen war durchlöchert, durchbohrt. Die mit Löchern warf ich alle ohne jedes Erbarmen auf die rechte Seite in das große, übervolle Sammelabteil.

Die adligen Knöpfe in den samtenen Herrensitzen hatten auf ihrer Unterseite ein kleines metallenes Plättchen eingelassen, und daran war eine Öse befestigt, damit man auch sie annähen konnte an Taft, Flanell und Seide. Bei Joseph fehlte diese Öse, sie war irgendwann einmal abgebrochen, diese einzige Stelle, die seinen Sternenhimmel mit Stoff verband. Wenn aus dieser Gesellschaft einer verlorenging, weil ein mürbe gewordener Faden ihn nicht mehr hielt an Nachmittagskleid oder Gehrock, dann lagen sie auf den Knien, das Dienstmädchen und die Köchin, die Erzieherin und der Hauslehrer, sie krochen über Parkett und Teppiche, tasteten unter Empire-Kommoden und Biedermeierschränken und suchten nach dem Verlorenen Knopf. Am eifrigsten suchte ich selber, und häufig drückte auch Paul, der jüngste meiner drei Brüder, die Bügelfalten seiner neuen Hosen platt. Wir machten ein Spiel daraus, jagten um Sessel und Tischbeine, als sei so ein Knopf ein fliehendes Karnickel, wir stießen die Köpfe gegeneinander und grinsten uns an, denn Paul kannte mein Geheimnis und hütete es. Wenn nämlich ich so glücklich war, den vermißten Knopf zu finden, so schloß ich schnell die Hand um diese Beute, diesen Schatz, und suchte eifrig weiter, bis man aufgab und sich mit dem Verlust abfand, ich wußte, was dann stets geschah. Alle gleichgeformten Verwandten des Verlorenen wurden von dem betreffenden Kleidungsstück abgeschnitten und bezogen einen rotsamtenen Ruhesitz in der Schatulle. Da konnte ich meinen Fund dann dazulegen, es zählte niemand mehr nach, und ich hatte eine neue Familie von höherem Stand. Sechs Familienmitglieder waren es mindestens, die auf diesem Weg in das Kästchen einzogen, meist mehr, und immer fügten sie sich in Sippschaften und Großfamilien, ich erkannte die Ähnlichkeit von Vettern und Cousinen, was nicht blutsverwandt war, war angeheiratet und hing über drei Knöpfe wieder mit diesen zusammen. Nur Joseph nicht. Der war einzig und blieb allein und hatte keine Brüder.

Nicht einmal eine Öse hatte er an seiner Unterseite, somit bestand keinerlei Hoffnung, ihn jemals wieder mit Stoff zu verbinden. Hat er überhaupt einmal eine Öse gehabt? War er nicht so wenig mit den anderen verwandt, daß er nur äußerlich erschien wie ein Knopf, in Wahrheit aber keiner war, niemals einer gewesen war und nur an seiner Oberseite als ein solcher auftrat, weil er denn doch irgendwo, wenn schon nicht an einem Kleidungsstück so in jener Schatulle, ein Domizil haben mußte. War es so? Es war nicht so. An seiner Unterseite verblieb die Stelle, wo die Öse abgerissen war, wie eine Wunde, ehemals scharfkantig, offen, inzwischen abgeschliffen an marmornen Tischen und Fensterbänken, auch auf dem Parkett, das hatte Kratzer gemacht, nun machte es keine mehr, die Wunde war verheilt, es blieb eine Narbe, die eindeutig bewies, hier war einmal etwas gewesen, Joseph war ein Knopf wie die anderen Knöpfe auf dieser oder jener Seite der Schatulle.

Ich gab ihm eine eigene Kammer, mal ganz am Rande, mal mitten drin. Die anderen Herrschaften mußten dann umziehen. Das taten die gar nicht gern. Es waren seßhafte Leute, und Joseph war nicht besonders beliebt. Er brachte Unruhe in das feste Gefüge der Sippschaften und Familien, und nicht nur weil die umziehen mußten. Immer kollerten ein paar bislang nicht unangenehm aufgefallene Silber- oder Elfenbeinknöpfe aus ihrem Stammsitz in Josephs einsames Domizil, es war als ob er sie anziehe, ja, einige der durchlöcherten, unscheinbaren Scheiben sprangen über die Barriere ins andre Abteil, in Josephs roten Samt, und manchmal, wenn ich nicht gut aufpaßte, fiel er mir gar selber in die rechte Hälfte, in das Gedränge der Durchbohrten und Durchlöcherten, wo er doch überhaupt nicht hingehörte. Oder?

Einige gab es auf der samtenen Seite der Schatulle, die Joseph etwas weniger fremd schienen. Sie waren Pracht und Zierat zwischen Rüschen und Falten, sie sollten prunken auf Goldbrokat und Seidensatin, sie waren zur puren Zierde aufgenäht, hatten sich niemals durch die Enge eines Knopflochs zwängen müssen, weder hinein noch hinaus. War Joseph einmal einer von denen gewesen? Wenn ich auf seinen Sternenhimmel blickte, glaubte ich es. Wenn er mir aber unter die Durchlöcherten gefallen war und ich lange, befremdlich lange, darin wühlen mußte, bis ich ihn endlich wiederfand, dann spürte ich, daß er sehr wohl wußte, was ein Knopfloch war.

Am liebsten schleppte ich die Schatulle unter den Tisch im großen Salon. Dort war mein Tempel. Im Rechteck der vier gedrechselten Säulen, umgeben von der geklöppelten Spitze der Tischdecke und den langen weißen Fransen, war ich Priesterin, Tempelhüterin, mehr noch: allmächtige Göttin. Denn dort kippte ich den Inhalt der Schatulle, rechte Seite und linke, wie ein böses Schicksal auf den Teppich. Und in diesen Teppich war mehr geknüpft als blumige Ranken. Zwischen Akanthusblättern und mäandernden Arabesken kämpften wütende Krieger mit Schild und Speer, auf den Rücken fliehender Hirsche sprangen gefleckte Leoparden. Ich schauderte im Dämmerlicht meines Tempels, wühlte die mit den Ösen und die Durchlöcherten wüst durcheinander, sammelte zitternd mit flatternden Hände alle wieder in die Sicherheit der Schatulle, und jedesmal das beklemmende Bangen: Wohin ist Joseph gefallen? Gern hätte ich ihn stets als ersten gerettet vor den Speeren der Krieger, aus den Krallen der Leoparden, aber das tat ich nicht, denn Göttinnen, auch wenn sie erst fünf Jahre alt sind, müssen gerecht sein, und daran hielt ich mich.

Einen bösen Traum gab es in meiner schönen Welt. Es kamen viele Gäste in das Haus meiner Eltern. Sie saßen um den Tisch im großen Salon und lasen sich Gedichte und Theaterstücke vor, und unter diesen hatte ich Männer gesehen, die kaum Haare auf dem Kopf hatten, einige gar keine, nur einen ziemlich ergrauten Streifen fast im Genick.

„Das ist so, wenn man älter wird", hatte die Mutter erklärt und sogleich in meine erschrockenen Augen getröstet:

„Nur bei Männern, nur bei Männern. Deinen schwarzen Locken wird nichts Schlimmeres geschehen als daß sie grau werden."

Das hatte mich nur wenig beruhigt. Paul also würden – vielleicht – die blonden Haare ausgehen, wie schrecklich, wie furchtbar, wie vollkommen unvorstellbar. Das war mein böser Traum. Er wurde niemals Wirklichkeit. Paul verlor seine Haare nie. Er starb mit 21 Jahren an einem Sonntag im Winter.

Aber ich hatte auch einen herrlichen Traum. Den konnte ich jederzeit träumen. Ich mußte nur Joseph aus der Schatulle nehmen, ihn mit geschickten Fingern durch Krieger und Leoparden über den Teppich schieben, und schon spannen und webten meine Gedanken einen Stoff um den Knopf, einen bunten Rock, es war jener bunte Rock, den Jakob seinem Lieblingssohn Joseph schenkte.

Ich kannte viele Geschichten aus der Bibel. Paul hatte sie mir erzählt, und immer wieder wollte ich die Geschichte von Joseph hören. Paul war gerne Jude. Später wollte er dann Christ werden, aber nicht weil er nicht mehr Jude sein wollte, sondern weil er Christus liebte. Damals konnte man einigermaßen unbeschadet Jude sein und reich dazu. Von dem „Hepp! Hepp, Jud!", das die anderen Kinder meinen Schwestern nachriefen, wußte ich nichts, ich ging ja noch nicht zur Schule.

Um 1874 geschah in Deutschland nichts Bedenklicheres, als daß unverhältnismäßig viele Dichter geboren wurden. Das freilich ist immer ein alarmierendes Zeichen, denn wenn die alle einmal so 20, 30, 40 Jahre alt sind, dann wollen sie ja alle etwas zu dichten haben, etwas zu klagen, zu leiden, Lob- und Jubeljahre machen Bücher nicht voll und fett. Man kann das also leicht vorhersagen: Wenn viele Dichter geboren werden, dann müssen in 30, 40 Jahren die übelsten Katastrophen geschehen. Wenn man sie nur erkennen könnte gleich in der Wiege, die neuen Dichter, man könnte ihnen Schilfrohrkörbchen flechten und sie auf dem Nil aussetzen oder einem anderen Fluß, man könnte sie wilden Tieren zum Fraße vor- oder sie rechtzeitig ins Feuer werfen. Aber – würde das die Welt verbessern? Was wenn die Katastrophen nach 40 Jahren trotz der rechtzeitig gemordeten Dichter ausbrächen? Und keine Verse wären da, keine Reime, die das Ungeheuerliche wenigstens in Strophen auffangen, der Nachwelt in die Lesebücher druckten, die lernt's dann auswendig, behält die Reime, vergißt das Unglück, ach, vielleicht doch, vielleicht hätte man mich doch rechtzeitig verbrennen sollen, ich hätte es kaum bemerkt, immer war mir diese Welt zu kalt – auf welche Weise hätte ich mehr, hätte ich weniger gelitten? 60 Jahre später brannten meine Bücher.

Als ich fünf Jahre alt war, brannte nichts als der schwarze Knopf in meiner Hand und die Sehnsucht nach Josephs buntem Rock in meinem Herzen und die Eifersucht in denen seiner Brüder, die den beneideten Liebling des Vaters nach Ägypten verkauften, die ein Schaf schlachteten und den bunten Rock mit dessen Blut tränkten und dem Vater sagten: „Sieh, ist das nicht Josephs Rock? Das ist alles, was wir von ihm fanden. Ein wildes Tier muß ihn gefressen haben."

Wußte ich, daß der bunte Rock, den ich mir erträumte, den ich um mich schlang, in dessen Ärmel ich schlüpfte, den ich am Hals verschloß mit einem schwarzen Knopf, nachtschwarz mit goldenen Punkten, mit goldenen Punkten wie Sterne, wußte ich, daß die leuchtenden Farben durchtränkt waren vom Blut eines Schafes, beschmutzt vom Verbrechen der Brüder? Ich wußte es, aber ich dachte nicht daran. Sonst wäre der Traum von Josephs buntem Rock nicht der schönste und der von Pauls Glatze nicht der böseste meiner Träume gewesen.

(Else Lasker-Schüler wurde 1869 in Wuppertal geboren. Ein paar mehr oder weniger glaubwürdige Hinweise von ihr selber sind die Grundlage dieser Geschichte aus ihrer Kindheit. Der alttestamentliche Joseph war schon früh eine zentrale Gestalt in ihrem Leben. Sie wird ihn später Jussuf nennen und wird selber als Prinz Jussuf von Theben auftreten.)

Nina Neumann

wurde am 28. Januar 1946 in einem kleinen Dorf in Tschuwaschien (Rußland) geboren. Sie besuchte das Gymnasium und studierte nach dem Abitur in Moskau am Institut für Energetik. Nach der Absolvierung der Hochschule arbeitete sie zuerst in Aprelevka bei Moskau und zog 1978 nach Riga. Dort leitete sie als Diplomingenieurin eine Abteilung der städtischen Architekturverwaltung.

In Riga vervollkommnete sie ihre bereits im Schulunterricht erworbenen Kenntnisse der deutschen und englischen Sprache, war im Deutsch-Lettischen Kulturverein aktiv und nahm an den deutschsprachigen Kultursendungen des Rigaer Rundfunks teil.

1996 siedelte sie nach Deutschland über und lebte bis zum Sommer 2000 in Ludwigshafen am Bodensee, seither in Hagnau. Nun intensivierte sie ihre bereits in Lettland begonnene Beschäftigung mit der deutschen Literatur und begann, Lyrik in deutscher Sprache zu schreiben.

Sie veröffentlichte Gedichte in mehreren Anthologien und war Kreis-Siegerin im Lyrikwettbewerb des Landes Baden-Württemberg 1999.

Altes Foto

Breitästige, silberne Weide,
darunter ein lachendes Kind
und eine Ziege.
Vergangene Zeit,
eingefangen im Bild.

Die silberne Weide
gefällt,
die Ziege – verkauft?
Geschlachtet?

Nur das lachende Kind
ist noch in mir,
verborgen,
wie die kleinste russische Puppe
in der Matrjoschka.

Großvater

Meinen Großvater
kannte ich nicht.
Ich weiß nur,
er war ein Bauer,
hatte acht Töchter und
einen Sohn,
den liebte er über alles.

Eine Peitsche trug er bei sich
und gebrauchte sie oft.

Zehn Jahre
war meine Mutter,
als er ihr
Mantel und Bücher wegriß,
sie mit den Worten:
„Frauen haben
lange Haare und
kurzen Verstand,
dein Bruder muß lernen"
ins Zimmer einsperrte.

Ihr Leben lang
trauerte sie
um ihren zerbrochenen Traum.
Ärztin hatte sie werden wollen.

Uns, ihren Kindern,
sagte sie: „Lernt,
lernt auch für mich,
laßt meinen Traum
in euch
Wirklichkeit werden."

Mein Erbe

Einer Brachdistel gleich,
die der Wind durch die Wüste rollt,
treibt mich das Schicksal
durch Länder und über die Meere.

Rußland war meine Wiege,
Lettland meine Geliebte,
Deutschland ist mein Altweibersommer.

Kein Verrat oder Haß,
Liebe hat mich entwurzelt,
in die Fremde gelockt.

Alles, was ich besitze,
ist in mir,
und ich trage es über die Erde.

Meine Liebe
zu allem was ist
und was war
ist mein einziges Erbe.

Fremde Länder

Fremde Länder,
fremde Gesichter.
Ihren Geist,
ihren Rhythmus,
ihren Schmerz
spürst du nicht.

Eine andere Welt
ist verborgen
in verwinkelten Gassen,
hinter den Häuserfassaden,
lächelnden Mündern.

Wie in einem Film
bist du hier,
ein Statist,
der nur teilnimmt.

Kairouan

Vielleicht war ich zu müde
oder noch nicht bereit
dich in mein Herz
aufzunehmen.
Nur meine Augen
bewunderten deine Moscheen,
antike Säulen,
jede eine Geschichte,

Mosaikfußböden
aus römischer Zeit,
Kachelwände,
mit zarten Mustern,
als ob der Frühling sich
hierher verirrte und
seine Blumen
über die Wände
verstreute,

draußen den Farkhan, wo
in der brennenden Sonne
unter weißen Steinen,
deine Heiligen
den Ruf Allahs
erwarten.

Tunis, Medina

Labyrinthe,
Sackgassen,
bunter Menschenstrom,
Stimmengesumm,
Geschrei, Gekicher,
guten Tag,
bonjour madame,
luki, luki,
prüfende Augen,
Gerüche,
Gewürze,
Silberglanz, Goldglanz,
Seide, Teppiche,
Tausend und eine Nacht
am hellichten Tag.

Malia

Hier in Malia
kannst du glücklich sein.
In der Taverne „Wunderbar"
gibt es „Be Happy"-Cocktail.

Föhn

Wenn die Berge
hinter dem glitzernden See
herangerückt sind, dann

strecke die Finger aus,
berühre die Gipfel.

Wenn die grelle Sonne
die Augen dir frißt,
die Bläue
des Himmels
dich badet,
deinen Kopf
mit eisernen Klammern umschließt,

nenn es
das Alter oder
der Föhn.
Es ist egal.

Dein Tag wird geschlachtet.

Walter Neumann

Am 23. Juni 1926 in der vom Bremer Bischof Albert von Buxhoeveden 1201 gegründeten Ordens- und Hansestadt Riga, der Hauptstadt Lettlands, geboren, spürte ich schon früh das schwierige, aus nationalen Gegensätzen resultierende, Verhältnis zwischen Deutschen und Letten, das sich auch auf uns Kinder auswirkte. Wir trugen grüne Schülermützen, die Letten hingegen blaue. Trafen Grün und Blau aufeinander, gab es Schlägereien, die nicht selten ins Gefährliche ausarteten. Doch trotz mancher Ängste fühlte ich mich in diesem Land geborgen. Die ersten dort verbrachten 13 Lebensjahre haben mich nachhaltiger als alles andere geprägt.

Bitter war es für die Deutschbalten in ihrer starken, auf siebenhundertjähriger Tradition beruhenden Heimatverbundenheit, im Herbst 1939, als Hitler und Stalin Osteuropa unter sich aufteilten, ins kriegführende Deutschland umsiedeln zu müssen. Meiner Familie wurde im okkupierten Polen die ebenfalls alte Ordens- und Hansestadt Thorn, die Geburtsstadt Kopernikus', als Wohnort zugewiesen. Zum Abitur an der Kopernikus-Oberschule kam es nicht mehr, denn im Frühjahr 1944 wurde ich zum Militär einberufen. Nach manchen schlimmen Erlebnissen geriet ich 1945 in amerikanische Kriegsgefangenschaft, aus der man mich im Herbst 45 nach Bielefeld entließ.

Dort lebte ich vierundvierzig Jahre und war in verschiedenen Berufen, als Hilfsarbeiter, Dolmetscher, Maurer, Techniker und Bibliothekslektor, tätig. 1964 übernahm ich die Leitung der legendären Bielefelder „Autorenlesungen im Bunker Ulmenwall" und arrangierte 1980 eine dreimonatige, vom Kultusministerium in Auftrag gegebene, „Internationale Arbeitszeit für Autoren".

Stipendien sowie Mitgliedschaften im Verband deutscher Schriftsteller und im PEN machten Exkursionen ins westliche und östliche Europa sowie nach Afrika möglich und verhalfen zu Freundschaften, Landschaftserlebnissen und politischen Erfahrungen, die für meine literarische Arbeit wichtig wurden und auch Publikationen im Ausland nach sich zogen. Insbesondere knüpften sich Verbindungen zum lettischen Schriftstellerverband. Die Lyrik ist mein Hauptarbeitsgebiet. Erzählungen, Hörspiele, Essays und Kritiken ergänzen es. Seit 11 Jahren wohne ich am Bodensee, einer Region, die für mich eine ideale Symbiose von Kultur und Landschaft darstellt. Wenn man mich nach einer Maxime meiner Arbeit fragte, so würde ich mit dem von Peter Maiwald im Hinblick auf meine literarischen Bemühungen gezogenen Schluß antworten, es komme in ihr „die Menschenfreundlichkeit zur Sprache, und die Unfreundlichkeit der Verhältnisse werde nicht verschwiegen."

Buchveröffentlichungen:
- Biographie in Bilderschrift. Gedichte. Darmstadt: Bläschke 1969.
- Grenzen. Gedichte. Dortmund: Wulff 1972.
- Mots-Clés / Schlüsselworte. Gedichte deutsch und französisch. Paris: Silvaire 1973.
- Stadtplan. Erzählungen. Wuppertal: Peter Hammer Verlag 1974.
- Im Bunker. 100 x Literatur unter der Erde. Anthologie. Recklinghausen: Georg Bitter Verlag 1974.
- Die deutsch-baltische Literatur. Essay. Dortmund: Kulturamt 1974.
- Jenseits der Worte. Gedichte. München: Delp'sche Verlagsbuchhandlung 1976.
- Lehrgedicht zur Geschichte. Gedichte. Frankfurt/Main: Corvus Verlag 1977.
- Im Bunker, Band 2. 50 x Literatur unter der Erde. Anthologie. Duisburg: Gilles & Francke 1979.
- Wir sind aus eurem Glück gestanzt. Autoren und bildende Künstler in der Stadtbibliothek Bielefeld. Anthologie. Bielefeld: Stadtbibliothek 1981.
- Grenzüberschreitungen oder Literatur und Wirklichkeit. Beiträge zur Internationalen Arbeitszeit für Autoren in Bielefeld. Anthologie. Edition „die horen". Bremerhaven: Verlag für Neue Wissenschaft 1982.
- Mitten im Frieden. Gedichte. Berlin: Agora Verlag 1984.
- Janis Rainis: Der Sonnenthron. Gedichte, zweisprachig deutsch und lettisch. Übertragung aus dem Lettischen. Berlin: Oberbaum Verlag 1990
- Ein Tag in Riga / Viena diena Riga. Gedichte deutsch und lettisch. Riga: Asja Verlag 1994.
- Wintergespräch / Zimowe Rozmowy. Gedichte deutsch und polnisch. Warschau: Grapio 1996.
- Der Flug der Möwen. Gedichte. Eisingen: Heiderhoff Verlag 1996.
- Helle Tage. Gedichte. Uhldingen: de scriptum Verlag 1997.
- Eine Handbreit über den Wogen. Baltische Geschichten. Weissach i.T.: Alkyon Verlag 1999.

Rundfunksendungen (Hörspiel, Funkerzählung, Radio-Essay):
- Leon Welliczker Wells, Ein Sohn Hiobs. Westdeutscher Rundfunk 1964.
- Drei Prosastücke. Radio Bremen 1968
- Schreien. Radio Bremen 1969, Hessischer Rundfunk 1974
- Das Spiel des Jahres. 1969
- Ein Fußbreit Leben. 1970

- Sieben Kapitel über die Heimat. 1984
- Ein Weihnachtsfest. 1985. (Alle Radio Bremen.)
- Ein kleines, todesgezeichnetes Land. Bayerischer Rundfunk. 1999.

Lyrik, Kritiken und Features in Radio Bremen, WDR, SFB, Deutschlandfunk, Süddeutscher Rundfunk, Bayerischer Rundfunk, ORF.

Anthologiebeiträge in 85 deutschen und ausländischen Anthologien

Zeitschriften- und Zeitungsbeiträge (Lyrik, Prosa, Essays, Kritiken): ca.1000.

Vertonungen:
- Tage, Stunden und Sekunden. Komponist Gottfried Enders. In: Vorentwurf zum Regionalanhang Niedersachsen/Bremen zum evangelischen Gesangbuch 1989. Hannover 1989.
- Anrufungen I - V. Komponist Urs Pfister. Uraufführung St. Gallen 17.9.2000.
- Vier Lieder für Alt und Klavier nach Texten von Walter Neumann, Op. 117. (Das Gras in den Steppen. Memorial. Schon hat die Zeit sich geändert. Insel.) Komponist: Friedward Blume. Überlingen 2000.

Auszeichnungen:
1968 und 1975 Auslandsreisestipendien
1981 Andreas-Gryphius-Förderpreis
1989 Eichendorff-Literaturpreis

Was Gedichte schreiben heißt

Nachrichten geben
von den Kämpfen des Tages,
von deiner und meiner
Subjektivität.
Erkenntnisse einbeziehen,
die eigenen und die
durch Hörensagen erworbenen.
Anzweifeln das Gewicht eines Steins,
den man dir vor die Füße warf,
herausfinden, wer es war,
der ihn warf.
Die Tür öffnen
der Phantasie, begreifen,
daß Phantasie ein abstraktes Wort ist, dagegensetzen ein Wort
aus der Liebessprache
oder der Sprache, die im Dunkel
des Hungers gesprochen wird.
Den Schicksalsfaden
mit dem Zwirnsfaden verflechten,
an dem dein Jackenknopf hängt.
Nicht fliehen,
weder vor einem Schein,
noch vor einer Wirklichkeit.
Wort mit Wort verknüpfen
zu einem Netz, dauerhaft wie aus Hanftau,
darin sich die Welt fängt
und frisch hält
und befühlt werden kann,
so lange sie atmet.

Brief

Jenseits von Cyberspace, Internet
ist das Modernste ein Brief,
mit der Hand geschrieben,
befördert in Jutesäcken
in pferdegezogenen Kutschen,
vorzugsweise auf Landwegen, Waldwegen,
ausgeliefert dem Unglauben
aller Banditen.

Gewiß wird der Kutscher
die lange Fahrt
nur mit Schnaps überstehen.
Er braucht ja kein Terzerol,
er braucht auch nicht wach zu sein
– geraubt werden heute nur Autos,
entführt nur Flugzeuge –, das Pferd
findet den Weg schon allein.
Nur tränken muß er es, füttern
und striegeln.

Der Brief,
etwas verknittert,
schwer von Erwartung, vom Geruch
des Hafers, des Schnapses, der
umgestürzten Kalesche,
liegt wie ein Goldstück
in der Hand des Empfängers oder
modern ausgedrückt:
wie EINE MILLION.

Es bleibt noch die Frage der Schiffstransporte
nach Übersee, in die Staaten,
oder des besonderen Briefes
an den Kaiser von China.

Epistel

Jeden Tag eine neue
Epistel.
Bald an den Großmogul,
der sich wiedereinmal
vergriffen im Ton
(alle denken wie er, nur reißen
sie nicht das Maul so weit auf),
bald an den Hauswirt,
weil seine Bootsplane flattert
wie eine blaue
Fahne im Wind,
bald an den rebellierenden Sohn,
an die Katze, die
uns nicht gehört.
Jeden Tag
eine Epistel
an den lieben Gott,
ob er noch existiert,
und wenn ja,
wir ihm nicht
bis zum Hals stehn.

Sprich nun, Gott

Sprich nun, Gott, dein
Machtwort,
daß es vernehmlich klänge
in Abrahams Glocke, im
Gehäus des Hieronymus,
bei Päpsten und Luthern,
aber verschone uns
ganz gewöhnlichen Leute
mit unseren schwindenden Renten, ausgeliefert der ärztlichen Kunst,
die an uns schaurig verdient, bevor
sich die Orkustür öffnet.
Trinke noch eins mit uns, Gott,
feinen, trockenen Roten oder
lieber den Selbstgebrannten. Deine Kehle,
ausgepicht durch das ständige Menschenschlucken,
sicher verträgt sie das schärfste Gesöff.
Skol! Sela! Psalmenende! Das hab ich
geklaut, weil ich nicht weiß,
wie man sich von dir verabschiedet,
Gott.

Fernsehn

Wünschen Sie einen Drink?
Wodka mit Whisky?
Punsch oder Bowle,
wie es das Fernsehn uns vormacht?
Nein danke, doch Rotwein,
aber nur trocken, ganz trocken,
wenn Sie den hätten?
Natürlich! An unserer Bar
ist niemand verloren,
bis einer den Colt zieht,
wie es das Fernsehn uns vormacht.
Das war dann ein Schicksal, da gings um das Gold
der Sierra Madre oder um
Nachbars Katze, die bellt
den ganzen Tag, das ist
mit Whisky und Gin
nicht aufzuwiegen,
da hilft nur ein Schuß,
wie es das Fernsehn
uns vormacht.

Das Echo der Totenstille

Disparates entsteht unter seiner Feder,
die er führt wie ein Maler den Pinsel,
ein Steinmetz Meißel und Hammer,

dem Universum Gleichendes
mit seinen leuchtenden und erloschenen Sternen,
oder, anders gesagt,

Zusammengesetztes aus Sterben und Leben,
den unauflöslichen
Komponenten des Seins.

Melodien, Erklärungen, Farben
entnimmt er ohne Bedenken
den ehrwürdigen Arsenalen.

Alles erlaubt er sich

um seinen Paukenwirbel
über die Welt erschallen zu lassen,
und dann

dem Echo
der Totenstille
zu lauschen.

Goethes Bildnis über meinem Tisch

Unter deinem Blick
arbeite ich ruhig.
Vor deinem lebendigen Auge
schweige ich und schreibe.

Peter Renz

Je älter einer zu werden beginnt, umso mehr möchte er absehen von Einzelheiten. Die Erinnerung pflegt ein Selbstbild, dem die nackten Daten nicht beikommen. Dennoch, einiges bleibt: ein Geburtsdatum: 8. Juni 1946 in Weingarten, eine Landschaft (Oberschwaben), in der man die meisten Jahre verbracht hat: Schulzeit, Lehrzeit, Studium. Stationen eines Kreuzwegs, an dessen Ende man glaubt, Schriftsteller werden zu können, erste Publikationen: zwei Romane zu Beginn der 80er Jahre: „Vorläufige Beruhigung" und „Die Glückshaut". (Im nachhinein klingen die Titel wie ein Programm. Der Spagat zwischen Kunst und Leben hält jeden Entschluß in der Schwebe.) Danach: Zu viele Nebenwege, zu viele Vertröstungen auf später. Also: Verleger und Lektor für einige Jahre; aber auch: Ein erstes Theaterstück (1991), Drehbücher für Filme, Hörspiele, Arbeiten fürs Fernsehen (1993-96). Alles nur, um das Eigentliche zu ermöglichen: Den nächsten Roman. Läßt auf sich warten. Ungeschriebene Bibliotheken. Dazwischen ein paar Perlen der Ermunterung: Preise (Bodensee-Literaturpreis 1981, zusammen mit Hermann Kinder), Stipendienden: Deutscher Literaturfonds, New York-Aufenthalt 1986/87). Als Mitglied des PEN verschämt in der Ecke sitzen. Warten auf den nächsten Roman. Zuvor nur noch: Ein paar öffentliche Reden. Auftritte für andere, Ratschläge für junge Autoren. Die 90er: Jahre der Selbstvertröstung. Aber erfolgreich. Aufgelistet als Daten-Reihe kann einem das Leben erscheinen wie die Verwirklichung eines Plans. Aber das täuscht. Demnächst ein neuer Roman.

Nita

Keines der Zimmer in der kleinen Wohnung konnte verriegelt werden. Nitas Kindheit und Jugend war daher beherrscht gewesen von einer unabschließbaren Offenheit, durch die unaufhörlich eine voluminöse aber quirlige Mutter ihren Geschäften nachging. Nur der traumlose Schlaf hatte Nita befreit von ihrer Allgegenwärtigkeit. Ganz früh einmal hatte sie ihren kindlichen Körper erlebt als den heimlichen Ort, an dem sie sich dem unausweichlichen Zugriff entziehen konnte. Über Stunden, Tage hatte sich der stumme Kampf zwischen Mutter und Tochter erstreckt, während das kleine, rothaarige Mädchen auf dem kalten Blechtopf saß und nichts von sich hergeben wollte. Doch diesen ersten Versuch, sich in das Zimmer ihres Körpers zurückzuziehen, indem sie ihre Exkremente bei sich behielt, hatte die Mutter mit Macht vereitelt: mit geriebenen Äpfeln, getrockneten Pflaumen und endlosem Niederhalten auf dem Topf hatte sie Nitas „Starrsinn" gebrochen. Das Kind war „sauber" geworden, bevor es sprechen konnte. Dank der stolzen Ungeduld der Mutter war Nitas Gefühl von Reinlichkeit fortan verbunden mit einer insgeheimen Entmachtung des Selbst.

Als heranwachsendes Mädchen mit kastanienroten Zöpfen und weichen, großen Lippen erlebte sie ihren Körper erneut wie ein Zimmer, das sie nun doch erfolgreich verschließen konnte vor den zudringlichen Blicken junger Männer. Später, nachdem sie Josef begegnet war, beeindruckte sie nichts so sehr wie seine Geduld, mit der er vor dem Zimmer ihres Körpers wartend ausharrte, jahrelang. Seine schier unendliche Geduld erschien ihr als das Pfand seiner Liebe. Nur in ihren Träumen wurde sie eingeholt von geöffneten Schubladen, Koffern, die nicht zu schließen waren und weithingestreckten Tälern, über die sie in schwindelerregender Höhe dahinflog. An diesem Nachmittag nun fand sie sich im Traum eingekeilt in einer großen Menschenmenge am Hafen von Genua wieder: Es riecht nach der salzigen Feuchte des nahen Meeres, die riesigen Fährschiffe zu den Inseln schwanken im hellen Sonnenlicht. Josef und Adrian winken schon von der Reeling, während ein Offizier am Kai immer noch Nitas Paß in der Hand hält und Fragen stellt.

Warum sie ausgerechnet nach Sardinien wolle? Sie beteuert, aus gesundheitlichen Gründen in heißes Klima zu müssen, sieht dabei, wie die Ladebrücke an Ketten hochgezogen wird, die mächtigen Haltetaue des Schiffes gelöst werden, und erst als sie unter Tränen androht, ins Meer zu springen, wird sie durchgelassen. Doch sie darf nicht auf die große Fähre, von der herab Josef und Adrian, umringt von Menschen, auf sie herabsehen; sie muß unter den Blicken aller in ein winziges Boot steigen, das an einer Leine auf den Wellen neben dem Schiff hertreibt: Wie eine Nußschale auf dem bitteren Meer des Öffentlichen.

*

In der Ferne zog die erste zaghafte Bläue über den Horizont und versprach einen neuen Tag, den sie nicht mehr erleben würde. Sie stand an der Brüstung der pultartigen Plattform und sah hinab auf die vier metallisch schimmernden Gleise, die vom jenseitigen Ufer des Flusses in weitem Bogen über die steinerne Brücke zu ihr heranführten und direkt unter ihr in der schwarzen Höhlung des Tunnels verschwanden. Niemand hätte ihren Schmerz ermessen, das wußte sie, niemand die große Leere, die sich in ihr auszubreiten begann, seit sie hier oben stand, wo sich hinter ihr auf dem sanft ansteigenden Hügel der klassizistische Bau des kleinen Schlosses Rosenstein erhob, umgeben von einer weitläufigen Parkanlage mit mächtigen alten Buchen und Ahornbäumen, die im fahlen Morgenlicht standen, gleichgültig gegen die Zeit, die unaufhörlich verstrich. Wie viele Minuten noch, bis er kam? Keine Ewigkeit mehr, kein Morgen, nie mehr ein Blick durch die Fenster des Schlosses, um das sie vorher noch gegangen war, mit einer schon fremd gewordenen Neugier sah, wie sich die lebensgroßen Tiergestalten dort langsam aus dem Dämmerlicht des frühen Morgens schälten, der massige Körper eines Elefanten, der aufgeschnittene Riesenleib eines Bartwals, mit ihren Lippen hatte sie das kühle Glas der Scheiben berührt, wie um etwas von der ungeheuerlichen Wahrheit dieser Leiber zu schmecken, die sich nach und nach im Zwielicht des Museums zeigten, als wollten sie ihr noch einmal wie einem Vorzeitmenschen der Steppe auf seiner Pirsch erscheinen: ein Mammut, Löwen, Leoparden, Gazellen, und - natürlich - die mächtigen Greifvögel mit ausgebreiteten Schwingen. Sie schienen wie unter ihrem Blick erstarrt, als spürten auch sie etwas von der bevorstehenden Entscheidung, als hielten sie für diesen Moment den Atem an, da der ihre sich warm als feiner Schleier auf die Scheibe legte, ja, sie hatte immer schon das versteckte Pathos solcher Momente geliebt, zusammen mit ihm (der nun dort unten, nicht weit von hier, im warmen Bett lag, mit ihr), dessen Bild sich eingegraben hatte, ein beseelt und ahnungslos Schlafender, unterwegs in der Ferne eines Traums, während sie hier im kühlen Morgen das erstarrte Abbild der Schöpfung betrachtete, die lebensecht ausgestopften Tiergestalten, empfindungslos, wie sie bald sein würde, auch wenn sich nun ungestüm noch einmal ihr Körper meldete, dieses weiche, unglaubliche Gebäude ihrer Sehnen und Muskeln, gehalten von einem Gerüst aus Knochen, ähnlich diesem Skelett eines eiszeitlichen Jägers, das dort hinter Glas einem uneinholbar Gewesenen nachspähte, wie sie nun ihrem Leben, das sie immer mit ihm, immer an seiner Seite gelebt hatte, und von dem nun erstmals ein Schleier wich, hinter dem die Ahnung einer großen Einsamkeit aufstieg, einer immer schon während strengen und kühlen Einsamkeit, die sie etwas vom Rausch des Freiseins spüren ließ, das ihr bevorstand und sie wie eine bestürzende Klarheit überfiel, angesichts der glänzenden Peitschenstränge der Schienen unter ihr, über denen sich ein Gewirr von Oberleitungsdrähten zog wie ein Spinnennetz, hinüber in weitem Bogen spannten zum jenseitigen Teil der Stadt, hinter der im Osten der Morgen heraufdämmerte.

In unerfindlichen Abständen schoß unter ihr auf einem der Gleise ein Zug der Stadtbahn oder gar ein Fernzug heraus, kaum merklich angekündigt durch leises Beben der steinernen Plattform auf der sie stand und begleitet vom eigentümlichen Zischen der gestauten Luft, die der Zug vor sich her aus dem Tunnel trieb, dann wieder rollte von drüben auf einer anderen Schiene ein rasch wachsender Zug im weiten Bogen über die Brücke heran, direkt auf sie zu, um mit tosendem Lärm unter ihr ins Tunnel zu fahren.

Sie hatte längst das Gefühl für die verstreichende Zeit verloren, nur der Rhythmus der unter ihr ins Tunnel rauschenden oder aus ihm herausschießenden Züge beherrschte sie. Ihr unerfindliches Kommen und Gehen verschmolz zu einer maschinenartigen Bewegung, die irgendwann, bald, diesen unerbittlich weiterlaufenden Film ihres Lebens zerschneiden würde, fertig, Licht aus, Welt aus, es war ja nur ihre Welt, die verschwinden würde für immer, eine Welt, in der sie noch immer mit aller Schwerkraft ihrer Sinne wurzelte, hier in der Gegenwart dieses Morgens, der vor ihr im Osten der Stadt heraufdämmerte mit einer Gleichgültigkeit, gegen die ihr trotziger Mund ein letztes Mal auflachen wollte, ein wehes Lachen, das sich in die Brust verschloß, sich dieser Welt schon nicht mehr zuwenden wollte, nach innen gekehrt in das grenzenlose Blau, das dort heraufzudämmern begann, aber kein Morgen zu werden versprach, sondern die Ankunft des Nichts.

*

Schweißüberströmt erwachte Nita. Rings um sie her hatte die grünblaue See gewogt wie der gläsern-flüssige Leib eines riesigen Tieres. Das Seil von ihrem Boot zum Schiff war immer dünner und länger geworden, bis die Fähre weit am Horizont fast ihren Blicken entschwunden war. Sie hatte zu schreien begonnen, als auf den Wellenkämmen die Schüler ihrer Klasse auftauchten und sich scheinbar mühelos über Wasser hielten. „In den Ferien findet kein Unterricht statt!" rief sie ihnen zu, doch da schrillte unbarmherzig die Pausenklingel so laut, daß sie sogar das ferne Schiffshorn übertönte. Nita lag halb aufgerichtet im Bett und horchte in die Stille des Nachmittags, in die jeden Augenblick wieder das Rauschen des Meeres einzubrechen drohte. Sie fühlte dabei ihre ganze Anspannung hinter der verschlossenen Tür auf einmal gegen jene Bezichtigung ihrer Mutter gerichtet, mit der diese schon immer das Schlimmste angeprangert hatte: „Vor aller Augen!" Kein Vergehen war für sie verwerflicher gewesen, als etwas Ungehöriges in aller Öffentlichkeit zu tun. Nita spürte diesen Aufschrei der Mutter noch einmal auf sich lasten wie an jenem Morgen, an dem sie mit dem schweren Koffer am Arm im Streit aus dem Haus getreten und unter den Blicken der Nachbarinnen quer über die Straße zur nahen Bushaltestelle gegangen war, wo sie eine endlose Zeit stehen mußte, bis sie den rettenden Bus besteigen konnte, der sie zum Bahnhof brachte. Vor aller Augen hatte sie sich für das unerhörte Versprechen eines Lebens entschieden, das in den Köpfen und Leibern jener Nachbarinnen längst verloschen war und jetzt für kurze Dauer als wilde, schmerzliche Versuchung wieder aufglühte. Unter dem Fluch der Mutter hatte ihr einsamer Gang in dieser Straße des neidvollen kleinbürgerlichen Verzichts den Geruch des Verwerflichen hinterlassen wie eine unauslöschliche Spur. An jenem Morgen war sie schuldig geworden. Es war ihr, als müsse sie sich durch diesen Traum an eine Verantwortung erinnern, die seither auf ihr lastete wie ein Fluch, eine Schuld, die sie auf sich genommen hatte, aber sie hatte vergessen, wofür. Ihre Erinnerung spülte ihr nur das Bild wässrig blauer Briefe heran, Briefe von Josef, in denen ihr dieser vor langer Zeit aus München geschrieben und ein Meer aus Lust versprochen hatte, das sie beide erwarte, eine unbekannte Flut, in der sie lieber ertrunken wäre, als sich der Mutter zu beugen. Sie konnte diese beiden Gedanken an Lust und Schuld nicht verbinden, aber sie hatte das Gefühl, sie gehörten so sehr zusammen, wie das beängstigende Bild ihres Traumes mit dem im weiten glasblauen Meer dahintreibenden Boot nicht zu trennen war von der Gewißheit, dort draußen nie wirklich verloren zu sein.

(aus meinem in Arbeit befindlichen Romanmanuskript)

Peter Salomon

1947 wurde ich in Berlin geboren.
Seit 1972 lebe ich in Konstanz.
Beim ersten Treffen der „Autorengruppe westlicher Bodensee" in den 70er Jahren war ich dabei.
Seit 1969 etliche literarische Aktivitäten und Passivitäten, vor allem als Lyriker; jetzt freier Schriftsteller.
Ich war Mitbegründer, Autor, Redakteur und zuletzt Mitherausgeber der Konstanzer Literaturzeitschrift „Univers" (1974-1981).
Seit 1992 Herausgeber der „Reihe REPLIK-Autorenporträts aus dem Abseits der Moderne", bisher 9 Bände.
Ich bin Mitglied des PEN.
Von meinen lieferbaren Büchern will ich diese nennen:

- Wind kriegen. Gedichte. Eggingen, Isele 1988
- Der Herr am Nebentisch. Gedichte. Eggingen, Isele 1994
- Manfred Bosch (Hrsg.): Welches Verfallsdatum haben wir heute? Ein Porträt des Dichters Peter Salomon als 50jähriger. Eggingen, Isele 1997.
- Die Natur bei der Arbeit. Gedichte vom See 1974-1999. Eggingen, Isele 2000.

Eigentlich wollte ich in dieser Anthologie meine neuesten Gedichte mit regionalem Bezug vorstellen. Da diese aber nun fast zeitgleich in dem o.g. Sammelband erschienen sind, kommen hier die neuesten „überörtlichen" zum Druck.

Der Darm meiner Muse

In mir sind ein Rhythmus und eine bestimmte Frequenz:
Die Sprache und vor allem die Stimmen
Von Leuten die in einem Anwaltsbüro
Dem Anwalt ihre Probleme vorbeten.

Ich will mich nicht erinnern worum es ging
Auf keinen Fall. Aber nicht vergessen
Lassen sich Sprache und Tonfall des Unglücks
Der Menschen – und das Geräusch das entsteht

Wenn man es wenden will. Ich spreche
Vom Darm meiner Muse und seiner Peristaltik –

Nach dem Eisenbahnunglück

Noch auf der Intensivstation muß der Gerettete
Ein erstes Interview geben.
Die Bilder verlangen eine sprachliche Untermalung.
Die Bilder sind das Wichtigste, die Sprache
Muß strukturiert und unauffällig gemacht werden.

Abgestreifte Latexhandschuhe hängen in den Büschen
Am Bahndamm, Kunststoffverpackungen von medizinischem
Einmalmaterial sind verstreut neben den Schienen.
Ich sitze zuhause am Bildschirm und bemühe mich
Um anlaßunabhängige Kommunikation.

Hat der Gerettete wirklich etwas gesagt?
Habe ich es verstanden oder vergessen?
Schaltete ich das Gerät ab? Und warum gebe ich
Keine Antworten? Immerhin schrieb ich
Dieses Gedicht. Mehr gibt es nicht zu sagen –

Herzschmerzen

Der erste heiße Tag im Mai.
Am Himmel hohe Cirruswolken
Von Düsenflugzeugen gemacht.
Ich fahre rückwärts
Durch die Sommerlandschaften:
Ortenau, Hegau, Bodensee –
Kenne schon alle sehr lange
Denke daran wie es war
Als sie jung und neu waren
Für mich. Herz war noch gesund
Und ich war sehr schnell
Im Auto laute Musik.
Mit Anhaltern gab es harten Sex.
Alles schien sehr einfach
Die Gedanken waren voll
Genialer Gefühle, man war
Dabei Dichter zu werden.
Nun tut das Herz weh –

Die alte Dame ist erschöpft

Die alte Dame ist erschöpft.
Sie hat den Grabstein abgewaschen
Und dann Schneckenkörner gestreut.
Denn Schnecken, wenn sie den Stein
Besteigen, machen klebrige Spuren

Auf dem Granit, auf der Schrift.
Ab jetzt aber sterben die Schnecken
Vorher unten auf der Erde.
Das Grab soll schön sein.
Die alte Dame ist erschöpft –

Rottweil

Heute war ich in Rottweil als Zeuge.
Früher einmal fuhr ich im Zug vorbei
Und sah das Verbrechen.
Rottweil ist blind und kann nicht sprechen

Und ich habe alles vergessen.
Richter und Staatsanwalt fragen.
Es war in Rottweil
Heute und in früheren Tagen –

Ortenau

Das ausgekühlte Rebland badet im Urin des Mondes.
Vom Tannenhof krachen Böllerschüsse die Berge herunter.
Der Eingeweihte weiß, was dies bedeutet.

Eine Mischung aus Wolken und Qualm
Außer Kontrolle geratener Müllfeuer sinkt ins Tal.
Im Ort funkelt altgewordene Weihnachtsbeleuchtung;

Man fragt sich, Fichten mit Lichtern drauf, wieso?
Es ist Ende Dezember in Sasbachwalden.
Ich lebe noch und will mich erfrischen.

2.
Böiges Tauwetter, Äste knarren im Wind. Ist es
Schön, durch den Schonwald für Forschung und Lehre
Zu stapfen? Auf einer Lichtung wird tief gegraben

Die Interessengemeinschaft der Holzschutzmittelgeschädigten
Fördert Skelettteile zu Tage. Erde, man kann sie
Graben, aber kann man sie auch vergessen –

Der Fernsehmann Edward Windsor spricht:

Es war sehr mutig Fernsehproduzent zu werden.
Du mußt genau im richtigen Moment da sein.

Es ist sehr stressig. Alle sitzen herum, und
Du mußt genau das Richtige tun.

Besonders wenn Du in einer Fabrik drehst.
Du hast die Sache noch nicht im Kasten

Und jeden Moment kann die Schicht beginnen.
Dann kommst Du richtig ins Schwitzen.

Morgens machen wir immer ein Brainstorming.
Das macht viel Spaß. Wir sprechen

Auch in der Familie über meine Firma. Ich
Will mich nicht unbedingt für Wohltätigkeit

Engagieren. Ich habe auch so genug zu tun –

Der Geschäftsführer spricht:

Ich, der Geschäftsführer der Fa. „KoKo-Entertainement"
(KoKo steht für „Konstanzer Komiker") habe schon
Die Wartemusik am Telefon erfunden.

Gerne arbeite ich auch als Behindertenassistent.

Das ist mein Programmvorschlag für
Das Kartell Lyrischer Autoren: Jedes Gedicht
braucht mindestens 5 Strophen. Nur so
Lassen sich genügend Werbeblöcke plazieren
Ohne die Gedichte sich nicht rechnen.

Und das sollte die Forderung der schwulen
Eiskunstläufer sein: Beim Paarlaufen und Paartanz
Muß es auch gleichgeschlechtliche Paare geben!

Sie sehen: Strategien, durchsichtig wie die
Luftlöcher in Transparenten – und schön und
Notwendig wie eine Wasserpistole.

Leider immer das Gefühl von Glaswolle innen
Zwischen Schädeldach und Hirn.
(Vielleicht sind das Die Freien Radikalen)?
Oft auch ein Speichelsturz.
(Sollte ich eine Meßskala für Speicheleinheiten erfinden)?

Im Ernst, ich will nicht zum Brüllen
Komisch sein. Viel lieber arbeite ich
Mit der Repeat-Taste –

Alte Tomate

für W. C. W.

Alte Tomate, kalt und glänzend
Zwei Wochen „nachgereift"
Im Kühlschrank –
Ich habe sie wirklich gegessen.

Sie war noch so gutaussehend
Und so fest im Fleisch.

Aber es war ein Fehler.
Sie schmeckte nach nichts. Und
Sie machte einen harten Magen!

Der Fisch

Der Fisch riecht nicht nach Fisch.
Nur der Tod riecht nach Fisch
Wenn er als Fisch auf den Tisch kommt
Und nicht mehr ganz frisch ist.

Wir mögen nicht den alten Tod.
Wir wollen ihn frisch, denn
Dann riecht er nicht nach Fisch
Dann essen wir gerne den Fisch –

Durch die Bergwelt

Zwei Leute nebeneinander, vielleicht „Ein Pärchen"
Jedenfalls miteinander verbunden durch Gespräch
Gehen vor mir oder hinter mir her.
Ich höre sie murmeln. Dann
Als sie mich überholen oder ich sie überhole
Höre ich den Satz: „Ich hab das
Ganz anders gemeint".
Der Sprecher ist bös enttäuscht. Er wird
Nicht verstanden, oder er kann sich nicht verständlich machen.
Dann sind sie vorbei
Oder ich bin vorbei, jedenfalls
Außer Hörweite –

Den Rest kann ich sehen:
Er hebt die Hand vor die Bergwelt
Ein selbstgestrickter Fäustling, auf der
Oberseite mit Norwegermuster. So
Macht er sich einen kleinen Schatten.
Auch ich kriege noch etwas ab.

Da kommt es mir in den Sinn:
„Alles um mich rum ist Altes Zeug"!

Sibylle Schäfer-Hoffmann

Geboren wurde ich in Heilbronn am Neckar im Juni 1953. Ich wuchs unter einer gläsernen Kuppel in Harmonie und Doppelbödigkeit auf. Die Weingärten, die den ganzen Osten, große Teile des Nordens und Teile im Südosten der Stadt einsäumen, sind mir heute so wichtig wie in meiner Kindheit und Jugend. Während meiner Schulzeit verbrachte ich ein Jahr in einer Highschool in Pitsfield, Massachusetts (USA). Nach dem Abitur 1972 folgte eine Ausbildung an der Pädagogischen Hochschule in Freiburg i. Br., danach übte ich knapp drei Jahre lang den Beruf einer Grundschullehrerin aus, scheiterte jedoch letztendlich. Anschließend jobbte ich, machte meine ersten Versuche mit Theater in einem Laboratorium in der Toskana.

Danach Auswanderungsversuch nach Griechenland. 1980–83 Studium der Spiel- und Theaterpädagogik und Unterricht an verschiedenen Institutionen in Maskenbau und Maskenspiel. Gemeinsam mit dem Maler Werner Mönch machte ich szenische Lesungen und Performances für Galerien, die Straße und für Spelunken. Szenische Lesung mit Texten von Konrad Bayer im Club Voltaire, Tübingen; Theaterproduktion „Die Visionen des Hl. Antonius", Liechtensteinhaus Tübingen; szenische Lesung im Literaturkreis Biberach mit Texten von Arthur Rimbaud und Isidor Ducasse „Die Gesänge des Maldoror-". Mitarbeit bei einer Kindertheaterproduktion im Landestheater Tübingen. 1983 Auswanderungsversuch nach Schwarzafrika, Beschauung der Heiligen Haine der Yorubas. 1985 Umzug auf die Alb und Gründung der Galerie Oya. Beteiligung am großen Straßenfest der Stadt Tübingen mit einem Maskenspiel, Symposium mit Absolventen der Akademie Stuttgart, Klasse Brodwolf und mit Karin Sander in der Galerie Oya. 1986 Fortsetzung des Symposiums im Wasserschloß in Glatt am Neckar; ich inszenierte dort eine eigene Lesung mit Texten von Sarah Kirsch und mir selbst. Szenische Lesung für die Vernissage von Uli Reiter (Forum Junge Kunst) in Stuttgart/Fellbach. 1987 Ausstellung „unsichtbare Bilder", Werner Mönch; Performance; Mitwirkung an der Reutlinger Kassette und im Arbeitskreis der Autoren und Künstler Reutlingens, Mitwirkung bei der Literatour in Reutlingen, Veranstaltung mit Theophil Maier von Ex Voco in der Galerie Oya. Lesung zum zehnjährigen Bestehen der Reutlinger Bibliothek. 1992 szenische Lesung eigener Texte in der Galerie Bleichstetten auf der Schwäbischen Alb. Mutterschaft mit Teresa. Umzug von der Alb in die Gemeinde Hohenfels, Teilnahme am Literarischen Forum Oberschwaben in Wangen.

Bordtagebuch II

Abgeheftet säumt sich
das Ackerland
gesiebte Sandstücke
verschollener Küsten

Dort
felsige Wunden
die kein Wasser umspült

Bordtagebuch III

Elbflussin du
Deine Schulterkuppeln
umsäumen mich du Anschmiegsame

Ein An-dir-entlang-gleiten möglich
Deine Lagunen!
Bei dir verschütte ich meine Tränen
kehrwärts unter Regengüssen
und stummen Winden

Borkum I

Seine Ernte
ausgespült
an seinem Saum
Muschelsplitter
und Welle bricht
vor meinen Augen
Gischt schäumt

Ich bleibe
bei Sturmmöwen und Lachmöwen
Am Hafen groß die Ziffern
Nordkraft

Borkum II

Metallisch blau
dabei elefantengrau
der Horizont
der sich auftut
im Halbkreis

Schritte geraten ins Maß

Das Salz
in meinem Gesicht
In der Luft
die Brise
bei Segellicht

Atras

Wie gut!
Dies Weiße zu nehmen
und hantieren mit Blau
Dort eine Kiesbank
ein Fluß
in den Gesichtsfurchen
eine Winterschwalbe
und ruhig das Gras
über schwarzer Nacht
die quadratisch und schweigt

Ich saß Stunden
in der Sandsteinschlucht
zermalmte Süßgras
zerdrückte sein Gesicht
im Lehm
überließ seine Füße
dem Schlamm
dem Maulbeerbaum seine Brote

Moorlied

Da waren noch Tage
ich zehrte von ihrem Glück
bin ich doch immer wandernd im Kopf
und mich sehnend nach Schnee
mein einziges Noch-Sehnen
steht doch eine ruhigere Zeit an
als wären die Wasser kleiner geworden
und zum Weltenraum hin verbände ich mich

Ach meine Füße
ein Stolpern in meinen Füßen
da zieht's mir die Füße weg
und die Wege sind doch so weit und viel
die noch zu gehen sind

Meine große Liebe ist tot
höre ich dich nicht singen die Nacht
so höre ich die Käuze nicht
die Schwäne sind längst vorübergeflogen
die Weiher weiß nicht was Sumpf ist was Moor
das Reh ist mir fremd wie eh und nie

Ach lebte ich doch mit den Grillen

Kautschuk

Ruckzuck macht der Kautschuk
etwas hat mich angeschuckt
ein Mittschnitt von Blau
dieser Sommer –
mit seinen Händen
sind auch seine Füße
– ein Morgenrot
– ein Pappelwald

Still war es
und nicht nur das:
Steinufer in der Kuckucksschneise
die Scheibe des Mondes:
eine Mandarine

Sind's Drehmomente
im Linksherum

Reinhard Schmid

1948	Geboren in Geiselharz bei Wangen/Allgäu
1955-68	Grundschule Amtzell/Gymnasium Wangen
1968-74	Studium der Volkswirtschaftslehre und Politik in Tübingen und Regensburg (Dipl.-Volkswirt), danach längerer USA-Aufenthalt
1975-76	Überraschender Einzug zur Bundeswehr, nur für 3 Monate dank eines Freundes. 1. Schreibphase. Käsereiarbeit im elterlichen Betrieb wegen einer schweren Krankheit meines Vaters
1977-79	Aufbaustudium Wirtschaftspädagogik in Mannheim/Heidelberg
1980-82	Referendarzeit in Stuttgart
1982-dato	Lehrer in Friedrichshafen/Kaufm. Berufsschule. 2. intensivere Schreibphase beginnt/Prosatexte und Erzählungen entstehen
1986	Schwarzer Freitag: unsere selbstausgebaute Mühle brennt fast völlig aus. Bis auf einen kleinen Rest geht alles Geschriebene verloren; das gerade fertiggestellte Manuskript plus sämtliche Notizen sind weg
1986-88	Frustrierende 3. Schreibphase: Versuche des Nachschreibens alter Texte scheitern
1988-95	Mein erster Roman „Die Unwucht" entsteht. Veröffentlichung im Herbst 1995 in der Edition Isele
2000	Der Prosaband „Homo Zapiens" erscheint, ebenfalls in der Edition Isele

Doppelter Hochzeitstag

Natürlich war er wieder zu spät gekommen. Natürlich hatte sich noch einer unangemeldet dazwischen geschoben. Mit ernstzunehmenden Beschwerden, versteht sich. Natürlich hatte er den nicht abweisen können. Natürlich, natürlich. Was ist schon ein zwanzigjähriger Hochzeitstag, der zudem noch auf einen hundsgewöhnlichen Werktag fällt, einen grauen Montag, gegen akute Gleichgewichtsstörungen oder Herzrasen oder sonst etwas. Ein privater Termin gegen soziale Verantwortung.

Es sei schließlich nicht ihre Idee gewesen, diesen Tag zu feiern. Er habe es gewollt. Er. Nicht sie. Sie wisse sowieso nicht, was es da eigentlich zu feiern gebe. Jetzt gleich gar nicht mehr. Die Erinnerung an diesen verkorksten Tag damals könne es wirklich nicht sein. Und daß man es so lange miteinander ausgehalten habe, müsse einen auch nicht gerade in Jubelstimmung ausbrechen lassen. – Dennoch, fuhr sie nach einer kleinen Weile in beinahe weinerlichem Ton fort, sie habe sich wirklich sehr gefreut über seine Idee, mit ihm mal wieder richtig schön essen zu gehen, nur sie beide. In einem gemütlichen Lokal sitzen und einfach schön essen und reden. Nichts weiter. Sie habe sich wirklich sehr gefreut. Wann habe man dafür zuletzt noch Zeit gefunden. Das sei schon ziemlich lange her.

Aber dann komme er gleich wieder geschlagene fünfunddreißig Minuten zu spät. Lasse sie hier einfach sitzen und warten, ohne Benachrichtigung, als ob sie nichts Besseres zu tun habe. Die Leute hätten sich schon nach ihr umgedreht. Schließlich habe jeder sehen können, was hier ablaufe. Ob ihm eigentlich immer noch nicht klar sei nach zwanzig Jahren, daß sie sein Verhalten als pure Mißachtung ihrer Person empfinde, auch als ein Stück soziale Verantwortungslosigkeit. Wo bleibe da sein sonst doch immer von ihm selbst so gehätscheltes Verantwortungsgefühl. Ob es etwa nur für seine Patienten reiche? Dann pfeife sie auf ihre Beziehung. Mit Patienten würde er jedenfalls nicht so umspringen. Da sei sie ganz sicher. Da bringe er unendliches Verständnis auf und absolute Zuverlässigkeit. Aber jetzt sei Schluß damit, sie habe es einfach satt, ständig auf ihn zu warten, sich nach ihm zu richten. Oh, wie sie es hasse, durch seine verdammte Unzuverlässigkeit immer wieder in diese blöde Rolle der keifenden Ehefrau gedrängt zu werden. Als eine Person dazustehen, die ständig etwas einzuklagen hat. Immer mit der Uhr in der Hand, ihm seine Verspätungen vorrechnen zu müssen. Eine wirklich tolle Rolle.

Wieder machte sie eine Pause und holte tief Luft. Sie schaute jetzt ausgiebig nach links und rechts, um die lästige Neugier an den Nebentischen etwas abzuwehren und fuhr dann mit betont ruhiger Stimme fort. Er lerne es wohl nie, seine Patienten zu erziehen, Aber wahrscheinlich wolle er es ja auch gar nicht anders haben. Vermutlich ziehe er aus der Bewunderung durch seine Patienten, die nicht zuletzt mit seiner jederzeitigen Verfügbarkeit zusammenhänge, gerade das besondere Lebensgefühl, das er brauche. Da habe sie eben keinen Platz. Er müsse entschuldigen, aber für sie habe das nichts mehr mit normaler ärztlicher Pflichterfüllung zu tu. Das sei schon eher eine Krankheit bei ihm. Jawohl, eine Krankheit. Vielleicht sollte er sich selbst einmal in eine Therapie begeben. Er brauche gar nicht den Kopf zu schütteln. Sie meine das ernst.

Warum er eigentlich die ganze Zeit nichts sage. Natürlich, das sei wieder typisch, immer dasselbe Spiel. Wenn sie ihm mit ihren weiß Gott berechtigten Vorwürfen komme, dann lasse er einfach wie ein kleiner Junge den Kopf hängen und sage nichts mehr, rühre sich nicht. Mit ihm könne man einfach nicht reden. Beschissen finde sie das. Richtig infantil. Aber mit der Tour komme er bei ihr jetzt nicht mehr weiter. Das könne sie ihm mit Bestimmtheit sagen.

Sie verschränkte jetzt energisch ihre Unterarme, schüttelte nochmals kräftig den Kopf und versuchte grimmig an ihm vorbeizuschauen. Er saß immer noch wortlos da, mit hängendem Kopf. Der mitgebrachte Strauß roter Rosen lag vor ihm, aber er hielt ihn nach wie vor in seiner Hand. Es sah aus, als hielte er sich daran fest. Erst jetzt traute sich der Ober an den Tisch, grüßte höflich, brachte eine passende Vase mit, nahm die Getränke auf und fragte, ob er das bereits mit der Tischreservierung geordete Essen gleich servieren könne. Zum Glück mußte man jetzt nicht noch auswählen. Man war bereits beim Dessert – es gab Mousse au chocolat nach Art des Hauses –, als man wieder zu einer dürftigen Unterhaltung gefunden hatte. Man konnte sich zwar noch nicht richtig anschauen, aber es war doch von beiden Seiten das Bemühen zu spüren, den Abend einigermaßen friedlich über die Runden zu bringen. Da trat plötzlich ein ziemlich beleibter Herr mit grobschlächtigem Gesicht und Halbglatze von der Seite auf die beiden zu. Die Frau kannte ihn offensichtlich nicht. Ein Blick auf ihren Mann aber erklärte alles. Noch bevor der Herr irgendetwas sagte, zog er umstandslos einen Stuhl vom Nebentisch herüber und setzte sich einfach dazu. Da schaue er aber, der Herr Doktor, ballerte der Mann schließlich los und grinste übers ganze Gesicht, als ob er eben einen ehemaligen Klassenkameraden getroffen hätte. Seine glasigen Augen verrieten, daß er schon einiges getrunken hatte. Er verstehe, daß der Herr Dokter überrascht sei. Schließlich sei diese feine Pinte nicht gerade sein Stammlokal. Aber er und seine Frau hätten heute Hochzeitstag, einen runden, versteht sich. Die Zahl verrate er besser nicht. Ja und da habe er sich eben kleinkriegen lassen. Schließlich müsse man ab und zu halt mal etwas Besonderes für seine Frau herauslassen, um sie bei Laune zu halten, grinste er jetzt wieder auf diese ätzende Art beiden entgegen, als wüßten sie selbstverständlich, wovon er rede.

Obwohl er für einen kurzen Moment seinen Redefluß unterbrach, reagierte keiner von beiden. Offenbar hatte es ihnen die Sprache verschlagen vor so viel Frechheit und dumpfer Selbstherrlichkeit. So fuhr der Mann schnell fort, aber jetzt doch mit deutlich gedämpftem Ton. Sein Gesicht verfinsterte sich zusehends. Er müsse ihm, dem Herrn Doktor, wo er ihn doch gerade zufällig sehe, unbedingt etwas erzählen. Er habe nämlich Blut im Stuhl. Seit mehreren Tagen habe er Blut im Stuhl. Dabei schaute er drein, als müsse bei dieser Mitteilung die ganze Welt aufhorchen. Und er fühlte sich daher nur bestätigt, als der Frau in diesem Moment der

Löffel scheppernd in den Teller zurückfiel. Sein Schwager Alfons habe auch Blut im Stuhl gehabt und sei vier Wochen später tot gewesen. Nun, er wolle deshalb nicht gleich in die Hosen machen, er sei bestimmt kein ängstlicher Mensch. Er wolle nur schnell von ihm, dem Herrn Doktor, wissen, ob er sich darüber Sorgen machen müsse, oder ob das wahrscheinlich nur mit seinen Hämorrhoiden zusammenhänge.

Jetzt wurde es dem Angesprochenen aber doch zu bunt. Und während er ängstlich zu seiner Frau hinübersah, sagte er höflich aber bestimmt, daß morgen auch noch ein Tag sei. Er solle sich keine Sorgen machen. Wenn er morgen in seine Praxis komme, könne er mehr dazu sagen.

Kurz nachdem der glatzköpfige Mann sich mit einem Guten-Appetit verabschiedet hatte, schob die Frau ihren Dessertteller barsch zur Seite und stand wortlos auf. Es tue ihm alles leid, aber das sei doch dieser Meyer gewesen, der ihnen ihren neuen Volvo besorgt hätte über Direktimport, weit unter dem Listenpreis, sagte er noch hilflos. Aber da war sie schon verschwunden.

(aus: „Homo Zapiens. 50 Geschichten." Edition Klaus Isele, Eggingen 2000)

Katrin Seglitz

1960 geboren in München
1979 Abitur und Praktikum beim Piper-Verlag
1980 Studium der Neueren Deutschen Literatur, Philosophie und Kunstgeschichte in München
1980-81 Paris-Aufenthalt, Studium der französischen Literatur an der Sorbonne
1981-84 Fortsetzung des Studiums in München, Schwerpunkte: Theater der Gegenwart, Literatur der Avantgarde, DDR-Literatur
1984-88 Wechsel nach Tübingen, Fortsetzung des Studiums, Besuch der Schreibseminare bei Prof. Walter Jens. Abschluß des Studiums im Winter 1988 mit der Magistra-Arbeit: Widerstand gegen die Entzauberung der Welt. Sagen von Anna Seghers.
15.1.87 Geburt von Anna
1991 Heirat
14.8.91 Geburt von Lena
4.11.93 Geburt von Jonathan
1994 Umzug nach Ravensburg

Bisherige Tätigkeiten:
Arbeit als Journalistin für den „Reutlinger Generalanzeiger", Veröffentlichung von Artikeln auch in anderen Zeitungen.
1990/91 und 1991/92 Erteilung von creative-writing-Unterricht im Leibniz-Kolleg in Tübingen.
Februar 1989 Lesung im Zimmertheater Tübingen.
November 1989 Teilnahme an den Wiesbadener Literaturtagen mit dem Text „Hochzeitstage im Juli", der im Frühjahr 1990 im Radius-Verlag veröffentlicht wird.
Februar 1991 Veröffentlichung der Erzählung „Liberté im sechsten Stock" in der Zeitschrift „DAS PLATEAU".
März 1991 erscheint die Erzählung „Ein Hirtenlied" in der Anthologie „Schreibschule", hrsg. von Walter Jens, Fischer-Collection.
1991-92 Stipendium vom Deutschen Literaturfonds in Darmstadt für das Romanprojekt „Aufbrechen".
1999 erscheint die Erzählung „Der Schatten des Häuptlings" in der Reihe „Fragmente" der Literarischen Gesellschaft Karlsruhe.
2000 erscheint die Erzählung „Alles plus eine Tomate" in der Reihe PASSAGEN im Uhldinger de scriptum-Verlag.
Seitdem Lesung in verschiedenen Städten, Zusammenarbeit mit KünstlerInnen aus dem bildenden Bereich, Teilnahme am Literarischen Forum Wangen etc.

Biogra Fische: 1960 aus dem Meer geholt. In München aufgewachsen. Zwischen Hella-Brunn und Isar. Freundschaft mit Goldfischen, Zitteraalen und Katzenhaien. Forellen auch. Und zarten pumpenden Schleier-Quallen. Wohnorte im späteren Leben: Die Seine. Der Neckar. Die Schwarzach. Zur Zeit zieht's mich zur Spree. Zu den Pfützen der Berliner Trottoirs.

T zum Beispiel

Wann ist es denn so weit? Eine Frage, die anfangs interessiert, dann drängend und schließlich so gestellt wird, daß ich sofort merke: der Frager hat aufgegeben. Er glaubt nicht, daß noch was draus wird. Daß rauskommt, was so lange drin bleibt. Auch ich zweifle manchmal daran. Obwohl ich spüre: es wächst. Wird schwerer. Drückt, wenn ich mich setze. Wenn ich stehe. Wenn ich gehe. Wenn ich liege. Ich kann mich kaum noch bewegen. Ist es ein Lamm? Ein Kalb? Ein Elefant? Hat es ein Fell? Eine Haut? Einen Panzer? Oder Federn? Erste Wehen. Kurz vor Tagesanbruch, zwischen vier und fünf Uhr. Es geht los! Nein, doch nicht. Die Wehen hören wieder auf. Jede Nacht Wehen. Zwischen vier und fünf Uhr morgens. In der sechsten Nacht kehren die Wehen regelmäßig wieder. In immer kürzeren Abständen. Es tut weh! Verdammt, niemand hat mir gesagt, daß es so weh tut! Sanfte Geburt! Ich lache! Ich würde lachen, wenn es nicht so weh täte! Es zerreißt mich! Es muß ein Elefant sein! Im Kindbett gestorben, ich hab's im Ohr noch. Ich will nicht sterben! Es drückt! Hör auf, drück nicht so! Du bist zu groß, zu dick, du kannst da nicht raus! So muß Sterben sein. Es drückt heraus, ob du willst oder nicht. Das Leben. T. T drückt und wird gedrückt. Die Fruchtblase platzt, heiß rinnt es zwischen meinen Beinen. Da kommt was. Ich seh was. Ist das der Kopf? Wie soll der Kopf da durchgehn, durch das enge Loch! Hilf mit! Pressen! Nochmal! Ja! Jajaja! sagt die Hebamme. Neinneinnein! schrei ich. Jajaja! Neinneinnein! Dazwischen: ein kleiner quakender Laut.

T ist da! Ich kann nicht mehr. Ich kann mich noch gar nicht freuen. Die Hebamme legt mir T auf die Brust. Ich spüre den kleinen Körper auf meinem Körper. Ich sehe den kleinen Kopf, mit Käseschmiere noch und Blut und feuchten Ringelhaaren. Es rudert mit dünnen Armen und langen Fingern, keine Begrenzung mehr, kein schützender Raum, frei liegt es und die Nabelschnur abgeklemmt.

Ich lege T an die Brust. Zuerst kommt nichts. Drei Tage kommt nur ganz wenig. Vormilch, die sehr nahrhaft. Wie angestaute Ideen.

Aber dann muß es fließen, wann kommt es in Fluß, wann endlich, nie wird es kommen, aus dieser Brust kommt nichts. Dann plötzlich ist sie geschwollen, so heiß und prall, daß ich nicht mehr auf dem Bauch liegen kann. Mit blau durch die weiße Haut schimmernden Adern und sehr viel Milch. T trinkt: durstig, hastig, verschluckt sich. T ist ungeübt im Trinken. So wie ich ungeübt im Stillen. Es schmerzt, wenn T saugt, anfangs. Wir müssen uns erst aneinander gewöhnen. T schreit. Warum schreit T? T entwickelt ein Eigenleben, T hat Verdauungsprobleme, ein Wort fügt sich ans andere, andere fallen unter den Tisch. Der Mülleimer füllt sich mit vollgekackten Windeln, vollgeschriebnen Blättern. Eine klare Linie. Vom ersten Tag an. Feste Zeiten, wann gestillt, wann gebadet, wann T schlafen soll. Aber T hält sich nicht dran. Plötzlich ausbreitendes Grinsen, Irrlichtern des Mienenspiels. Darf das sein, muß das rein? Es muß draußen bleiben, zugunsten einer eindeutigen Sinnstiftung, zugunsten stiftgerader Mi(e)nen. Die erneut abbrechen. T schreit. T krümmt sich. Ich hebe T hoch, klopfe sacht den Rücken. T stößt auf, eine Blase Luft löst sich aus dem verhärteten Bauch, die Gesichtszüge entspannen sich, das Rot weicht, helles Leuchten, die Fäuste winkeln sich wieder hoch zum Kopf. Statt wie gerade eben noch ausgestreckt runtergedrückt herauszupressen, was nicht heraus will.

Vierzig Wochen Schwangersein. Es dauert weitere drei Monate, bis die schlimmsten Koliken überstanden sind. Bis die ersten Zähne gewachsen, und die Milchzähne wieder ausgefallen. Bis die Trotzphasen überstanden und die Pubertät. Wann ist T erwachsen? Wann kann T auf eigenen Beinen stehn? Noch nicht. Noch immer nicht. Ich komme kaum aus dem Haus. Ich schränke ein, was ich sonst gemacht habe. Gehe nur selten ins Kino. Bin tagsüber müde, weil T auch in der Nacht kommt. Habe Unlustgefühle T gegenüber. T hält mich vom Leben ab. Ich muß mich noch um anderes kümmern! Wie ist T überhaupt in mein Leben gekommen? Wollte ich T? Wie kann ich T wieder loswerden? Ich schiebe T ab. Gebe T aus dem Haus. Soll eine andere sich um T kümmern. Ab ins Internet. Je mehr Eltern, desto besser. Pluralität!

Ich vermisse T. T fehlt mir. Ohne T ist das Leben leer. Ich hole T zurück. T ist wieder bei mir. Ich bin froh. T krabbelt am Boden. T interessiert sich für alles, was ebenfalls krabbelt. T ist Ameisen- und Käferspezialist. Auch Schnecken findet T spannend. Ich trage T, ich herze T, ich übe fliegen mit T. Wär ich doch immer so geduldig. Aber manchmal verliere ich die Geduld. Manchmal brülle ich T an, weil T nicht das macht, was ich will. Weil ich noch was anderes zu tun habe, als mich um T zu kümmern. Weil T Nein sagt. Nein. Nein. Nein.

Ich werde Teilnehmerin einer Eltern-Kind-Gruppe. Um nicht mehr so allein zu sein mit T. Um mich mit anderen Eltern auszutauschen. Mir Mut zusprechen zu lassen, wenn ich nicht mehr weiter kann. Wir haben Glück, der Hausherr einer Burg stellt uns einen Raum zu Verfügung. Da ist die Zugbrücke, drunter der Burggraben, links der See, rechts die Stadt, vor uns das Tor, durchs Tor hinein in die Burg, unter Hirschgeweihen durch, an Ritterrüstungen vorbei, hoch zu den privaten Gemächern. Ich trage T im Tragetuch, später auf dem Arm, und dann springt T selbständig die Stufen hoch. Zu dem Treffen. Mit den andern Eltern. Und deren Kindern. Da kommen sie. Wie schön, euch zu sehn! Hallo! Die Eltern begrüßen sich. Buggies und Kinderwagen nähern sich, einer zieht einen Leiterwagen! Alle lächeln. Alle freuen sich.

Die Eltern, die sich auf der Burg treffen, sind aufmerksame Eltern. Fortschrittliche Eltern. Eltern, die ihre Kinder lieben. Der Tisch ist gedeckt, nun setzt euch erstmal. Plaudern, lachen, hinsetzen. Einen Blick werfen aus dem Fenster: da unten liegt der See. Reihum wird für das Essen gesorgt. Jeder bringt eine Flasche Wein mit. Erstmal wird gespachtelt. Das Brot wird gelobt und der Käse. Die Oliven. Die Trauben. Der Wein ist auch nicht schlecht. Was bekommen die Kleinen? Säfte werden ausgepackt. Gläschen mit Brei. Erste Diskussionen entstehen, wo welche Säfte gekauft werden. Wie die Qualität ist. Welche Ernährung geeignet. Und wie die Erziehung aussehen soll. Muß. Wo die Schwerpunkte liegen. Kinder müssen alles lernen, was heute zu lernen ist. Sagt einer. Man kann sich den neusten Erkenntnissen der Wissenschaft nicht verschließen. Es gehe doch vielmehr um emotionale Intelligenz, sagt ein anderer, um Gefühle. Wärme. Liebe. Raum lassen, sagt ein anderer, Schweigen. Es wird immer zuviel gewollt und zuviel geredet. Viele der Anwesenden haben bereits erwachsene Kinder. Die immer mal ins Spiel gebracht werden. Ein kleiner Hinweis auf die Kinder, die schon aus dem Haus sind. Die inzwischen für sich selbst sorgen können. Und mehr als das. Die gefragt, beliebt und gern gesehen sind. Die Eltern dieser gelungenen Kinder haben die Grundsatz-Diskussionen schon hinter sich. Dachte ich anfangs. Aber das stimmt nur zum Teil. Und es bedeutet auch nicht, daß sie sich einig wären in Grundfragen der Erziehung. Das wurde beim letzten Treffen deutlich. Vielleicht, weil ein gemeinsamer Ausflug geplant war. Und nur eine begrenzte Anzahl Kinder mitgenommen werden konnte. Sie würden mit anderen Kindern zusammentreffen. Aus anderen Städten, Gegenden, aus unterschiedlichen Bundesländern. Man wäre nicht nur für das eigene Kind verantwortlich, sondern auch für die Kinder der anderen. Einige Kinder sind ja ganz passabel, aber dieses ist doch sehr mickrig... Man müßte doch mal klären, welchen Mindestanforderungen die Kinder zu genügen haben. Wir brauchen eine Jury! Wer soll in der Jury sitzen? Ausschließlich die Eltern, die schon auf Erfolge in der Kindererziehung verweisen können? Aber Erfolg ist nicht gleich Erfolg! Und wer weiß, was aus den jüngeren Geschwistern der Erfolgreichen wird. Die jüngeren stehen so unter Vergleichs-Druck, daß sie oft kläglich versagen. Warum gibt es überhaupt eine Teilnehmer-Begrenzung!? Sollen doch alle mit! Alle sollen auf den Spielplatz dürfen! Von jeder Mutter und jedem Vater darf mindestens ein Kind dabei sein. Dieser Vorschlag ist einerseits erleichternd, andererseits doch ein wenig zu großzügig. Denn bei aller Sympathie, aber das Kind von X ist... Nein, wir wollen die Eltern nicht verletzen! Eine kleine kritische Anmerkung nur: dieses Kind wird pausenlos gefüttert. Überall ist zuviel dran. Spricht er von T? Eine Freundin sagte neulich zu mir: meinst du nicht, daß T ein wenig dick ist? Dick? wiederholte ich fassungslos. Unförmig irgendwie, sagte sie. Unförmig? T ist weder dick noch unförmig!! – verletzter Löwenmutter-Stolz brüllte aus mir.

Dieses Kind dagegen ist schlank. Kein Gramm zuviel. Unterernährt, wenn du mich fragst. Drahtig, sagt der Vater stolz. Voller Energie. Dahinten wuselt ein Haufen kleiner Kinder! Sie sind wirklich sehr klein. Geradezu winzig. Man braucht eine Lupe, um sie zu sehen. 500 habe er mitgebracht, sagt der junge Vater stolz. In kürzester Zeit produziert. Das glaub ich gern, sagt ein anderer. Schon sind wir mittendrin, im heimlichen und unheimlichen Vergleichen. Da drüben sind Kinder, ebenfalls klein, aber mit sehr fein ausgebildeten Gliedmaßen. Alles stimmt. So sollten Kinder heutzutage aussehen! Aber seht euch dieses Kind an! Sechs Arme statt zwei! Du hast dir wohl die indischen Götter zum Vorbild genommen! Entschuldige, und dein Kind...! Ich will ja nichts sagen, aber daß du gewagt hast, es mitzubringen! Mißraten! Ein Zwerg! Ein Zwerg? Das nimmst du zurück! Wo ist denn dein eigenes? Ist es ein Riese? Es muß ein Riese sein! Zu groß, als daß du es mitbringen könntest! Wir haben es immer noch nicht gesehen! Erst fliegen Worte, dann Brote, dann wird zu den Waffen gegriffen. Die reichlich an den Wänden hängen. Lanzen aus dem Jahr 1435. Schwerter, am Knauf ziseliert. Der eine schlägt dem andern ein Ohr ab. Der rächt sich mit einem Stich in den Oberarm. Die Kinder verdrücken sich. Ein Glück, sonst würde sich der bethlehemitische Kindermord wiederholen. Die Waffen klirren, Blut fließt, die Wut ist groß.

Endlich lassen sie ab voneinander. Einer holt Verbandszeug, tupft Jod auf die Wunden und sagt beschwichtigend: aber im Grund sind wir uns doch alle einig. Der falsche Satz, leider. Unzulässig besänftigend. Die Unterschiede verwischend. Die Gefechte gehen erneut los. Bis die ersten die Waffen niederlegen. Die Stühle näher an den Tisch rücken, den Schweiß abwischen und Wein nachschenken. Laßt uns nochmal zurückkommen auf die Auswahl... Vielleicht sollte man sich darauf einigen, nur die älteren Kinder mitzunehmen. Diejenigen, die gelungen sind. Diejenigen, die sich sehen lassen können und schon gesehen wurden. Diejenigen, die zu den Treffen gar nicht mehr mitgenommen werden? Leben die überhaupt noch? Das sind doch gar keine Kinder mehr. Die sind doch schon alt! Uralt! Böse Blicke. Nein, nicht schon wieder Streit! Aber im Grund, sagt einer, und alle wissen was kommt und brüllen im Chor: sind wir uns doch alle einig. Ja, sagt er, ich bin froh, daß ihr es endlich verstanden habt. Es ist doch so, wir sitzen alle im selben Boot. Sagen wir mal: in derselben Burg, sagt ein anderer. Aber jeder im eigenen Turm, sagt eine dritte. Ich geh jetzt, sagt ein vierter. Auf Wiedersehn, sagt ein fünfter. Wer weiß, sagt ein sechster.

T wartet draußen auf mich. Ich bin erschöpft, lädiert, die Rüstung drückt, durch den schmalen Seh-Schlitz im Helm sehe ich kaum was. Im Gehen werfe ich die Rüstung Stück für Stück von mir. Es scheppert auf dem Kopfsteinpflaster. Hinunter, abwärts, zur glitzernden Wasserfläche! Immer war ich glücklich am Meer. Und IM Meer. Am Meer hat die Liebe begonnen, deren Kind T wurde. Ich habe mich weit entfernt von den Liebesnachmittagen, weit, zu weit. Vom Meer zur Burg. Nun ist der andere Weg zu gehen: von der Burg zum Meer. Ich atme die frische Seeluft ein. Bin am Ufer, entrüstet und entkleidet. Werfe mich ins Wasser. Spüre meinen Körper, meine Lebendigkeit, meine Kraft. Lange Schwimmzüge, Brust, Kraul, das Wasser strömt durch die Haare, um meinen Kopf.

T steht am Ufer. Ich hab T ganz vergessen! T kann ja noch gar nicht schwimmen! Ich muß T Schwimmen beibringen! Ich zeige T, wie man schwimmt. Wir üben täglich. Aber T hat Angst. Vorm Wasser. Hat Angst davor, unterzugehen. Beweg doch mal deine Arme! Und deine Beine! Gleichzeitig! Wie ein Frosch. Siehmal, ein Frosch... T ist nicht begabt. Ich bin enttäuscht. MEIN Kind kann nicht schwimmen! T schreit. Ts Po hängt tief im Wasser. Zu tief. Und der Kopf zu weit zurückgelegt. Der Kopf fast gänzlich im Wasser versunken, nur die Nasenspitze ragt noch raus. T verschluckt sich. T japst nach Luft. Ich ziehe T aus dem Wasser. T hat blaue Lippen. T klappert mit den Zähnen. Ich rubbel T ab. Gebe T etwas Heißes zu trinken. Schade. Schwimmen ist doch so schön. Entspannend. Ich muß mich wohl damit abfinden, daß T nicht schwimmen lernen wird. Immerhin hat T laufen gelernt.

Wir fahren nach Hause. Die Schule fängt an. T will nicht in die Schule. T will nichts mit anderen Kindern zu tun haben. Ist T Autist? Beziehungsgestört? T interessiert sich nur für sich selbst.

Aber in der Burg, da gab es doch einige Kinder, mit denen du dich gut verstanden hast, oder? Es dauert, bis T gern zur Schule geht. Bis T zum erstenmal Kinder mit nach Haus bringt. Und Sprüche, die fremd in Ts Mund klingen. T hat einen besten Freund. Das freut mich. Aber T hat auch Feinde. Neulich auf dem Spielplatz wurde T geschubst. Ein anderes Kind biß T in den Arm. T weinte. Ich hatte gehofft, ich könnte T vor diesen Erfahrungen bewahren. Ich fürchte um T. Ich sehe, daß T sich nur schwer durchsetzen kann. Ich versuche, T zu verteidigen. Aber irgendwann muß T sich allein verteidigen können.

Dann der Wandel: T wehrt sich. T schlägt zurück. T schlägt ein Kind, das T nichts getan hat. T reißt das Maul auf. T ist ein Angeber. Ein Aufschneider. T lehnt sich gegen alles auf, was ich für richtig halte. T zieht tagelang durch die Gegend. Und legt sich in jedes Bett. T läßt sich auf alles ein. T probiert alles aus. Was soll aus T werden...

T geht. T sagt: ich brauch dich nicht mehr! T schließt die Tür hinter sich.

Ich bin allein. Da ist das Zimmer von T. Leer. Aber die Wände: voll mit T. Kritzeleien. Fotos. T als Baby, erste Schritte von T, T mit lockigen Haaren. Die weiche Haut von T, ich möchte sie nochmal riechen, spüren. Ts Wange an meiner Wange! Vorbei. Vorbei. T braucht mich nicht mehr. Aber vielleicht brauche ich T? Keine Möglichkeit, T zurückzuholen. Von Tag zu Tag wird T fremder. Was wird T aus seinem Leben machen? Ich muß auf andere Gedanken kommen. Ich werde reisen. Allein. Mich soweit wie möglich von T entfernen. Noch weiter. Ich lege die größtmögliche Distanz zwischen mich und T. Jetzt bin ich T los.

Gerade als ich das gedacht habe, steht T neben mir. Erwachsen. Wie schön, T zu sehen. So groß. So schön. So fremd. Kaum zu glauben, daß T mal in meinem Bauch war. Kaum zu glauben, wieviele Windeln T vollgekackt hat. Setz dich, sag ich. Laß uns ein wenig reden. Ich bin nicht allein, sagt T, das ist meine Liebste. Und das sind unsere Kinder. Hinter den Ecken der Häuser springen sie hervor. T hat Kinder! Eins schielt, eins hinkt, eins hat nur ein Ohr, aber was soll's. Sie bewegen sich. Umkreisen mich und laufen wieder davon.

Monika Taubitz

Am 2. September 1937, also beinahe genau zwei Jahre vor Ausbruch des Zweiten Weltkriegs, wurde ich in Breslau geboren. Mein Vater leitete in Markt-Bohrau – einer größeren Marktgemeinde in Niederschlesien – eine der beiden Volksschulen. Alte Fotos übermitteln Bilder einer Familienidylle in friedlich ländlicher Umgebung. Jedoch griff auch hier wenig später die Herrschaft des Nationalsozialismus mit Härte zu. Mein Vater, der weder in die Partei eingetreten war, noch auf seinen Organistendienst verzichtet hatte und dessen Frau nicht Mitglied der NSDAP-Frauenschaft werden wollte, war fortan als Schulleiter nicht mehr tragbar und wurde degradiert. Im Frühjahr 1941 erkrankte er an einer Lungenentzündung und starb daran, weil das nötige Penicillin wegen der Kriegsfronten nicht beschafft werden konnte.

Meine Mutter zog mit mir nach Breslau. Ich genoß meine Großstadtkindheit; wenige Wochen nach meiner Einschulung wurde die Hälfte des Schulgebäudes zum Lazarett umfunktioniert, und ich war wieder frei. Mit heftiger einsetzenden Bombenangriffen verließen wir die Stadt und zogen in unser Haus in der Grafschaft Glatz, die noch im tiefsten Frieden zu liegen schien, bis eine Panzerreparatur-Werkstätte uns Kinder wieder aus der Schule verdrängte und uns aus der Sorglosigkeit unseres Daseins riß.

Nichtabreißende Flüchtlingstrecks kündigten winterlang auch hier den baldigen Zusammenbruch an. Im Mai 1945 begann mit dem ersehnten Ende des Krieges und der Hitlerdiktatur eine neue chaotische Gewaltherrschaft der Sowjets, den marodierenden Resten der Roten Armee. An meinem siebten Geburtstag zogen Polen ein; die alten Ortsschilder wurden durch neue mit polnischen Namen ersetzt, Wohnungen, Häuser, Höfe enteignet, deutsche Kinder durften ihre Schule nicht mehr betreten. Das Lesen- und Schreibenlernen war zum verbotenen Abenteuer geworden.

Im Winter 1946 trieb uns die Miliz mit Gewehren aus den Häusern. Güterzüge transportierten in Viehwaggons die Einwohnerschaften eines ganzen Landes westwärts; pro Kopf zwanzig Kilogramm Gepäck mitzunehmen war erlaubt.

In Nordenham an der Wesermündung trafen wir nach und nach mit insgesamt 7000 Schicksalsgenossen ein; die kleine Stadt war überfordert. Wir besaßen so gut wie nichts mehr und litten über Jahre hinweg an Entbehrungen und Hunger. Unser notdürftiges Dasein in einer engen Dachkammer dauerte für uns volle fünf Jahre. Auf meinem Strohsack hockend begann ich zu schreiben: kleine kindliche Verse, kurze Geschichten, lange Berichte. Mit Tintenstiftstummel auf holzi-

gem Papier, auf Zeitungsrändern. Papier war wie so vieles Mangelware. Meinen Raum in dieser veränderten Welt erschrieb ich mir.
1951 erfolgte endlich unsere Umsiedlung in den Süden Deutschlands. In Eglofs fanden wir unser erstes Domizil, in Wangen im Allgäu das zweite. Nachdem ich meine Buchhandelslehre wegen meines Berufswunsches abgebrochen hatte, besuchte ich das Aufbaugymnasium in Ochsenhausen im Kreis Biberach. Für das reglementierte Internatsleben war ich gewiß nicht geschaffen, aber ich hielt durch. Danach folgte die Ausbildung zur Lehrerin an der heutigen Pädagogischen Hochschule in Weingarten. Meine Schulorte wurden Unterschwarzach bei Bad Wurzach und Ahausen im Altkreis Überlingen. Ab 1965 bis 1997 wirkte ich als Lehrerin an der Grund- und Hauptschule in Meersburg, wo ich auch wohne.
In randvollen Jahren diente ich zwei Berufen. Ich erlebte die Freiheit des „unfreien" Schriftstellers mit ihren Vorzügen und Nachteilen. Meinen Brotberuf liebte ich, er gab mir zudem den realistischen Blick, die Nähe zum wirklichen Leben; Veränderungen der Gesellschaft wurden früh wahrgenommen.
Freude und Erweiterung meines Lebens schenkten mir mein Engagement im Droste-Museum und in weiteren kulturellen Einrichtungen, außerdem meine Lesungen, meine Vorträge und meine Herausgebertätigkeit.
Viele Bücher, viele Reisen führten mir die Welt vors Auge. Das Ende des kommunistischen Regimes erleichterte den immer angestrebten Brückenschlag West-Ost, die Grenzübergänge auch nach Schlesien. Häufigere Besuche dort, gemeinsame Lesungen mit polnischen Schriftstellern sind nun möglich.
Auf viele Themen des Schreibens bin ich während der Jahre gestoßen; sie stellten sich oft ungefragt ein. Es schien notwendig, sie umzusetzen, ihnen Worte zu geben in Lyrik und Prosa, in Erzählungen, Romanen, Dokumentationen und Kurzgeschichten. Ihre Inhalte: die Natur, der Lebensraum, der Mensch in seiner Geschichte, aber auch das Leben der Behinderten, die Euthanasie im Dritten Reich und das Dasein von Minderheiten, deren Schicksal ich selbst eine Zeitlang teilen mußte. Und dann immer wieder Meersburg und der See, „mein" Bodensee.

Mitgliedschaften:
Freier Dt. Autorenverband, Wangener Kreis – Gesellschaft für Literatur und Kunst, Kulturwerk Schlesien, Ostdeutscher Kulturrat, Droste-Gesellschaft, GEDOK u.a.

Auszeichnungen:
Benemerenti 1976, Eichendorff-Literaturpreis 1978, Förderpreis zum Kulturpreis Schlesien des Landes Niedersachsen 1980, Hörspiel- und Erzählerpreis des Ostdeutschen Kulturrates 1981, Preis der Bad Harzburger Literaturtage 1983 u.a.

Buchveröffentlichungen:
- Fallende Sterne, Lyrik 1968
- Fritz-Möser-Kalender, Lyrik 1970
- Schatten über dem Brunnen, Novelle 1971, alle im Martin Verlag, Buxheim
- Schlesien – Tagebuch einer Reise, Prosa und Lyrik 1973
- Probeflug, Lyrik 1974
- Durch Lücken im Zaun, Roman 1977
- Netze werfend, Lyrik 1978, alle vier Veröffentlichungen im Verlag Jerratsch, Heidenheim
- Treibgut, Roman 1983, Quell-Verlag, Stuttgart
- Dir, Spinnweb Zeit, ins Netz gegangen, Lyrik 1983, Delp-Verlag, Bad Windsheim
- Dort geht Katharina oder Gesang im Feuerofen, Erzählung 1984, Thorbecke-Verlag, Sigmaringen
- Schlesien – Blick ins Land, Sachbuch, Bildband 1988
- Reise durch Schlesien, Bildband, 1993/94
- Breslau, Bildband 1995, Kraft Verlag, Würzburg
- „Mir ist er gar ein trauter Freund – Die Droste und ihr See" (Hrsg.) 1997, Engel Presse, Meersburg
- Im Anschlag der Wellen, Lyrik 2000, Bergstadtverlag, Würzburg

Auf ein Wort

Im Schilf
die verlassenen Nester.
Setz dein Wort aus,
gib es frei
zur Bewährung.
Die Antwort
kann unhörbar sein.
Nur Schiffe kehren zurück
in den Hafen.

Spiegelung

Hier
meine Begrenzung
im Uferrund.
Mein Spiegelbild
vom Anborden
der Jahre
wie Kieselschliff.
Häufig verzeichnet,
zerrissen
vom Wellenschlag.
Immer wieder
kenntlich geworden
über Untiefen.
Hier
der tiefste Grund.

Meersburg im Winter

Auf die Felsen,
burgübermauert,
schreib,
Wintersonne,
schreib ein Gedicht:
sonnenwarm
und traubenblau,
schreib auf die Stiegen
aus Schatten
mein fest
verankertes Boot.

Über dem Horizont

Wolkenzeichen
windgeschrieben
hast du gelesen
sind wie sie sind
sind's nicht
an den
inneren Himmeln
nach
anderer Lesart.

Gastgeber

Mitternachts
haben sich Worte versammelt
um meinen
runden weißen Tisch.
Nötigen mich,
in ihrer Mitte
einem Mahl
aus Silben
die Stirn zu bieten.
Schwarz auf weiß
les ich die Platte
von Worten leer
buchstabier ich
die Botschaft.

Unbequeme Botschaft

Mitten im Glanz
eines Föhntags
reißt der Sturm
das Ruder herum.
Kriegsgeschrei dröhnt.
Etwas
pocht gegen die Schläfen.
Die Toten des Tages
wollen gezählt sein,
eingelassen
in dein Refugium
aus Seeblau.
Sie fordern,
die Häfen
eisfrei zu halten.

Hinüber zur Westküste
(aus: Amerika-Tagebuch einer Reise von Küste zu Küste)

... Jetzt wäre es unter uns zu sehen: das himmelstürmende Abenteuer der Trecks nach dem Westen ...
Der gewässerreiche Norden der Vereinigten Staaten bleibt unter den Wolken. Erst die blaue Ausdehnung des Michigansees gibt uns Orientierungshilfe vor unserer Zwischenlandung in Chicago. Dann westwärts weiter durch das grenzenlose Land, in dem Menschen ihre Zeichen setzten, ihre Grenzen absteckten, ihre schnurgeraden Straßen zogen. Die eintönigen Quadrate ihres Fleißes, ihr abgezirkeltes Eigentum, werden hin und wieder unterbrochen von Seen, Bächen und Flüssen.

Aus der Vogelschau entsteht der Eindruck eines Riesenbaumes mit tausenderlei Verzweigungen und zahllosen Verästelungen, gesäumt von einem tiefen, satten Grün, das alle Windungen bis in die letzten Ausläufer begleitet.

Es ist der Mississippi, der gewaltige Sammler, bei St. Louis bereit, den ihm aus nördlichen Fernen zufließenden Missouri auch noch aufzunehmen in das breite Strömen auf dem Weg nach dem tiefen Süden.

Leiser Dunst über dem Stromland. Als ob sie noch sichtbar wären, die schweigsamen Flößer, die gemächlichen Flußdampfer mit ihren mächtigen Schaufelrädern, der Lotse Mark Twain mit seinen den Wassern abgelauschten Geschichten? Bereit, ihm wieder zuzuhören, verlieren wir jedoch das satte Grün zu bald, und wir vernehmen seine Stimme nicht mehr.

Unter uns steigt, unmerklich fast, sich über tausend Meilen hin Zeit lassend, das Land verdorrend zu den Rocky Mountains empor bis hin zu den höchsten schneebedeckten Gipfeln.

Jetzt wäre es unter uns zu sehen: das himmelstürmende Abenteuer der Trecks nach dem Westen. In der klaren Wüstenluft müßten sie erkennbar sein, die kühnen Einsamen, die Jäger ihres Goldrausches, die Fallensteller ihrer Träume, die Rufer in der Wüste, die Treiber ihrer Herden und ihrer selbst. Die Seßhaften auch, die sich von ihren fruchtlosen armen Steinen losgerissen haben und durstend weiterziehen, auch hinter den Gipfeln in der brennenden Wüste noch der Fata Morgana ihrer Hirne vertrauen, immer durstig nach dem gelobten Land, das von Milch und Honig fließt.

Und im Hinterhalt, in den Schatten gedrückt, oder frei gegen den Horizont gestellt, in goldgelben, rötlichen und dunklen Wüstenfarben gemalt, der Indianer, der unerkannte Menschenbruder, der dem Wind und den Wassern lauscht, der die Geheimnisse der Natur und der Götter wie Spuren liest, und der nun den Bogen spannt für den Pfeil mit der Spitze aus seinem vergifteten Herzen.

Dieser Flug, der so mühelos leicht übergeht!

Wir, mit der Sehnsucht nach einer Mühsal, der wir nicht mehr gewachsen sind, wir, mit dem Hoffen nach einer Ferne, die überwunden und unwiederbringlich verloren ist! Das ist wahr und widerspricht dennoch der Wirklichkeit. Sind wir nur bequem und eilig geworden, oder sind wir doch beglückt von der Nähe einstiger Ferne?

Wir erkennen durch die umgekehrte Linse eine kleingewordene, zusammengerückte Welt, und das enttäuscht und begeistert uns gleichermaßen, denn nur die starken Konturen bleiben erkennbar. Das Verlorene wird zur Nebensache, und wir werden es vergessen.

Wir sind groß geworden, groß im Vergessen, groß im Streichen, groß im Wegwerfen, arm und klein aber an Zeit. Es ist uns gelungen, Zeit zu überholen, sie im Überschall zu überfliegen, triumphierend die Uhren zu verstellen. Wo aber bleibt die gewonnene Zeit? Verkürzt auch die des Nachdenkens, der leisen Trauer ...

Antonio Timpano

1949 in Italien geboren. 1965 emigrierte er als Saisonarbeiter nach Deutschland. Seit 1971 lebt und arbeitet er als Dreher in Markdorf.

1996 Teilnahmen an dem vom SDR veranstalteten literarischen Wettbewerb „40 Jahre Gastarbeiter – Deutschland auf dem Weg zur multikulterellen Gesellschaft?", wo er den 1. Preis gewann.

Veröffentlichungen:
- „Erinnerungen an unsere Baracke". Zweisprachig, Markdorf (Eigenverlag) 1995, und in „Leben am See", Bd. 13.
- „Beunruhigung am Bodensee". Markdorf (Eigenverlag) 1998, und in „Gastarbeiter – Deutschland auf dem Weg zur multikulterellen Gesellschaft?". Dokumentation des SDR, Stuttgart 1997.
- Aufsätze und Reisebeschreibungen in „La Parola" der Missione Cattolica Italiano di Konstanz.

Der Gastarbeiter, der See und die Gesellschaft, die ihn aufnimmt

Oft pflegt der Gastarbeiter am Bodensee herunter nach Hagnau oder nach Immenstaad zu gehen, sich dem Wasser zu nähern und die Hände einzutauchen. Eine fast ahnungslose Geste, als ob er sich der Universalität des Elements „Wasser" vergewissern möchte. Ein schüchterner Versuch, dadurch seiner Umwelt seine Gefühle zu vermitteln. Oder durch diesen Kontakt das Grundvertrauen zu gewinnen, das ihn in seinem Vorankommen unterstützt.

In der Universalität der Dinge sucht er eine Ladung Hoffnung, um sie dort zu verbrennen, wo hautnahe Erlebnisse die Hoffnung am meisten verschleißen. Da von der Universalität der Materien nichts und niemand – also auch er nicht – ausgeschlossen ist, entnimmt er dem Kontakt zum Wasser den Beweis für den Wert der eigenen Person. Das macht ihm Mut.

In der Begegnung mit der Materie „Wasser" hat er das Gefühl, an der Gemeinschaft der Elemente und der Gedanken teilzuhaben. Aber er wird betrübt, als er feststellt, daß bei diesem wie durch ein Wunder wiederhergestellten Gleichgewicht er nur nehmen kann, denn er hat nichts zu geben. Es ist nur das Bedürfnis, sich dem Ort, an dem er lebt, näher zu fühlen. Er sucht, da er fest davon überzeugt ist, daß dieser ersehnte Wunsch nie in Erfüllung gehen wird, in der Universalität der Materien die dafür notwendige Kraft, die ihm hilft, nicht aufgrund seiner Armut Mitleid zu erwecken.

Sein Vertrauen beruht auf der Überzeugung, daß der Bodensee mit seiner Schönheit niemandem gehört: Er ist ein allgemeines Kulturgut wie ein Kunstwerk. Wie die Luft, die man einatmet, und wie das Wasser, das im Sommer, wenn es mild ist, an die Flüssigkeit der Geburt erinnert. Der Widerspruch zwischen seiner Anwesenheit an diesem Ort und der psychischen Distanz, die sie beide trennt, erweckt in ihm das Bedürfnis, die Erregungen des Geborenwerdens wieder zu erleben. Im übrigen, welche Güte, sei es auch ungeheure Güte, kann nach dieser vielen Zeit einem Herzen ohne Wohnort, dem jetzt jene frühe Abreise mehr eine Vertreibung denn ein harmloses, nur aus vorläufigen finanziellen Gründen unternommenes Provisorium, zu sein scheint, eine Antwort geben, wenn nicht die unzweifelhafte Realität seiner Anwesenheit auf der Welt? Vielleicht ist das Bedürfnis nach dem Kontakt zum Wasser ein Versuch, einen Dialog herzustellen. Sicherlich ist es ein Versuch, seinen Durst zu stillen, die Lasten seines Daseins zu erleichtern und beim Sprechen mit den anderen auf der gleichen Stufe zu stehen.

Im Kontakt zum Bodensee, wo das Wasser die Umgebung beherrscht und den Besucher bis zur Erregung in Anspruch nimmt, ist jegliches Haßgefühl unzulässig: Das spürt man deutlich. Alle Gründe zu hassen verschwinden; die Menschen sind gut. Vielleicht kann man in diesem Gewässer den Haß ertrinken lassen. Und im übrigen, wo sonst hingehen, wenn die Mißbilligung seiner Anwesenheit an diesem Ort mit so unbestreitbaren und dennoch unangebrachten Worten ausgedrückt wird wie: „Du kannst deine Wurzeln nicht verleugnen?" Wie kann man sich davon überzeugen, diesen Worten nicht allzuviel Gewicht zuzuschreiben und nicht den Versuch aufzugeben, eines Tages diesem Ort zuzugehören? Gewiß ist, daß er, durch den Kontakt zu Wasser von einem Schmerz befreit zu sein erbittet. Von irgendeinem Schmerz. So daß er den nächsten Schritt wagt und seine Reise wiederaufnimmt. Unvermeidlich also die Suche nach dem, was er hier an diesem Ort der Universalität und Zeitlosigkeit braucht. Wo einen einen Kompromiß einzugehen nicht beleidigt und zu keinem unannehmbaren geistigen Verzicht zwingt. Die Suche im Universellen und Zeitlosen nach dem, was er braucht, ist keine Anmaßung, sondern ein Bedürfnis seines hartnäckigen Charakters, der seiner Erziehung treu bleiben will und seine Kultur ernst nimmt.

Auch im Namen dieses zeitlosen Ortes geht er den Ereignissen nach, nicht weil sie ihn immer einbezögen, sondern weil er der Gesellschaft, die nicht die seine ist, nichts schuldig bleiben will. Deswegen erwartet er, auch wenn er an ihren Ereignissen teilnimmt, von ihr dennoch nichts. So steht er der Gesellschaft, in der er lebt, gegenüber: Den Oberflächenerscheinungen nachgehen, wobei alles an seine geringen Sprachfähigkeiten angepaßt sein muß, damit er es berücksichtigen kann. Ein Leben immer im Schatten der Gesellschaft. Das erstickt ihn im Lauf der Zeit.

Die Erklärung des eigenen Übels in der Universalität der Natur zu suchen, bedeutet, der Natur mit dem Übel des Entwurzelten anzugehören. Ist das ein Versuch, das, was ganz ist, spalten zu wollen, um einen Ort für sich in den Falten der Natur finden zu können? Er weiß, er kann in seine Kleinheit das Universum nicht einbeziehen. Doch in dem Versuch, sich von den Umständen zu befreien, die ihn zum Ausländer machen, würde er auch die Regeln der Natur verändern! Zum Glück denkt die Natur nur an sich selbst.

Alle diese Gedanken gehen durch seinen Kopf, und doch war er nicht deshalb in die Emigration abgereist, um gegen die Gesetze der Natur zu verstoßen; dies alles sind Fragen, die allmählich mit dem Wachsen seines Ausländerbewußtseins aufgetaucht sind. Wenn ihm die Tatsache bewußt wird, daß er und der Ort, an dem er lebt – selbst wenn sie einander schätzen – einander nicht kennen, fühlt er sich als Ausländer. Und Ausländersein bedeutet, an einem Ort zu leben, der ihm für immer unbekannt bleibt; wo sich jeder seiner Schritte ins Unerforschte bewegt. Es bedeutet, sich nicht einmal mit dem eigenen Schlafplatz vertraut zu machen. Wie wenn es ein fortwährend neuer wäre. So sind die Wege und die Stege dieses Ortes für den Arbeiter, der hier als Gast lebt, jeden Tag neu.

Darüber muß man nicht allzusehr überrascht sein. Denn er war dazu erzogen worden, in einem Sozialgebilde zu leben, das nicht jenem entspricht, in das ihn nun seine Lebensbedürfnisse gezwungen haben. Dies bedeutet, von einer Welt zur anderen zu wechseln. Von erworbenen Lebensregeln zu neuen Regeln. Aber im Grunde, wenn man es sich gut überlegt, konnte er nicht geboren werden, abreisen, in endlose Wege blindlings einbiegen, ohne dabei der Welt zu begegnen.

Die Welt, der er entgegengeht, ist natürlich nicht seine Welt, sondern, da er in einer Welt geboren war, die nicht die Voraussetzungen bot, ein würdiges Leben zu führen, kann sie nichts anderes sein als die Welt der andern. In dieser neuen Welt ist es nötig, sein geistiges Milieu zu begrenzen und jedes Nippen an der Zeit zu kalkulieren. Gerade in diesem Kontext tauchen die unverständlichsten Betrachtungen auf, sowohl seitens des Gastes im Hinblick auf die Gastgeber als auch umgekehrt. In diesem neuen Sozialgebilde benötigt sein Geist eine Reinigung, die in der öffentlichen Sprache „Anpassung" heißt.

Ach! wieviele Fragen hat das Bedürfnis, seinen Geist vom Durst nach Freiheit zu befreien, ans Licht gebracht! Lauter Fragen, die eine Antwort benötigten. Wieviele Hoffnungen, eines Tages diesen Durst aus dem eigenen Dasein heraus zu stillen, hat sein Kopf beherbergt, die sich nach kurzem in Nichts aufgelöst haben und den Durst gnadenloser als zuvor haben auftauchen lassen! Bei der Suche, eines Tages seine Seele von dieser Last zu befreien, hat er nichts vernachlässigt, doch vergebens. Vergebens war es, die Beschaffenheit der Natur und der Gedanken zu erfragen. Und er möchte nicht über die Last reden, die er immer dann besonders deutlich spürte, wenn die Antwort fehlschlug.

Imre Török

Selbstportrait eines un-garen Deutschen, aus Händen anderer

„Manche sagen, daß ich ein weiser Mann bin, manche denken, ich sei ein Narr." Der von Imre Török zitierte Songtext von Procol Harum scheint ihm auf den Leib gesungen zu sein. Imre Török, der als Vierzehnjähriger 1963 seine ungarische Heimat verlassen mußte, machte Deutschland notgedrungen zu seiner neuen. Als Zehnjähriger schrieb er in Ungarn bereits Gedichte. So gesehen verlor er viel mehr: seine Sprachmelodie, die er im Laufe der Jahre neu komponieren mußte." **Karin Schäckermann.** „Sein Roman-Erstling „Butterseelen – Mit Hölderlin und Hesse in Tübingen" wurde als antiautoritärer Anti-Roman gelobt und ist einer der wenigen Texte, die den Geist der bunten siebziger Jahre authetisch vermitteln. Aus diesen Jahren hat Török einiges über den Zynismus der achtziger Jahre hinwegretten können: die Offenheit und Flexibilität für Neues, das soziale und politische Engagement, die Hoffnung auf Heimat – und zwar, wie er selbst betont, im Sinne von Ernst Bloch und Erich Fried als Sehnsucht." **Berndt Herrmann.** „Es scheint so, daß in unserem Leben die Erfahrung des Exils der Normalzustand des Menschen ist. Freilich wenn dem so ist, dann ist das Tagebuch „Un-GAR" von Imre Török nichts anderes als Revolte gegen die Epoche." **Imre Kertész.** „Imre Töröks Geschichten erzeugen einen irisierenden Lichtbogen zwischen dem Kleinen, Nahen, Versteckten, märchenhaft Vertrauten und dem Großen, Fernen, als Traum und Vision ins Weite Verrückten. Spielerisch hält uns der Dichter sein Zauberperspektiv vors Auge, dreht es herum und schüttelt, bis unser Kinderstaunen kaleidoskopisch zerbricht, ein SchriftEntsteller, der die Züge in unserem Alltagsgesicht mit freundlichem Fleiß zum Entgleisen bringt. Seine dünne Haut reagiert, wo das saubere weiß papierener Ordnung Gesichter und Wege verschneit. Immer überträgt er die Kältebefunde der Haut in die weite Landkarte seines Herzens." **Rudolf Stirn.** „Furcsa madár vagy." **Vera Szolnoki.** „Der Schock der Entwurzelung, der Raub seiner Kindersprache, machen ihn sensibel für eine Philosophie, die an Diogenes erinnert. Kein Philosoph – und zu einem solchen zählt Imre Török – mag mit anderen verglichen werden. Und doch wurde alles schon gedacht, gelebt und durchlitten. Wie gut, daß es Erinnerer gibt." **Karin Schäckermann.** „Bei der philosophischen Nüchternheit der reifen Jahre ist Török schon angelangt, ja noch weiter gegangen. Eine schwebende Skurrilität zeichnet seine Geschichten aus, der heilige Ernst ist ihre Sache nicht, eher das Lächeln der Auguren." **Gunhild Kreutzmann-Sachweh.** „Fabulierer und Zweifler.

So leiden nur Schriftsteller an der Welt. Sich wundern und staunen gehört zu den nachhaltigsten Wirkungen, mit denen die Leser der Törökschen Prosa rechnen dürfen: „Butterseelen", „Cagliostro räumt Schnee am Rufiji", „Ameisen und Sterne", „Dichter am See" und nun „Un-GAR"." **Peter Renz.** „Un-GAR", eine Sammlung von Denkspielen und wahrhaftigem Querdenken, aphoristische Betrachtung der Menschen und ihrer Lebensbemühungen und Philosophien mit unnachahmlichen Gedankensprüngen." **Gunther Dahinten.** „Lächelnd Widerstand leisten gegen Gefühlsarmut, gegen bedrohliche Gewalt, Gefühle nicht in Kälte erstarren lassen, das ist es, was man im Fantasieland von Imre Török träumend lernen kann." **Sybille Schurr.** „Er kommt. Er geht. Leise. Indianerhaft. Am Boden keine Spuren. Aber Spuren hinterläßt er oftmals in den Köpfen. Es heißt, er wohne im Allgäu, Isgazhofen, nahe Leutkirch. Kann nicht stimmen. Er kommt. Er geht. Jüngst sagte jemand, er habe Doppelgänger. Ich halte das für möglich." **Rainer Wochele.** „Ein Wanderpoet aus Vandalien." **Anke Schwörer.** „Das menschliche Leben ist ein Experiment", schrieb mit 17 der vor 50 Jahren in Ungarn geborene Imre Török. Seit 1963 wagt er recht erfolgreich das Experiment Deutschland, es zu er-fahren, zu er-denken und zu er-schreiben." **Friederike Voß.** „Und es bleibt die Unschärfe der Grundelemente der Welt, es bleibt das Zwie-Licht, bleibt so vieles in der Apriorität des Individuellen, bleibt maya, bleibt wie Luftspiegelung der ungarischen Tiefebene, genannt délibáb. Und du bleibst immer un-gar." **Irene Todtenhöfer.** „Gut jedoch, daß ich weiß, auch ein anderer Weg existiert; ein Weg, auf dem das „Wir" Zuhause, Gemeinschaft, Solidarität bedeutet. Das ist für mich tröstendes Zeugnis des Tagebuchs von Imre Török." **Imre Kertész.**

In Stein gehauen

„Was wir wissen, ist ein Wassertropfen,
was wir nicht wissen, ein Ozean".
Isaac Newton

Man hörte ihn. Öfter. Sah ihn selten. Den Steinhauer. Bis schließlich die Ateliertür gewaltsam geöffnet werden mußte.
Manchmal hörte man ihn endlos klopfen. Tacka, tacka, tacka. Wenn er größere Brocken weghämmerte. Tick, tick, tick. Die leichten Schläge. Tick, tick, tick. Tick, tick, tick. Unaufhörlich tick, tick, tick. Wenn die Meißelspitze feine Erhabenheiten aus dem Stein schlug. In den Stein trieb.
Man hörte ihn. Manche hätten gern mehr von ihm gesehen. Einige, denen sein tickendes Hämmern zu Ohren gedrungen war, hätten gern mehr von den Ergebnissen seiner Arbeit gesehen.
Für viele tickte dieser Hauer nur vom Hörensagen. Und diese Hörensager fragten boshaft, ob der Mann aus den Steinbrüchen in seinem Atelier richtig tickte.
Es war nicht der Rhythmus, bei dem jeder mit muß. Es hörte sich nicht nach der großen, weiten Welt an.
Tacka. Tacka. Tick. Tick. Tick. Tick.
Einige Skulpturen des Steinhauers waren zwar öffentlich zu besichtigen, manche von ihnen ansehnlich. Doch wenn das die Summe der künstlerischen Ausbeute sein sollte, so schlummerte für diesen Hauer die Kreativität ungenützt im Stein. War Mineral geblieben, Teil der Erdkruste, der Tektogenese.
Tektogenese. Hieß eine seiner Steinhauerarbeiten. Dazu ein Text auf dem Schildchen.
Tektogenese.
Geburtsstätte tiefer Erschütterungen.
Beben nehmen wir erst wahr, wenn die Erde tatsächlich wakkelt. Wer hört, spürt, liest Spannungen weit unter der Oberfläche?
Tacka. Tacka. Tacka. Tick. Tick. Tick. Tick. Tick.
Als dann der Steinhauer lange, zu lange nicht mehr gesehen wurde, hämmerte man seine Tür auf. Er war nicht in seinem Ate-

lier. Von einem Endlosband, an eine Zeitschaltuhr angeschlossen, ertönten immer wieder die bekannten Klopfzeichen. War er seit Wochen, seit Monaten verschwunden? Die Suche nach ihm blieb ergebnislos. Wie vom Erdboden verschwunden. Im Atelier fanden sich zunächst keine Anhaltspunkte nach seinem Verbleib. Hier und dort am Rand des Raumes halbfertige Skulpturen. In der Mitte, fast den ganzen Boden füllend, ein eigenartiges Relief. Eine Steinplatte mit Mulden, Hebungen, Tiefen und Höhen. Wie in Stein gehauene Landschaften. An vielen Stellen fein und genau gemeißelt, an anderen nur grob gehauen. Dann wieder eigenartige Zeichen, Furchen, Risse, Haarrisse im Stein.

Die Untersuchenden rätselten. Nicht lange. Die meisten Experten liebten das, was offen daherkam. Laien erst recht. Man wähnte sich schließlich nicht mehr in der Steinzeit.

Der Steinhauer, der tickte nun mal nicht ganz richtig.

Eines Tages besuchte ein Geologe, den der Steinhauer früher gelegentlich um Rat gefragt hatte, das vereinsamte Atelier. Einer, der von Tektonik viel verstand. Von der Zusammenfügung von Bauteilen zu einem Gefüge. Er sah etwas, das er trotzdem nicht definieren konnte. Er rief eine Freundin an, eine Wortkünstlerin. Eine, die von Tektonik viel verstand. Vom strengen, kunstvollen Aufbau in der Dichtung.

Gemeinsam vertieften sie sich in den Kalkül des Steinreliefs. Und fanden, erblickten, ertasteten schließlich eine verdichtete Landkarte im Stein, fanden und erspürten Markierungen und Wegweiser für Landschaften, weit außerhalb, weit verstreut.

Die Dichterin und der Geologe machten sich auf die Reise. Weil die Landkarte in Stein gehauen war, unverrückbar die tonnenschwere Steinplatte mit ihren feinen, filigranen Mustern, mußten die beiden jedes Merkmal des Reliefs tief in ihr Gedächtnis einprägen. Nur mit diesen Eindrücken, in ihren Gehirnen gespeichert, mit Rucksäcken für das Nötigste, in festen Wanderstiefeln, begaben sie sich auf die Suche.

Unterwegs unterhielten sie sich oft über Sinn und Zweck ihres Unternehmens. Über die Zeichen, die der Steinhauer auf dem Relief hinterlassen hatte. Und wo die Strukturen jetzt eben, jetzt in diesem Augenblick, gespeichert seien. In ihren Köpfen? In ihren Gefühlen? In so etwas wie Seele?

Oder waren die Strukturen noch immer im Kopf, im Gemüt des Steinhauers aufgezeichnet? Und im Innern der Suchenden existierte lediglich eine Kopie davon?

Oder war die grundlegende Fixierung der geheimnisvollen Strukturen in jenen Stein gehauen, und alles, was der Geist, die Seele eines Menschen davon wahrnehmen konnte, war eine Kopie?

Vielleicht blieb als einzig reale Struktur der Aufbau der Erdkruste mit ihren andauernden, selten merklichen Bewegungen. Die einzig wirkliche Struktur, die Landschaften hervorbrachte, Erhebungen und Schluchten, Ebenen und Brüche. Und die Anschauungen des Steinhauers waren eine Kopie dieser Struktur. Und sein Relief eine Kopie seiner Anschauungen. Und die suchenden Blicke der Dichterin und des Geologen eine Kopie dieses Reliefs.

Und konnten alle diese Kopien mit der Bewegtheit des Originals Schritt halten?

Wenn sie dann standen, in einsamer Landschaft, weitab aller Zivilisationsgeräusche, standen regungslos, und irgendwo löste sich vom Steilhang am Bach ein daumengroßer Kieselstein, rollte hinunter, sprang über Felsplatten, tick, tick, tick, begannen ihre Herzen stärker zu klopfen. Und sie fragten sich, wonach sie suchten. Nach Kopien? Nach dem Original? Kopien von was? Original von wem? Tick. Tick. Tick. Tick.

Einige der auf dem Relief markierten Stellen fanden sie in den offenen Landschaften wieder. Sie meinten zumindest, daß sie sich recht genau am angegebenen Ort aufgehalten hätten. Was das Besondere an diesen Punkten der Landschaft sei, fanden sie lange Zeit nicht heraus.

Die Wanderungen waren längst keine ausgedehnten Ausflüge mehr, sind allmählich zu bestimmendem Lebensinhalt geworden. Die Suchenden befanden sich auf dauernder Wanderschaft, bestritten ihren Lebensunterhalt von den Berichten, den geologischen, den dichterischen, den wissenschaftlichen, den künstlerischen Werken, die sie unterwegs verfaßt hatten. Sie zeugten Kinder unterwegs, sie lernten die Kunst des Steinhauens unterwegs, sie sannen über Strukturen nach. Unterwegs. Auf welch wackligem Boden bewegen wir uns! Diese ständig Strukturen gebärende Erdkruste, die unter den Füßen schwimmt. Kopie? Original? Danach fragten sie, darüber schrieben sie. Von unterwegs.

Berghöhen erklimmend, Täler durchschreitend, in Wüsten kampierend, Meeresbrandungen von Steilküsten lauschend. Und immer und überall rätselnd. Immer und überall mit wachsender Verwunderung, Bewunderung Landschaften durchstreifend.

Und je intensiver, mit je mehr Begeisterung sie sich auch der Kunst des Steinhauens hingaben, um so öfter wurden sie fündig. An Stellen, die vor langer Zeit noch als Abbild eines Reliefs in ihren Köpfen existiert hatten, inzwischen zu eigenen Landkarten ihrer Vorstellungskraft geworden waren.

Manchmal kehrten sie viele Male an die gleiche Stelle zurück – aber sie zählten die Ereignisse nicht mehr – und entdeckten dann, daß dort, in einem Bruch, an einer Mulde, neben einem Krater oder im endlosen Geröllfeld die besten, hervorragendsten Steine für eine besondere Arbeit zu finden waren. Gerade für eine Arbeit, die sie im Kopf schon lange beschäftigt hatte. Gerade für diese Arbeit bot sich plötzlich das entsprechende Mineral.

Sie zogen weiter. Mit Sack und Pack, Kind und Kegel. Es gab noch immer neue Punkte zu erforschen, ungelöste Rätselpunkte zu entziffern. Ihre in Stein gehauenen Arbeiten konnten sie nie mitnehmen, auf den Wegen ihrer Landkarte hätten sie nicht mit Lastwagen vorwärtskommen können. Große Lasten, große Transportmittel waren für diese Reise nicht geeignet, hätten den Abbruch der Suche bedeutet.

Eine Sammlung von Fotos ihrer Arbeiten führten sie lange Zeit mit sich. Als Kopien von Kopien von Kopien von Kopien. Da sie auf der Reise manchmal Gastgeschenke benötigten, verschenkte sie an Interessierte diese und jene Abbildung einer Skulptur, beschrieben auf der Rückseite der Photographie die Fundstelle des Originals, schrieben über den Sinn ihrer Arbeit, ihrer Suche. Und zogen weiter.

Einen Ort gab es noch, den sie mehrmals bereits eingekreist, abgesucht, überprüft hatten. Und jedes Mal spürten sie, daß sie sich nicht getäuscht haben konnten. Jedes Mal ergaben sich in dieser Gegend die fruchtbarsten aber auch zerstrittensten Gespräche. Jedes Mal zogen sie mit dem Gefühl von dannen, daß sie sich in diesem Punkte geirrt hatten, aber daß sie irgendwann einmal doch wiederkehren müßten.

Wie wunderten sie sich, als sie, nach Jahren wieder einmal in dieser Landschaft, deren weichen Sandsteinfarben und deren blühenden Bäume sie seit jeher geschätzt, den Duft ihrer Kräuter, des vertrocknenden Grases, der reifenden Früchte immer aufs Neue genossen hatten, als sie hier endlich doch eine Entdeckung machten.

Die Quelle, die in heißen Sommermonaten meist zu versiegen drohte, dafür zu anderen Jahreszeiten mehr oder minder üppig Wasser spendete, kannten sie.

Es lag wohl an den überaus reichen Niederschlägen der vergangenen Monate, daß sie die Quelle so übersprudelnd noch niemals erlebt hatten. Das Wasser, das gewöhnlich durch den kurzen, steilen Lauf die nahe Ebene der Plantagen erreicht hatte, brach jetzt aus seiner uralten Bahn, die es in vielen Windungen und Schleifen, Ecken und Zacken in den steinigen Boden gefressen hatte. Aufgehalten, aufgestaut durch einige dickere Steinbrocken und dazwischengeklemmte Äste, Wurzelwerk, Gras, an dieser Stelle, die es sonst leicht schäumend um- und unterspülte, stieg das Wasser an. Es bildete, brach sich einen Nebenarm, der als kleiner, vielfingriger Wasserfall über Felsformationen stürzte, die neben dem ursprünglichen Lauf des Quellbächleins lagen.

Und diese ansonsten unscheinbaren Felsen, keiner größer, als daß er nicht von einem Menschen umarmt hätte werden können, die abseits des Laufs, des Wasserlaufs, des Zeitlaufs im Hang zur

Plantagenebene lagen, sie erschienen erst jetzt, wenn Wasserstrahlen auf sie fielen, so als ob sie früher bearbeitet worden seien. Nur vom Wasser der seltenen, kleinen Sturzbäche längst vergangener Zeiten? Kunstvoll leiteten die Kanten und Mulden und Ecken und Schiefen der Steine das Wasser. Wiesen es an zu schäumen oder kurz zu verharren und dann herumzuwirbeln, bevor es weiterfloß. Ließen es im dünnen Strahl spritzen oder im breiten Bogen fächerförmig die Luft durchkämmen. Leiteten es in schmalen Rinnen an Vertiefungen voller Steinchen vorbei, von denen einige mitgerissen wurden und auf einen Fels weiter unten fielen. Tick. Tick. Ganz gelegentlich. Tick.

An manchen Stellen vereinigten sich Wasser- und Sonnenstrahlen. Aus dem fächergleichen, Regenbogen gleich schimmernden, hauchdünnen Strahlenkranz stiegen feine kleine Tropfen, in denen Partikelchen von Mineralien zu tanzen schienen, wie winzige Blüten aus untrügbarem Kristall, sie stiegen, während die Wassertröpfen allmählich verdampften, in den Bahnen der Sonnenstrahlen unentwegt nach oben, bis sie dem Auge unsichtbar wurden.

Wohin wandert, wo versteckt sich der Sonnenstrahl, der sich in einem verdunstenden Wassertropfen bricht? Durch welche Meere rollt das verdampfte Naß, wenn es als Regentropfen vom Himmel gefallen ist? Wohin tanzen die Mineralpartikelchen?

Ach, ich wünschte so sehr, gefunden, einfach nur gefunden zu werden, gefunden in meinem Weinen, in meinem Märchen, wenn der Glanz der Tränen in Tropfen und Wellen des Lichtstrahls immer neuen Dunkelheiten entgegenstrebt.

So dachten, so empfanden die stillen Betrachter der Wasserspiele, des Partikeltanzes.

Dachten, fragten sich, ob jemand ihnen diesen Text dort in das Schauspiel vor ihren Augen hineingeschrieben hatte. Oder waren sie die Texter? War's ihr Text?

Und sie standen, einsam in nicht zivilisationsferner Landschaft, standen regungslos am Bach. Tick, tick, tick. Ihre Herzen hörten sie lauter schlagen.

Hörten Wasser, Steine, Strahlen erzählen. Das Märchen. Vom Leben. Von einem, von diesem als einem ständigen Versteckspiel. Von diesem. Dem Kind. Dem Gebliebenen. Lächelnd vor Angst Gebliebenen. Und das Kind, das Kind möchte immer wieder gefunden werden. Möchte doch so gern in seinem Versteck kauernd gefunden werden.

Tick. Tick. Tick, sammelte sich einiges vom hochgewirbelten Wasser tröpfchenweise, in feinen Strahlen, als Film, als Schleier aus Sonnenflut fallend, von Nebenfelsen quirlig dahergespritzt, von Ritzen und Spalten zum Singen gebracht, von Löchern im Fels zum gurgelnden Lachen gekitzelt.

Dann vereinigte sich das Wasser der vielen Rinnsale kurz und strudelnd in einer Erdmulde am Auslauf des Hanges. Aufschäumend gebündelt, wieder zu einem dicken Strahl zusammengeführt, stürzte das Wasser von dort schließlich in einen Erdspalt von der Breite einer Armeslänge.

Dieser Riß in der Erdkruste schien bis zu dem Tag niemandem aufgefallen zu sein. War er, zunächst als Haarriß, der sich allmählich verbreiterte, schon lange da? Vom schlammigen Wasserstrahl der wiedervereinigten Rinnsale wurden jetzt Steine in die Tiefe des Spaltes geschleudert, hämmerten an unsichtbare Felswände. Tacka.

Tacka, tacka. Tacka.

Verschwanden zersplittert in tektonischer Tiefe, aus dem es in unregelmäßigen Abständen dumpf heraufgrummelte.

(1998)

Marian Ulrich

1939 in Zürich geboren und aufgewachsen, lebt und schreibt in Steckborn am Untersee. Nach einigen Umwegen über verschiedene Berufe und Lebensphasen (Kunstgewerbeschule, Buchhändlerlehre, Journalismus, Fotostylistin, Mutter von zwei Kindern) sowie längeren Auslandsaufenthalten (Paris und London) zu Sprach- und Lebensstudien, beginnt sie 1980 zu schreiben.
Wichtige positive Ereignisse in meinem Leben:
Prägend war meine Großmutter, die mir als ich klein war vor dem Einschlafen in ihrem „Himmelbett" immer wahre und erfundene Geschichten erzählte.
Als Zehnjährige nahm ich das erste „erwachsene" Buch aus dem Büchergestell meiner Großtante und las es an einem Nachmittag durch; es war Goethes „Faust".
Mein liebstes Jugendbuch: Joan Lowell, „Ich spucke gegen den Wind."
Die Wahrnehmung, in der frühen Pubertät, daß man Leben durch Lesen ersetzen kann.
Die Tatsache, hinter dem Zürcher Schauspielhaus aufzuwachsen und mit der „Legi" die Möglichkeit zu haben, für nur zwei Franken jedes Theaterstück zu sehen.
Die Begegnung in den fünfziger Jahren, während der Buchhändlerlehre, mit Schriftstellern wie F. Dürrenmatt, M. Frisch, W. M. Diggelmann und R. Katz, die in der „Katakombe" der Buchhandlung Lesungen hielten.
Die drei grundverschiedenen Lebensphasen mit meinen drei Ehemännern.
Meine zwei Kinder.
Die Entdeckung, daß man mit zweiundfünfzig Jahren noch ein Studium beginnen kann.
Meine bisher fünf geistigen Kinder: meine Bücher.

Werkverzeichnis:
– Erste Veröffentlichung von zwei Kurzgeschichten im Tages Anzeiger Magazin 1984.
– Erster Kurzgeschichtenband 1986: „Unbewachte Übergänge", 28 Erzählungen, Vlg. Gute Schriften, Bern. (Vergriffen)
– Zweiter Kurzgeschichtenband 1988: „Beziehungs-Stufen", 30 Kurzgeschichten, Vlg. Huber, Frauenfeld.
– „Der Horizont – denk ich – ist weiter – als man sehen kann." 50 Gedichte, Vlg. Huber, Frauenfeld, 1990.
– „Das Requisit", Erzählung, Vlg. Huber, Frauenfeld 1993.

- „Verschobene Zeit", Roman, Vlg.Huber, Frauenfeld 1995.

Veröffentlichungen in Anthologien:
- Thurgauer Jahrbuch 1987, Vlg. Huber, Frauenfeld.
- „Windrosen". Lyrik der deutschsprachigen Schweiz, Vlg. Pro Lyrica, Wagenhausen, 1990.
- „Aargauer Kurzgeschichten", Tele-Columbus AG, Baden, 1991
- „Im Schatten des Apfelbaumes". Geschichten über behinderte Menschen, Vlg. Huber, Frauenfeld, 1992.
- „HIN UND HER", Menschen auf der Fähre. Vlg. Stadler, Konstanz, 1993.
- Thurgauer Jahrbuch 2001, Vlg. Huber, Frauenfeld.

Veröffentlichungen in verschiedenen Literaturzeitschriften.
Mitglied im Schweizerischen Schriftstellerinnen- und Schriftstellerverband, Zürich;
Mitglied der Meersburger Autorenrunde und bei der Pro Litteris Zürich.

Eigentlich hatten wir das schon einmal

Stell dir vor, es ist Krieg.
Viele Männer aus deinem Dorf Cerska, Nachbarn, Bekannte, sind eingezogen worden.
Aus dem Radio hörst du täglich die Nachrichten von Kämpfen und ethnischen Säuberungen.
Doch das ist weit entfernt.
In deinem Dorf singen die Vögel, grasen die Schafe, und hinterm Haus steht deine Kuh.
In der Abenddämmerung kommen sie plötzlich.
Beinahe endlose Lastwagenkolonnen fahren durch dein Dorf. Vollgestopft mit Männern, zusammengepfercht wie Vieh.
Sie fahren Richtung Bergwerk, kommen leer zurück.
Die Männer in Uniformen durchkämmen das Dorf.
Einige sind dir bekannt.
Der dort war Polizist.
Der andere Baggerfahrer im Bergwerk.
Jetzt sind sie deine Feinde.
Du hast schon immer einen anderen Glauben gehabt als sie.
Sie zeigen auf dein Haus.
Fallen dann ein, wie die Barbaren.
Treiben die Kinder hinaus.
Zertrümmern die Fenster und den Hausrat.
Prügeln dich, deinen Vater und deinen Bruder auf einen Lastwagen hinauf.
Dort liegt schon der Bäcker, halb totgeschlagen, seine zwei halbwüchsigen Jungen, der Lehrer und sein Vater, und viele andere, die du kennst.
Aus deinem Haus hörst du die Schreie deiner Frau und deiner Töchter gellen.
Hilflos, ohnmächtig siehst du, wie Rauchschwaden aus deinem Haus aufsteigen.
Die Sieger knöpfen grinsend ihre Hosen zu und ihre Gürtelschnallen.
Was, fragst du dich, hast du ihnen getan?

Deinen ehemaligen Nachbarn und Bekannten und diesen fremden Männern in Uniform?
Was ist deine Schuld?
Der Lastwagen fährt weg, dein brennendes Haus wird immer kleiner, ein Fünkchen nur noch, in der Dunkelheit, fast wie ein Stern.
Im Bergwerk angelangt stehst du an einer Halde, mit allen anderen Dorfbewohnern, die sie ausgesucht haben.
Du schaust hinter dich, die Halde hinab.
In der Dunkelheit erkennst du schemenhaft die unzähligen toten Körper.
Berge von Männerleichen.
Es ist das letzte, was du siehst.
Dann hörst du noch die Salve.

Bosnien

Wir werden von den Soldaten in die ehemalige Turnhalle getrieben. Sie schießen knapp hinter uns auf den Boden, um uns Beine zu machen.
Meine Nachbarin drückt ihren Säugling an sich.
Meine Schwester reißt ihre zwei kleinen Kinder mit.
Wir stolpern. Wir schreien.
In der Turnhalle sind sicher schon zweihundert Menschen: Mütter, Großmütter, Töchter und kleine Kinder.
Sie schauen uns mit verhärmten Gesichtern entgegen.
Die Soldaten mit den Gewehren schleusen uns ein und nehmen die jüngsten und hübschesten von uns zur Seite. Zum ersten Mal in meinem jungen Leben bin ich froh darüber, so häßlich zu sein.
Was sie mit den Mädchen treiben, kann ich nicht beschreiben.
Wie mir, lähmt das Entsetzen allen anderen die Sprache. Nur die Schreie der Opfer gellen durch die Halle. Dabei weiß ich, wenn wir alle zusammen auf diese bestialischen Kriegsirren losgingen, alle zusammen wie eine Wand auf sie losstürmten, einige würden erschossen oder erschlagen, aber alle zusammen würden wir sie überwältigen.

Wir würden ihnen die Gewehre entwinden und sie sofort damit erschießen, mit ihren eigenen Waffen.

Wir würden hinausgehen und die Wachen töten.

Dann würden wir durch die Stadt laufen, und immer mehr Frauen und Kinder würden sich uns anschließen. Und ich weiß, daß wir am Ende siegreich wären, denn die Frauen sind auf dieser Welt in der Überzahl.

Aber ich weiß auch, warum wir das nie tun werden: Weil wir unsere Männer, unsere Söhne, unsere Brüder und unsere Väter töten würden.

Mescit

Hasan, der junge Kurde, der im Exil lebt, las wie immer in seinem bevorzugten Blatt, der kurdischen Zeitung „Özgür Politika", die auf türkisch erscheint, weil es ja sehr viele Kurden gibt, die besser türkisch als kurdisch lesen können. In der Ausgabe vom 22. Juni 1996 ist auf Seite 3 eine kleine Notiz, die sicherlich sonst in keiner türkischen Zeitung erscheinen würde, die einem so eigentlich das Kriegsgeschehen in der Türkei klarmacht.

Es ging um das Dorf Mescit, bei Hafik in der Provinz Sivas, das das Heimatdorf der Familie von Hasan war. Ein Bruder seines Vaters lebte noch dort mit seiner großen Familie. In der Zeitung stand, daß am 19. Juni alle Männer des Dorfes deportiert worden seien, weil sie im Verdacht standen, die rebellischen Kurden in den Bergen mit Lebensmitteln versorgt zu haben. Ein Mann, der sich wehrte, sei direkt erschossen worden. Es handelte sich um kurdische Aleviten.

Darauf rief Hasan voller Befürchtungen seine Schwester in Istanbul an und erfuhr, daß der Getötete der Onkel eines Bekannten war, der in der gleichen Stadt wie Hasan lebt.

Er erfuhr auch, daß sein Onkel zu dem Zeitpunkt auf dem Feld gewesen sei, und deshalb nicht erwischt worden war. Niemand wisse genau, wo die restlichen Männer hingefahren worden seien.

Bis zum heutigen Zeitpunkt sind sie noch verschwunden, die Familien ohne Väter.

Mescit ist eines der Dörfer, die bisher von „Überfällen" oder „Säuberungen" verschont geblieben sind. Die Eltern von Hasan, die den Winter immer bei der Tochter in Istanbul verbringen, wohnen in der direkten Nachbarschaft von Mescit. Dieses Mal besuchten sie zuerst noch eine ihrer Töchter, die in Sivas lebt, und entschlossen sich, den Sommer über bei ihr zu bleiben, als die ersten Meldungen von Überfällen auf Dörfer in der Umgebung kamen. Sivas ist so durchmischt, Türken, Kurden, Aleviten und Suniten, daß sie sich dort noch in Sicherheit fühlen können.

Es besteht ein Vertrag zwischen der türkischen und der serbischen Regierung, wonach die Serben ihre verhaßten Kosovo-Albaner, die sie nach und nach ausrotten, in verschiedenen kurdischen Dörfern in der Ost-Türkei ansiedeln dürfen und hoffen, daß sich das Problem so von selbst löst, nämlich, daß sich die Kurden und die Kosovo-Albaner, die sich auch nicht gerade mögen, gegenseitig eliminieren.

Im Krieg gibt es keine Logik. Man wird plötzlich ganz nahe an die Tatsachen gerückt und ist nur noch schockiert, wenn es den eigenen Freundes- oder Verwandtenkreis betrifft.

Ramadan

Ramadan hatte an dem Haus, das wir jetzt bewohnen, mitgearbeitet.

Dann baute er am nächsten Haus, gleich nebenan, weiter. Er konnte alles auf dem Bau. Obschon er klein und schmächtig war, trug er jede Last und schuftete von früh bis spät.

Ramadan verschwand manchmal für ein paar Tage. Wenn er wieder da war, brachte er lachend eine Flasche Sliwowitz, trank einen Kaffee in unserer Küche und erzählte von zu Hause. Das war für ihn Bosnien.

Jedesmal, wenn sein Heimweh zu groß wurde, fuhr er mit dem alten Auto, das er mit seinem Cousin teilte, Tag und Nacht, ohne Unterbruch, bis er bei seiner Familie ankam. Bei seiner schwangeren Frau und dem ersten Kind, einem kleinen Jungen von zwei Jahren.
Ebenso nonstop fuhr er nach ein paar Tagen wieder zurück. Wie er die Grenzen passierte, war mir ein Rätsel. Ramadan war „schwarz" in der Schweiz.
Er scheute keine Arbeit, und oft stand er vor unserer Tür mit der immergleichen Frage: Was kann ich arbeiten? Das hiess, Ramadan brauchte dringend Geld. Dann trug er das Holz zum Kachelofen hinauf. Arbeitete im Garten. Wusch das Auto. Fegte das Treppenhaus. Reparierte alles im Haus, was nicht in Ordnung war. Keine Woche ohne Ramadan.
Sein Alter war schwer zu schätzen. Ihm fehlte ein Schneidezahn, dadurch wirkte er älter, als er war. Zwischen zwanzig und dreißig jedenfalls.
Wenn ihn das Heimweh packte, war er über Nacht wieder weg. Als der Krieg in seinem Land ausbrach, stürmte Ramadan zu uns herein. Er bat um einen Vorschuß, er müsse seine Frau und die Kinder dort herausholen und in die Schweiz bringen. Er würde das Geld abarbeiten, wenn er wieder hier wäre.
Ich meinte, das hätte Zeit und gab ihm das Doppelte. Aber seine Familie solle er so schnell wie möglich hierher bringen, wir hätten Platz für alle, wenn wir etwas zusammenrückten.

Ich sitze in einem warmen Haus über einem grauen See. Am Fernsehen verfolge ich die Kriegsgreuel und Schreckensnachrichten in Bosnien. Die hungernden Kinder, die vergewaltigten Frauen, die abgeschlachteten Männer.
Meine Gedanken sind bei Ramadan und seiner Familie. Ich habe seit Kriegsbeginn nichts mehr von ihnen gehört.

Johanna Walser

1957 in Ulm geboren, aufgewachsen in Friedrichshafen und in Überlingen-Nußdorf. Studium der Germanistik, Geschichte und Theologie in Berlin und Konstanz. Lebt heute als freie Schriftstellerin und Übersetzerin in Nußdorf (Bodensee).

Veröffentlichungen:
- „Vor dem Leben stehend". Erzählungen. 1982
- „Die Unterwerfung". Erzählung. 1986
- „Wetterleuchten". Erzählungen. 1991
- „Versuch, da zu sein". Prosa. 1998

Sämtliche Titel erschienen in der Collection S. Fischer.

Preise und Stipendien, u. a.:
- Berlin-Stipendium;
- Luise-Rinser-Preis;
- Westermann-Phoenix-Preis.

Die Reiseführerin

Eine Gruppe Unbekannter reiste mit mir. Ich zeigte ihnen alles. Führte sie herum.
Als meine Arbeitszeit vorüber war, blieben sie gleich. Ich bin zu ihrer ständigen Reiseführerin geworden.
Alles ist unsere gemeinsame Reise. Ich reise vom Dorf in die nahe Stadt. Sie mit mir. Auch die Reise durch meine Wohnung wollen sie mitmachen. Tagtäglich. Nächtlich. In den Wald. Viele Spaziergänge, unsere Reise. Radtouren. Ich gebe ihnen ein paar Kochkurse. Neueste Rezepte. Traditionelle Rezepte.
Ein Einkaufskurs. Ich lehre Einkaufen mit vielen verschiedenen Perspektiven. Ich habe es selbst gelernt, lerne ständig dazu, auch wenn ich es anderen lehre.
Ein Lesekurs. Bücherreisen. Ich lese ihnen Verschiedenes vor. Ein ganzes Buch. Auch von einer Reise handelt es. Reisen durch Zeitungen und Zeitschriften. Sie lesen mir auch vor. Ihr Lesekurs für mich. Führt auch auf Reisen. Unbekannte Werke für mich. Vielleicht erscheinen sie. Sind schon erschienen? So leben wir als Gruppe. Ich als Reiseführerin mit Mitreisenden. Manchmal fahren sie mit in unserem Auto. Fernsehreisen machen wir auch. Dadurch bin ich abgelöst durch die Reiseführerinnen im Fernsehen. Außerdem gibt es im Radio Reiseberichte und Reiseführerinnen. Kochkurse. Sie lösen mich als Radioreiseführerinnen genauso ab. Wo wollen die Mitreisenden hin? Ich weiß nicht. Ich führe sie in Museen. Durch Gassen, über Plätze, in Kirchen. Ich gebe ihnen Nähunterricht und Putzseminare. Sie können es zwar schon (putzen zumindest), aber es schadet nie dazuzulernen.
Sie kommen mit in die Hundeschule. Eine kleinere Reise ist es dorthin. Eine kleine Reise zur Hundeklasse.
Es ist erstaunlich, daß die Reisegruppe sich von mir, der Reise- und Hundeführerin nicht mehr trennt. Völllg unerwartet. Eigentlich hatte ich mich nur auf eine Reise eingestellt. Plötzlich reist die Gruppe Tag und Nacht überallhin mit. Somit verwandeln sich die Aufgaben.

Ich führe sie noch durch verschiedene Sprachen. Sprachreisen. Ins Theater auch noch. Ins Kino. Theater-Kino-Reisen.

Einmal wollen wir noch in den Zoo. Manchmal fliegen wir, ein anderes Mal fahren wir mit dem Auto, dann wieder mit der Bahn. Oder mit dem Bus. Mit dem Schiff. Oder wir gehen gleich zu Fuß. Ich zeige, wie bügeln. Bügelreisen. Yoga zeige ich ihnen auch noch, Yogareisen. Malen haben wir noch vor.

Musikreisen. Ich spiele ihnen Musik vor. Discs. Neue Kompositionen und Lieder.

Reisen ins Café, ins Restaurant machen wir gemeinsam. Kaffee-, Teereisen, Schoggireisen. Schwimmreisen ins Thermalbad.

Wohin könnte ich sie noch führen?

Jedes Mal überall ist das Licht wieder ein anderes.

Martin Walser

Geboren am 24.3.1927, wuchs in Wasserburg/Bodensee auf, besuchte bis 1943 die Oberschule in Lindau und legte 1946 das Abitur ab. Unterbrochen wurde seine Schulzeit durch Flakhelfer-Einsatz und Arbeitsdienst, Militärdienst, Gefangenschaft, Studium der Literatur, Geschichte und Philosophie zunächst in Regensburg, ab 1948 an der Universität Tübingen. 1951 Promotion bei Friedrich Beißner mit einer Arbeit über Franz Kafka: „Beschreibung einer Form". Von 1949 bis 1957 Mitarbeiter beim Süddeutschen Rundfunk, zuerst in der Unterhaltungsabteilung, dann in der Abteilung Politik und Zeitgeschichte: Hörspiel-Regie. Seit 1953 gehörte er zur Gruppe 47. 1957 Umzug von Stuttgart nach Friedrichshafen. 1958 erster USA-Aufenthalt (Teilnahme am Harvard-International-Seminar): in den 70er und 80er Jahren zahlreiche Gastprofessuren an amerikanischen Universitäten und Colleges (u.a. in Austin und Berkeley). Über Ironie sprach Walser im Wintersemester 1975/76 an der Gesamthochschule Essen; er nahm das Thema wieder auf bei den Frankfurter Poetik-Vorlesungen 1980. Seit 1981 Mitherausgeber der Zeitschrift „Allmende". Walser ist Mitglied der Akademie der Künste, Berlin, der Deutschen Akademie der Darstellenden Künste sowie der Deutschen Akademie für Sprache und Dichtung, Darmstadt. Er ist Mitglied im PEN-Club und engagierte sich im VS. 1970, auf dem ersten VS-Kongreß, forderte er eine IG-Kultur; 1985 hielt er eine Rede auf der Gründungsveranstaltung der IG Medien.

Walser, seit 1968 in Nußdorf (Bodensee) lebend, erhielt für sein umfangreiches – bislang mehr als 70 Titel umfassendes – literarisches Werk zahlreiche Preise und Auszeichnungen. Seit Jahrzehnten gilt er als einer der bedeutendsten Schriftsteller der deutschsprachigen Gegenwartsliteratur. In der literarischen Szene am Bodensee und in Oberschwaben spielte er lange Jahre eine Schlüsselrolle. Sowohl das „Meersburger Sommertheater" als auch die alljährliche „Gesprochene Anthologie" auf der Meersburg sind auf seine Initiativen hin entstanden.

Das geschundene Tier

1

Schrei nur, wenn du nicht gehört wirst.
Lächerlichkeit ist die Königskrone.
Von mir darf verlangt werden, so
zu gestehen, daß niemand weiß,
wovon ich spreche. Ich muß
auf der Folter Fremdsprachen sprechen.
Es gibt nichts, was ich nicht
jeder Zeit widerriefe.

2

Verneinen lernen, nicht mehr
  das Rauschen
der Bäume buchstabieren, glühen
vor Unverständnis, blenden alle
mit falschem Schein, lachen bei
Begräbnissen, aber nicht ansteckend,
abstoßend lachen bei allen Begräbnissen,
dem Freund ein Feind. Aber wenn du
kein Virtuose im Vergessen bist,
  verblutest du.

3

Alles fälschen heißt alles verbessern.
Schreie eignen sich für Gelächter.
Schmerz verdient ein Denkmal aus Speiseeis.
Zungenkuß heißt Kapital-
verbrechen. Wem nur die Wahrheit einfällt,
der schweige. Und schämen soll er sich auch.

4

Zieh mir, mich abzulenken, die Haut ab mit
siedendem Öl. Ausrutschend im Gekotzten
tanz ich. Mein Gefieder blüht im Teer.
Der Fingerabdruck bin ich eines Verbrechers,
den niemand sucht. Glückspilz heiß ich.
  Meine
Stimme schneidet Botschaften dir ins steinerne
Herz. Am liebsten wäre ich das Ufer
eines Meers, das keinen Namen hat.

(*erschienen zuerst bei Andrea Köhler in der NZZ vom 10./11. Oktober 1998*)

Hanspeter Wieland

Geboren 1948 in Radolfzell am Bodensee.
Nach abgebrochener Schul- und Berufsausbildung Gelegenheitsarbeiten und Reisen.
Für eine antikapitalistische Grundordnung aktiv in verschiedenen sozialen Bewegungen.
Hausmann, Maschinenschlosser. Schriftsteller.
Lebt heute in Immenstaad am Bodensee.
Autor und Herausgeber von Mundarttexten.
Im Werkkreis „Literatur der Arbeitswelt".
Mitglied im VS Baden-Württemberg.
Mitglied IDI (Internationales Dialekt-Institut), Innsbruck sowie MSG – Verein für Alemannische Sprache, Freiburg.

Förderpreis der Stadt Friedrichshafen für die schriftstellerischen Arbeiten. Stipendiat des Förderkreises deutscher Schriftsteller in Baden-Württemberg.

Buchveröffentlichungen:
– Bappele Hinterefier, Gutach 1995
– Der arme Poet, Uhldingen 1998
– Schineggler, Gutach 1999
Aufsätze in „Leben am See", „Kultur" und „Allmende".

Gryllotalpa oder Der Gärtner als Tölpl

Nicht mal ein guter Gärtner bin ich mehr, sagt er, er spinn. Obwohl ich's Gärtnern, zum Beispiel, gern mag, und man sagt doch, was einer gern macht, macht er auch gut, spinne ich nur, toujour, sagt er, ich mache die Augen auf – und spinne schon, schon spinne ich, ich machte mich schuldig jeden Tag.

Ich sags gleich raus, zu was ich wen wo hinführen will: Der Werren*, zum Beispiel, den ich am Morgen totschlag, geht mir den ganzen Tag nach und die Nacht noch und länger und mehr. Viel mehr. Seine Gestalt geht mir nach, ich muß ihn immerzu vor mir sehen, die orientierungslos gewordenen Graborgane an seinem rotbraunen, dunkelbraunen, vom billigen Speiseöl überzogenen, glänzenden Körper, der, so zugerichtet, zu sagen scheint: wer hat mir das gemacht?

Ach, ich doch! Ja. Was in jedem guten Hausbuch steht zum Garten, ich war's, ich, mit dem Finger nachfahrn, fahr ich „die fingerdicken Löcher nach bis der Gang steil abwärts führt". Dort hinein mit dem billigen Speiseöl. Nicht teures, das ist klar, so makaber, schweinisch steht es da. Billig. Stimmt ja auch, weil, soll teuer etwa sein? – Nein, nein, aber mit der Sprache ist ständig so eine Sache. Einfaches wäre mir da lieber hier. Einfaches Speiseöl, nicht so herabsetzend wie „Billig", diskriminierend, macht den Werren aber ebenso hin, neutral und mit Wasser nachspülen, ich kann kaum mehr ein Gartenfreund sein. Gärtner.

Ich will auch keiner mehr sein. Laß mich einsargen! So wie das mit dem Werren geht das jeden Tag und das nicht nur mit Werren. Es geht mir überhaupt so. Ich will überhaupt nichts mehr sein. Ich sag auch: Vielleicht ist der auch schon gebaut, wer weiß?
– Was?
– Der Sarg. Aber das nützt mir ja auch nichts, daß ich sag, ich will sogar nur eine Kiste. Oder ein Sack. Einen. Oder ohne einen,

---

*) Erdkrebs, Gryllotalpa; eine Grille, das paßt gut, weil ich ja spinne und das Grillenfangen ja dazu gut paßt.

ja! Werft mich halt so hinein, grad so, sag ich, so sehr will ich wirklich gar nichts mehr sein.

Natürlich merkt man sofort klug an, daß einer hätte da gut reden, solange er quicklebendig, was da der Werren, hoho! mitnichten von sich behaupten könnte, hoho! Wo schon sprichwörtlich ist, daß jeder ein Wecken verdient samt Wurst, der ihn totschlägt. Ich. Wiederum ich, ach, klar. Weils um Sauhunde geht, die man austritt wie eine Kippe, weil der Hundsfott mir hat die Gelberüben ruiniert, oder gedroht hat, die Gelberüben zu ruinieren, er, oder mir der Lauch da! frißt, den Lauch, du Sack da! – sag ich es wohl so, während ich steche und steche und nochmal nachsetze, mit meiner rostigen Küchengabel nachsetze bis ihm, dem Flüchtigen, dem Werren, ganz in sein geliebtes Erdreich eingedrückt, die Sinne schwinden, bis sie ihm schwinden, da hat mir mein Kopf das eine längst gesagt, daß meine Rache nicht süß, nie Blutwurscht gewesen war für mich – und für wen dann sonst?

Nie zum Freuen. Zum Jubilieren nicht wie ein Vogel. Bei einem, wenn er einen, der einen, der Vogel, wo einen guten Käfer gefresssen hat, warum nicht?

Laß mich spinnen. Dies ist ein schöner Herbsttag heute.

Der Porree, den ich im Juni keinem Erdkrebs gönnte, steht da, heißt „Elefant", wenn ich nach der Samentüte gehe, und hat auch solche! Schäfte. Fürwahr! Ein einziger für gar eine einzige Mahlzeit. – Nun aber will jedoch w e r mit mir jeden Tag Porree essen?

Oh, ist das eine Frage! Es ist ziemlich fatal, daß man das fragen muß, w e m es an meinem Tisch schmecken könnte. Ich frag mich das selbst ja auch, wem? Und was?

Aber dann schmeckt nicht der Lauch mal mehr, mehr mal der Lauch. Den man sommers, im Juni, Juli – junis, julis, der Erdkrebsfamilie nicht gönnen hat können! Das weiß ich ja jetzt. Friß dich doch dämlich tot an deinem Elefant.

Schuldig. Schuldig. Schuldig. Der Rhabarber blüht.

Ich werde mich hüten, ihm den Blütenschaft auszubrechen. Denn, erstens, riecht er im Blühen im Maien nach Frischgewichstem, und, zweitens, ich mach mich doch nicht schon wieder schuldig.

Der Holunder blüht. Aber er blüht mir mitten in meine Verrichtungen hinein; mit jedem Frühjahr hat er mehr an Wuchs zugelegt und ist ein Baum geworden, dem ich guten Gewissens endlich sagen könnte: tut mir leid, wenn ich ihm beschwichtigend an den Stamm greife, bevor ich den einen Ast wegsäg, unter dem stehend, ich wirklich gar nichts mehr recht tun kann, oder wenn doch, nur indem ich mich ständig verdreh, was eben für mich nicht recht ist, und im Steiß tut es dann weh, oder daneben diese Wirbelgegend, durch diese – Torsion, (wegen dem ausladenden Ast), fast wie um die eigene Achse verdreht, stell ich mir mich vor, was fast schon durch die Vorstellung Knorpel mir aus dem Bewegungsapparat hinauszwängt? Herausklemmt? Und das die ganze Zeit bei jeder Verrichtung. – Ja, aber was verrichtet er denn? Ja, aber was ist er denn für ein – Blöder? Unterm Holderbaum, daß das da muß sein? – Ja, nein, der Ast ist mir dort halt im Wege. Sonst ist alles gut wie es ist, bitte. Ich mache Holz. Säge. Spalte. Aber der Ast gehört jetzt weg, ich mein, weil ich mir das nicht einfach mach! Ich greif auch sogar in die eigene uf Deitsch meine Scheiße. Wegen einem Weberknecht! Und in Deine auch, wenn es sein muß; manchmal gibt es ja das, daß einer in das Klosett hinunterfällt. Oder, er wollte an eine Tränke und dann geht das so einfach nicht mit einem Wasserfall darüber, oder nachspülen eben wiederum. So einfach kann ich einfach nichts mehr. Ich greife dann zu ihm rein. Hoffentlich merkt er gleich die Hilfsabsicht, meine Hilfsbereitschaft, und macht mir dann nicht noch Geschichten von wegen Abhaun, weil wohin?

Ein Forschungsminister zum Beispiel hingegen, kann der Länge nach hinschlagen können, wenn er an seinen eigenen, selbstverschuldeten Seuchen endlich ersticken muß, oder, ich fahr ihn um, will nicht einmal mich nach ihm umdrehn. Soll er verrecken. Aber mein Baum, gegen den sie in der Frühe anrücken, ich möcht mich mit fliegendem Herzen an dich! ketten und nicht an ihn! Und sie werden mich rufen hören: Keinen Schritt weiter! hören sie's rufen, oder: Keinen Schnitt weiter, weil es ja verdammte Säger sind, die auf uns losgehn, und da müßten sie – da müßt ihr! zuerst einmal mich, he!

Je mehr Schuld wir auf uns laden im Täglichen, desto stärker rührt uns im Kläglichen die Unschuld der Natur, Kreatur.

Wo diese im Hof und Haus uns auch begegnen mag / noch vom geringsten Schlag: Schnecken, Engerlinge, Schnaken, Schwabenkäfer, Goldkäfer, Kartoffelkäfer u.ä. mehr.

Auch wenn sie tangieren, unterminieren, ruinieren. So ist's recht. Es sind auch meine Gelberüben dabei, aber macht nur! Weil, was heißt schom „meine". – Meine gibts keine. MANGOLD LUKULLUS zum Beispiel, will schließlich auch leben. Oder ist das seine Bestimmung, daß du ihn frißt?

Einem einzigen Schneck über den Weg helfen, ist mehr wert als tausend Mark auf den Sack.

Ich kann es nicht lassen, an kleinen Tieren herumzumachen; nun sind Schnecken ja wenigstens nicht zerbrechlich. Bei Käfern, die vorm Ertrinken gerettet und auf ein Blatt gesetzt, dort ihre Flügel/Fühler trocknen wollen/sollen, oder Beinchen, ist es schlimmer. Wenn oft unter dem nächsten Blatt ein ebenso kleines, aber Ungetüm! hervorgeschossen kommt. Und es ist um deinen Geretteten geschehn, das ist klar, oder du bist gerade noch mit einem Steckelchen dazwischen gegangen, der dein Zahnstocher könnte sein, so klein, aber den zwein ist es ein – Baumstamm, der fährt von oben in ihre Schlacht / oft hab ich beide dabei umgebracht.

Oh, wenn in jedem Baum noch ein Gott wohnen wollte –

und sei's auch nur ein kleiner / müßte keiner im TV den Mönchen im Himalaya zuschaun, die auf ihre Schuhsohlen spucken, bevor sie ihre Klause verlassen oder gleich barfuß durch kalte Gebirgsbäche gehn.

In einem gestörten System sind noch die heiligsten Gefühle gestört / man hört, nichts ist mir heilig. Da bleibt einem die Spucke weg.

Ach, ich hab in meinem Herzen da drinnen nicht einmal Achtung.

Nicht einmal Achtung ist das, weil wäre es dann nicht zuerst eine vor der eigenen menschlichen Art? – Ja, aber daß das mit dem

Minister natürlich im Spaß nur ein Beispiel war. Daß er unter die Räder kommt. Weil w e m unter die Räder? Mir ja in Wahrheit nicht, weil, er läuft ja auch gar nicht da, wo ich fahr – ja auch gar nicht! Überhaupt kein Fahrzeug! Und dreh nie mich nicht um und fahr zu ...
– Du spinnst ja, du, Mensch, hast s o eine Macke ...
– Ja, scheints schon, ich fürchte. Spinni-spinni, aber es ist wie krankhaft, Duld-duld, eben vor Schuld; Skrupulose, nicht wahr, ist das, ich bin ein fühlender Mensch. Vielleicht der einzige, und die Menschen haben das nicht verdient.
Ich habe das, was etwas klingt wie nach Skrofulose und spinn'. Es ist aber bei mir nicht so schlimm. Nur lauter lästige kleine Skrupeln, jedoch davon alles übersät. Schon früh schien dem zarten Knaben so manches Heil in Krankheiten zu liegen. Aber nun dem närrischen Kerl, der er geworden war? – Kein Bissen ging mit Ernährung mehr, sagt er, nach verhaßter Menschenart.

Es saß ein Spinnenpäppel unterm Brett hinter der Türe. Das wurde sein letzter Zufluchtsort, wo es aussah, als müßt es dort die Händchen sich vors Gesicht schlagen, vor das es die Tür bekommen hatte, oder, als ob es deswegen wollte schmollen, weil es sie ins Gesicht bekommen hatte, oder es handelte sich ganz einfach um ein Zucken aus Verletzung, das war es wohl.
Denn es fiel aus dem Netz hinter der Türe sofort zu Boden, oder seilte sich ab wie ein Steinchen, aber so schnell wie ein solches Tierchen nur fallen kann, an einem Notseil, Reißleine, hinter das Brett hinunter auf den Boden hinter der Tür.
Die ja aufgestoßen sein hatte müssen, hatte müssen sein von – jetzt kommts – ich! Von mir! wieder die Rede geht! Wie ein Blöder, ich, warum? – Alles, was ich mach und wie ich's mach, schimpf ich mich, mach ich wie ein Blöder. Das, was ich nicht gern mag, ohnehin wie ein Blöder. Aber auch das, was ich gut mach, weil einzig Freude, mach ich, auf einmal blöde nervös geworden, brutal wie ein Blöder. Depp. Schlag also wohl zur Strafe selber den Kopf an, recht geschehen, oder was solche narrischen Geschichten mehr sind, ich zieh mir einen drüber mit der Kehrschaufel. Die

zum allem Überfluß hin auch noch hinter der Tür hängt! Wovon aber kein Poppel mehr unversehrt werden oder von seiner traumatischen Verletzung genesen wird, die ich mir – aber weißt du wie! – traumatisch vorstell: Tür springt auf, so saublöd u n d das brutale ZACK, das Klappen der Kehrschaufel u n d der Schlag an den Poppelkopf sind eins, fürchterlich eins, nicht nur Kopf und Leib, fürcht ich, sind eins, ich weiß nicht, was weiß ich – es hat sich alles so sehr verdreht. Wer immer will weniger wissen, schaut ständig noch deutlicher hin / Ich auf den Knien / hinter der fürchterlichen Tür unters Brett, kann nicht anders, da liegt das Poppel in seinem Bett und sieht mit jedem Tag schlechter aus, und stirbt so schwer.

Die inneren Verletzungen, denk ich, es hält die Beinchen, schätz ich, vor Schmerz, vors Gesicht, was weiß ich?

Seit Tagen mach ich die Tür auf wie Watte, wenn ich Bier holen geh, schlägt die Schaufel nur noch sanft an die Wand.

Ich könnte sie weghängen, sage mir aber, wäre das die Strafe für dich?

Wenn ich drei Flaschen Bier trinke, weil ich jede Flasche als einzelne hol, schlägt die Schaufel wie ein Gewissen an, und dies sechs Mal, weil hin und zurück, das ist klar – ist das bedenklich?

Oder manchmal vergesse ich gern was unterwegs; eine Flasche; dann lauf ich ein viertes Mal gern und sanft, und umständlich schlägt die Kehrschaufel idiotisch acht Mal, aber so ist's recht! Nie würde mich einer sehen mit diesem Bierflaschenholer-Ständer. Ständerholer. Weil, für eine Weile mache die kleinen Dinge dir alle schwer / Nichts Vereinfachendes sei gestattet mir mehr. Bringt nicht jede Umständlichkeit im Täglichen großen Segen ganz allgemein? Weit über den winzigen Anlaß hinaus? Turmhoch hinaus – sag selbst, du! Ständig such ich, bin ich auf der Suche nach Verbündeten, aber da sind keine Menschen mehr.

Auch Spinnenpoppel ist jetzt tot. Am dritten Tag winkte er nicht mehr. Vielleicht hätt ich sollen was zur Speisung, Stärkung, Tränkung zuschieben, aber was? – Zuckerwasser? Was weiß ich, wenn ich nicht weiß, was ein Spinnenmoppel. als Krankes, Verletztes zu sich nimmt?

Ich weiß nicht viel und hab auch kein Glück damit.
 Einmal ein Falterchen und eben dies dumme Zuckerwasser von mir; es ertrank.
 Wie elend das immer wieder ist.
 Wie elend immer wieder nach schönen Worten suchen – sie finden sich.
 Wenn die Welt der große Haufen ist, der er ist, wolltst endlich aufhören, auch noch darauf eins zu raspeln.

Später ging ich ein bißchen an den Brennnesseln entlang pissen. Mein Opa sagte dazu immer: ich saiche euch um, weg, wartet ihr nur. Und wirklich, auf die Dauer, hielt seinem Strahl nichts stand.
 Opa hatte zu seinem Lebensunterhalt noch unmittelbarer mit den Dingen um sich herum zu tun. Was er davon wußte, ist ihm noch nicht so sehr zuviel gewesen, und 1 x täglich trug er noch ein wenig was Gutes in seinem Sinn.
 Opa war noch ein Bauer, ich habe sein Blut. Was die Brunzlerei anlangt, schätz ich, die Blätter gehen von der meinen aber auch nicht mehr gleich so welk und hin. Manchmal treff ich hingegen – mit Absicht verwegen – Schnecken.
 Sie igeln sich sofort ein.

Dichter auf der Burg

Ein Epilog von Bruno Epple

Das ist eine Sache: Dichter beim Stelldichein in dem alten Schloß, eher Burg als Schloß, hoch überm See auf Molasse gegründet, aus Urzeiten heraufgewachsen mit Türmen und Mauern, dahinter Wehrgänge und nie zu ergründende Räume, Treppen eigensinnig hinauf und übereck und alles verquer. Winters vorab stockdunkel, von oben ein Lichtschein, dem nachzugehen ist, behutsam, Fehltritt vermeidend, den schmalen, nun erhellten Gang weiter im Wechsel von Fenster und Bild und Fenster; eine der Türen muß es sein, linker Hand, und wirklich, da stehen sie im Saal, die Dichter, denen der Hausherr Vinzenz Naeßl-Doms Gastrecht gewährt, vier-fünfmal im Jahr, daß sie sich aussprechen können, so auf ein schönes Geratewohl hin. Denn Dichter, denen Sprache am Herzen liegt, die werden sich doch was zu sagen haben, so mag's sich der Hausherr denken, und damit sie sich ungezwungen bereden können, bleibt er zumeist unsichtbar, schickt dann seine junge Frau zur Begrüßung, liebenswürdig einladend, sich wohlzufühlen und es sich um den langen Tisch bequem zu machen.

Man stelle sich vor: Dichter, schicksalsgeprägte Einzelgänger, nun beisammen in der Runde im barockreichen Saal des alten Schlosses, das eher eine Burg ist, ein Bergwerk von Burg aus Graugestein meterdick, die Fenster überm See voll Nebel und Nacht, und jeder Dichter in seiner ausgeprägten Besonderheit, leidend der eine an Zeit und Geworfensein in die Sinnlosigkeit aller Existenz, zum Mahner geworden der andere ob all der Irrnisse und Wirrnisse allum, oder visionär Katastrophen ahnend einer, der mehr schaut als du, und einer, dem die Wunden, die ihm in seiner Kindheit geschlagen worden sind, nicht verheilen wollen, sondern immer wieder aufbluten, so daß sein Leben lang er davon schreiben muß, und einem ist wiedermal Liebe auf den Leib gerückt: nackt und von Pfeilen durchbohrt wie ein Sebastian wird er diesmal wirklich den Tod erleiden, aber nicht, bevor er alles in bittersüßen Versen unsterblich gemacht hat; ganz anders der daneben, in dem rumort's weiterhin revolutionär, und er hält den herrschenden Zuständen die Utopie von der besten aller Gesellschaften entgegen, von der sich sein Gegenüber längst verabschiedet hat; dem geht's jetzt nur noch um Sprache, um Zeichen und Chiffren im linguistischen Kahlschlag.

Jeder also mit eigenem Auftrag, vom inneren Muß gedrängt, genötigt, Weisungen und Verweise zu künden, Wort zu verantworten, zu offenbaren und zu entlarven, zu beschwören, zu mahnen, zu orten, zu stiften, zu befördern, zu fordern, zu bedenken, zu verzweifeln.

Man sieht, Dichter sein ist nicht lustig, und wo Dichter beisammensitzen, darfst du nicht Spaß erwarten.

Ein Dichter ist darin Dichter, daß er nicht Wort halten kann. Nicht er – die Sprache beherrscht ihn, und sie ist die Autorität. Das sollte man meinen. Die ihr ergeben gehorchen, nennen sich füglich Autoren. Und für dich Kollegen. Diese deine Kollegen, sie reden und reden, aber eigentlich weißt du nie so recht, was sie denken, von sich und von dir, von sich wohl viel oder doch manches, was sie von anderer Seite gerne hörten, Anerkennendes aus kompetentem Munde, das Lob, das ihnen zustände, längst schon, nicht ihrem Charakter, ihrer heldischen Aufrichtigkeit und ihrem Gerechtigkeitsmut, damit wollen sie kein Aufsehen machen, auch nicht, daß sie mammonverachtend sich ganz dem Wahren verschrieben haben; Lob vielmehr für ihr Werk, an dem sie nachtein und tagaus sich abquälen, ein Wort, ein anerkennendes, für den Text, der in der geplanten Anthologie erscheinen wird, eigens ausgewählt von einem der ganz Namhaften der Literatur. Wenn das doch endlich bemerkt würde, anerkannt. Aber sie sehen dir's an, du hast keine Ahnung davon, und mit soviel naiver Ahnungslosigkeit im Gesicht ist all deine Freundlichkeit eher gewichtslos, und so wird auch das, was du selber schreibst, gewichtslos sein und nicht anders, denn wie darfst du, da du kaum die Schwere ihrer Dichtung verstehst, annehmen, daß sie je etwas von deinem leichtfertig Publizierten zur Kenntnis nehmen würden.

Schenk ihnen also freigebig vom Roten, vom Weißen, was da ein jeder mitgebracht hat, in die Gläser, schiebe den Tisch nach oben die Platte mit dem Parmaschinken, mit den delikaten Käsesorten, die Peter Renz eigens aus Italien heraufgekarrt hat, quer durch die Alpen und durch den San Bernardino hindurch und die lange, lange Rheintalstrecke herab und seelang die windige Straße bis Konstanz und mit der Fähre gen Meersburg: was für ein Unternehmen, doch was Renz in Angriff nimmt, führt er zäh zu Ende, zäh und kraftbesessen, wie er auch schreibt, Romane und Reden.

Nun halte still, halte, du Leichtfertiger, deine Zunge im Zaum: Walter Neumann, der Würdige, richtet seine Worte an uns, wohlgesetzte Worte in reiner deutscher Sprache, so makellos und ohne Fehl, mit so wohllautender Stimme, ach, du solltest die Augen schließen und nur noch hören, hören.

Auch Dichter mögen ganz gern essen, sie langen zu, langen mit langen Armen über die Platten hin nach Brot, und wieder ist Neumanns besonderes Backwerk begehrt, im Rund ein Patchwork aus zusammengebackenen Brötchen, ein jedes eigens bestreut mit Mohn, mit Fenchel, mit Leinsamen, mit Salz. Sieh nur, wie feingliedrige, helle Hände die Brötchen herausbrechen und Bröckchen um Bröckchen zum Munde führen. In Andacht wird gekostet, gekaut, am Glas genippt, geprüft und getrunken, und da ist man sich einig wie nie, man ißt sich wahrhaftig hinein in Einigkeit und trinkt sich zu.

Bald zündet der eine, der andere sich eine Zigarette an. Keiner aber verfügt über die Kultur eines Peter Salomon, der sein Lederetui prüft und mit Bedacht diesmal der Rafael Gonzales Pantela den Vorzug gibt vor einer La Gloria Cubana No 4, ganz Weltmann, der er ist, Berliner von Familie und ausgestattet mit den besten Manieren.

So sitzen wir auf Stühlen, Sesseln und Kanapee um den langen Tisch und umnebeln die Kerzenflammen des fünfarmigen Leuchters, die alten Gemälde und Gardinen, die türkisfarben gestrichenen Wände und die schöne Stuckdecke des Zimmers, das uns der Schloßherr Vinzenz Naeßl-Doms so großherzig zur Verfügung stellt. Blau wölkt der Rauch durch den Raum. Bis Nina, die mit der ganzen Tradition russischer Literatur im Gepäck Zugereiste, tränenden Auges fragt, ob es wohl jemanden stören würde, wenn man ein Fenster öffnete. Dichter sind Kavaliere, sofort springt einer auf und entriegelt den Fensterflügel. Frische Nachtluft dringt herein, trocknet die Augen, belebt die Gemüter.

Da sitzt Werner Dürrson im schwarzen Jackett und lila Hemd, hat alles doch Stil an ihm, sein Gesicht gezeichnet von Geist und stillem Schmerz, und neben ihm, aufrecht und unbeweglich, seine Sappho mit Augen, die die Nacht zu durchschauen geübt sind, bis die rosenfingrige Morgenröte rhododaktylisch hellere Botschaft bringt. Sie ist ganz Ohr, sie lauscht, daß er spreche, und so er zu sprechen anhebt, leis, doch sinn- und ausdrucksbestimmt, da ist jedes Wort zum Goldstück geprägt.

Hermann Kinder macht wieder den Unscheinbaren, sitzt in die Ecke gedrückt, als genierte er sich, gekommen zu sein; daß sich so wenig hier tut, ist ihm zuviel, und wieder läßt er sich nicht erpressen, nicht ein Wort wird er sagen.

Zsuzsanna Gahse läßt grüßen, wiedermal, eigentlich immer, und wieder wie immer ist sie anderswo engagiert mit Umzug, mit Reisen, nicht anders kennst du sie als vom Grüßen. Also halten wir uns an Monika Taubitz, die bleibt uns, die behauptet sich keck, mit Tollkirschenaugen beherrscht sie die Runde, und sie liest, wenn sie liest, mit kräftiger dunkler Stimme ihr Gedicht und so, daß sie es sich nicht streitig machen läßt, nicht ein Wort streichen, es bleibt dabei und dabei bleibt sie.

In keuschem Schweigen Johanna Walser, knospenhaft da in Abwesenheit, fern im Dasein; sie ist, wehmutsanften Gesichts, unangreifbar die Unbegreifliche.

Nie da ist er, der Vielgenannte, doch allgegenwärtig; es ist so: Wenn einer von uns mit Argumenten nicht ankommt, beruft er sich auf ein Wort von ihm, das ist Begründung genug. Bis er wiederkommen wird, so weiß sein Adept und Intimus Oswald Burger, dem alles von jedem bekannt ist, hat er noch drei Bücher zu vollenden, und bis wir die gelesen haben, hat jeder doch Walser die Fülle.

Da kann Serge Ehrensperger, der mutige Schweizer Grenzüberschreiter, nur staunen, und: „Ach, wieso gibt's sowas nicht bi üs in Züri, so einen Autorenhockch – wie dieser da!"

Selbst Jochen Kelter, der weltgewandt sich wandelnde Generalsekretär, schafft das nicht, der sitzt in Sachen Literatur mehr in Brüssel, der hat in Paris was einzufädeln, weil dem Olten schon längst veraltet und fast verkommen vorkommt. Horst Brandstätter, ja-ja, ist geradewegs aus Schwabens 19. Jahrhundert heraufgestiegen, den Haarschopf bestäubt mit dem Staub denkwürdiger Bücher, in seines Rockes Taschen sinnig verschrobene Gedichte, ja, und nach Relikten suchend und Raritäten sammelnd ist er selbst, ja, zu einer einzigartigen Rarität geworden.

Gegensätze berühren untergündig einander, auch Volker Demuth sucht, er sucht, wo keiner je gesucht hat, spürt im Spurlosen, haut Schneisen in die Wortlosigkeit und vermißt wie ein Landvermesser sprachliche Konstellationen. Wenn er spricht, schau auf seine Hände, wie's fingert, wie's nach Begrifflosem greift, und schau auf seine Augen: als blickten sie nicht nur aus ihm, sondern hinter ihm Schicht um Schicht aus Tiefen hervor. Da muß, da kann ein Hans-Peter Wieland, der mit dem schmalen Gesicht, nur aufschauen, lernwilligen Blicks.

Nichts desgleichen tun kann da ein Imre Török, der hat im Ohr einen Schalk sitzen, der ihm was Ungehöriges einbläst. Aber Imre ist ein anständiger Mensch, der prustet hier nicht, der lacht sich daheim in Isgazhofen eins, ganz magyarisch. Am Fenster steht noch immer Arnold Stadler und schaut in die Schwärze, aber so stämmig, so breitschultrig er dasteht, so kräftig vorher sein Händedruck gewesen sein mag – der hat einen gehörigen Riß in sich, sein Meßkirch ist ihm verzweifelt gespalten in Messer und Kirche. Und kein Wunder in Sicht, daß es sich ihm wieder zusammenfügt.

Ob Josef Hoben ihn bald bestätigen wird? Das schon, wenn er die frommen Kerzen seine Kindheit alle ausbläst, was bei Fortschrittsgenossen immer noch als Mutprobe gilt.

Mein guter Joachim Hoßfeld, ein seltener Gast, im Rollstuhl auf sich konzentriert, mit Scheu beachtet: Ihm strahlen Kristalle auf, Sphärisches durchzuckt als Licht, als Musik seinen gefesselten Leib.

An langen Tisches Ende Jochen Greven; hat Literatur aller Sparten ausgeweidet, zerlegt und Zäserchen und Fäserchen unterschieden: Er kennt das alles, blickt über alles hin wie über lang Bekanntes und hört doch in wohltuender Anteilnahme allem zu.

Wer noch? Ein Schloß wie dieses hat viele Räume und Zimmer, durchgeistert von vielerlei Stimmen. In einem der Zimmer, ganz nah, hat sie gelebt, hat sehnend Ausschau gehalten übern See hin zum Säntis, hat, ausgeliefert der wilden Muse, gedichtet. Ist hier gestorben. Kein Wort über sie an diesem Abend. Doch, wenn auch unmerklich, in ihrem Bann.

(1996)

Vinzenz Naeßl-Doms

Die Meersburg und die Literatur

Die Meersburg kann auf eine Jahrhunderte währende Geschichte zurückblicken. Nach alter Sage und der „Schweizer Chronik" aus dem Jahre 1548 soll der Grundstein für die imposante Wehranlage im 7. Jahrhundert von den Merowingern unter König Dagobert I. gelegt worden sein. Manche Überlieferung rankt sich um das alte Gemäuer. So soll sie Kaiser und Könige beherbergt haben und auch Konradin, den Letzten der Hohenstaufen, vor seinem verhängnisvollen Feldzug nach Italien.

Als die Burg im Jahre 1268 in den Besitz der Fürstbischöfe von Konstanz kam, nutzten diese das in schönster Südhanglage gelegene Bauwerk zuerst als Sommerresidenz, ab 1526 als ständigen Sitz. In der Zeit der Reformation hatten sich die Konstanzer Bürger vorübergehend der Lehre Martin Luthers angeschlossen, Meersburg jedoch hielt am alten Glauben fest, und Bischof Hugo von Landenberg wußte sich am Nordufer des Bodensees – unter Glaubensbrüdern – auf der sicheren Seite. Das größte Fürstbistum im deutschsprachigen Raum wurde seither von der Meersburg aus regiert. Im Laufe der Zeit wurde die Wehranlage immer wieder erweitert, dem jeweils herrschenden Baustil entsprechend. Der Barock setzte einen Riegel davor. Nachdem man Anfang des 18. Jahrhunderts noch ein repräsentatives steinernes Treppenhaus eingebaut und einige Räume mit schönen Stuckdecken und breiten Portalen ausgestattet hatte, wurde das aussichtslose Vorhaben aufgegeben, die Burg in ein barockes Schloß zu verwandeln. Fürstbischof Schenk von Staufenberg veranlaßte den Bau eines neuen Schlosses, und somit blieb die Meersburg als mittelalterliches Zeugnis erhalten.

Noch einmal drohte der Burg Gefahr, als Anfang des 19. Jahrhunderts ihr Abbruch erwogen wurde. Das Großherzogtum Baden war durch die Säkularisation im Jahre 1803 in den Besitz der Wehranlage gekommen, und die hohen Kosten, die zum Unterhalt des alten Gemäuers anfielen, führten zu derartigen Überlegungen. Auf einen Käufer für das riesige Bauwerk konnte man kaum hoffen, doch die Rettung kam mit Joseph Freiherr von Laßberg. In seiner tiefen Verbundenheit für das Mittelalter fand er in der Burg einen idealen Wohnsitz und Hort für seine wertvolle Bibliothek, in der sich weit über 10.000 Bände befanden. Dazu kamen mehr als 1000 pergamentene Handschriften, darunter – als wertvollstes Stück – die Nibelungenhandschrift C.

Auf der Meersburg lebte der Freiherr, in später Ehe mit Jenny von Droste-Hülshoff verheiratet, ganz dem Aufspüren mittelhochdeutscher Dichtung. Literaten, Historikern und Gelehrten wurde seine Sammlung zur unschätzbaren Fundgrube, denn Laßberg führte ein gastfreies Haus. Ein jeder, der seine Leidenschaft teilte, war auf der Meersburg stets willkommen. Viele wurden zu Freunden, wie Ludwig Uhland, Gustav Schwab, Justinus Kerner, Jacob Grimm und mancher renommierte Altertumsforscher seiner Zeit.

Neuzeitliche Dichtung kam mit Annette von Droste-Hülshoff, der Schwester seiner Frau, auf die Meersburg. Die Dichterin lebte in ihren letzten sieben Lebensjahren während dreier langer Besuche in der Burg, wo sie auch am 24. Mai 1848 verstarb. Auf der Meersburg tat man alles, ihr die Aufenthalte so angenehm wie möglich zu machen. Das milde Bodenseeklima war ihrer schwachen Gesundheit förderlich, und endlich konnte sie ohne familiäre Verpflichtungen und Einschränkungen ihrem Talent freien Lauf lassen. So schrieb sie auf der Meersburg während ihres ersten Aufenthaltes binnen weniger Monate im Winter 1841/42 viele der schönsten Gedichte ihres zweiten Gedichtbandes, inspiriert durch die berühmt gewordene Wette mit Levin Schücking, ihrem siebzehn Jahre jüngeren Dichterfreund und Vertrauten. Ein halbes Jahr wohnte Schücking auf der Burg, beauftragt mit der Dokumentation der Laßberg'schen Bibliothek, für die Fürst Carl Egon von Fürstenberg Kaufinteresse bekundet hatte. Um die kostbare Sammlung über seinen Tod hinaus zusammenzuhalten, verkaufte Laßberg den Kernbestand seiner Handschriften und Bücher im Jahr 1853 dann auch an das Haus Fürstenberg. So blieb der wertvollste Teil seiner Bibliothek erhalten, während der Rest nach seinem Ableben zwei Jahre späteren versteigert und in alle Winde verstreut wurde.

Auch heute wird Literatur auf der Meersburg groß geschrieben. Seit mehr als zwanzig Jahren finden hier Lesungen, Diskussionen und andere literarische Veranstaltungen mit großer Publikumsresonanz statt. Das durchweg positive Echo bei der Presse zeigt ihre Bedeutung ebenso, wie das Interesse von Verlagen, Neuerscheinungen auf der Burg zu präsentieren.

Regelmäßig sind im weit über die Bodenseeregion hinaus beachteten „Literatur-Café auf der Meersburg" Schriftstellerinnen und Schriftsteller zu Gast, lesen aus ihren Werken und geben in ungezwungener Atmosphäre Einblick in ihre „Literaturwerkstatt". Herausragend die jährlich im Mai stattfindenden Annette-von-Droste-Hülshoff-Literaturtage, die in Zusammenarbeit mit der Stadt Meersburg, die im Turnus von drei Jahren auch den Annette von Droste-Hülshoff-Literaturpreis an eine zeitgenössische Schriftstellerin vergibt, organisiert werden.

Viele berühmte Persönlichkeiten lasen auf der Meersburg schon aus ihren Werken, darunter so bekannte Namen wie Hilde Domin, Sarah Kirsch, Eveline Hasler, Friederike Mayröcker, Helen Meier, Herta Müller, Irina Korschunow, Eva Zeller. Sie alle ließen sich von der einmaligen Atmosphäre der Burg gefangennehmen, manche wurden zu Freunden.

Ganz hohe Beachtung fanden die Aktivitäten auf der Meersburg im Jahr 1998, dem „Meersburger Droste-Jahr" zum 150. Todestag der Dichterin. So stellte Wilderich Baron von Droste zu Hülshoff sein Buch über seine Ur-Ur-Großtante vor – eine Veranstaltung, die wegen des großen Interesses mehrfach wiederholt werden mußte.

Der „Meersburger Autorenrunde", den Verfassern dieses Buches, ist die Burg ebenfalls zur Heimstatt geworden – zum Fachgespräch, Gedankenaustausch oder einfach nur zum geselligen Beisammensein. Eine viel beachtete Veranstaltung geht von dieser Gruppe aus, die „Gesprochene Anthologie auf der Meersburg". Den Anstoß dazu gab Martin Walser Ende des Jahres 1992, als sich Freunde und Kollegen des Schriftstellers Josef W. Janker zu dessen Ehrung im Burg-Café zusammenfanden. Walser, beeindruckt von der Atmosphäre des barocken Saals, schlug vor, hier jährlich in der Adventszeit an verkannte oder zu Unrecht vergessene Autoren zu erinnern, und mit der Bezeichnung „Gesprochene Anthologie" lieferte er auch gleich den passenden Namen. Am 11. Dezember 1993 wurde die erste dieser längst zur Tradition gewordenen Veranstaltungen realisiert, wobei Walser den inzwischen sehr bekannten, mit dem Büchner-Preis ausgezeichneten Arnold Stadler vorstellte. Die Veranstaltungsreihe stieß auf so reges Interesse, daß sie nach zwei Jahren in den größeren Renaissance-Saal der Meersburg verlegt werden mußte.

Die „Meersburger Autorenrunde" wendet sich im vorliegenden Buch, das in seiner Vielfalt einer Schatztruhe für alle Literaturfreunde gleichkommt, nun einmal mit eigenen Werken an die Leser. Ich gratuliere den beteiligten Autorinnen und Autoren ganz herzlich und wünsche ihnen viel Erfolg mit dieser Veröffentlichung.

Die Meersburg und die Literatur – eine aus der Tradition gewachsene Einheit, von der man noch manchen literarischen Leckerbissen erwarten kann.

Dank

Verlag und Herausgeber haben zu danken:

- Burg Meersburg GmbH, Herrn Vinzenz Naeßl-Doms
- Departement für Erziehung und Kultur des Kantons Thurgau
- Gemeinde Uhldingen-Mühlhofen
- Kulturstiftung der ZF Friedrichshafen AG
- Stadt Friedrichshafen
- Stadt Meersburg
- Stiftung Württembergische Hypothekenbank

für ihre finanzielle Unterstützung, ohne die die Anthologie hätte nicht erscheinen können.

Christoph Weis sei bedankt für die umfangreichen und nervenaufreibenden Satzarbeiten, Gudrun Abend für Korrekturarbeiten und die Ideen zur Umschlaggestaltung.

demand. Das literarische Programm

Werner Dürrson

Pariser Spitzen
Gedichte

In seinen neuen Gedichten, den *Pariser Spitzen*, nimmt Werner Dürrson den Faden Baudelaires auf. Mit unverminderter Sprachmeisterschaft setzt sich der auch in Frankreich heimische Lyriker dem heutigen Paris aus, das kaum noch ein Dorado der Künstler und Literaten, der Gourmets und der Liebe ist; dabei gewinnt Dürrson der bald abweisenden, bald verschlingenden Stadt überaus poetische Szenen, Miniaturen und Genrebilder ab, in die das französische Idiom reizvoll hineinspielt. „Eine blitzende Textfolge" nennt Martin Walser die *Pariser Spitzen*, „jede in den absoluten Augenblick zielend."

Die Figurinen des französischen Zeichners und Autors Jean Demélier akzentuieren ihrerseits das Pariser Flair.

ISBN 3-935093-00-4
Erstausgabe

demand. Das literarische Programm

Anna Breitenbach
Fremde Leute
Roman

Anna Breitenbach, eine „Autorin von hoher Authentizität, sprachlicher Klarheit und detailreicher Beobachtungsgabe...
Die „kunstvolle Sinnlichkeit" ihrer Prosa läßt den „mildsüßen Pfirsichduft der eigenen Kindheit riechen".
In ihrem Roman *Fremde Leute* „schildert ihre kindliche Ich-Erzählerin in Sätzen voller samtpfötiger Satire Familiengeschichten aus einem Leben, das nie stattgefunden hat. Unspektakulär, kleinbürgerlich und so sinnlich, daß man dort am liebsten ein bißchen wohnen bleiben möchte".
(Esslinger Zeitung)

„Fremde Leute: Der Text macht Lust aufs Weiterlesen: – Eine Familienkonstellation mit beklemmenden sexuellen Untertönen".
(Stuttgarter Zeitung)

ca. 180 Seiten
ISBN 3-935093-06-3

Erstausgabe

Alle Bücher des demand verlags sind im Buchhandel erhältlich
oder online bei: www.bod.de
Informationen zum Verlagsprogramm
finden Sie unter www.demand-verlag.de
sowie im www.literaturbuero.de

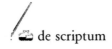 de scriptum

PASSAGEN
im de scriptum Verlag

Mit der Reihe „Passagen" möchte der de scriptum Verlag eine Literatur auf den Weg bringen, die sich zu den noch immer verbliebenen weißen Flecken auf unseren inneren und äußeren Landkarten aufmacht, Texte (Erstausgaben) bekannter und noch weniger bekannter Autoren, die den Leser zu diesem sprachlich entdeckerischen Unternehmen mitnehmen, ihn übersetzen.

14 Bände, jeweils 28 bis 32 Seiten stark, in vorzüglicher, bibliophiler Ausstattung, fadengeheftet, in einer Auflage von 300 Exemplaren, davon 222 numeriert und signiert, sind seit 1995 erschienen, pro Jahr also ca. 3 Bände. Der Ladenverkaufspreis beträgt ab 1.1.2001 DM 22,-/Ex., im Abonnement DM 16,-/Ex. plus Versandkosten, wobei der Abonnent nach Wunsch eine - soweit noch nicht vergebene - feste und gleichbleibende Abonnementsnummer zugeteilt bekommt. PASSAGEN-Autoren bei de scriptum sind u.a. Volker Demuth, Walle Sayer, Alissa Walser, Ulrike Längle, Jochen Kelter, Katrin Seglitz, Walter Neumann, Klaus Nonnenmann. Im laufenden Jahr 2001 erscheinen Bände mit Erzählungen und Kurzprosa von Silja Binner, Zsuzsanna Gahse und Jochen Greven.

Passagen 5: Klaus Nonnenmann, „Der Stein von Cefalù. Erzählungen".
ISBN 3-931071-12-X. 32 Seiten, DM 20,-
Passagen 11: Katrin Seglitz, „Alles plus eine Tomate. Erzählung".
ISBN 3-931071-16-2. 28 Seiten, DM 20,-
Passagen 13: Jochen Kelter, „Petitesses. Gedichte".
ISBN 3-931071-24-3. 28 Seiten, DM 20,-
Passagen 14: Silja Binner, „Open Air. Kurzprosa".
ISBN 3-931071-25-1. 32 Seiten, DM 22,-

Zu beziehen im Buchhandel oder direkt bei:

de scriptum Verlag
c/o Josef Hoben
Tüfinger Str. 9/b
D-88690 Uhldingen
Tel.+ Fax: 07556/5577
e-mail: josef.hoben@gmx.de